7 믿음의글들

7은 「믿음의글들」의 고유한 숫자입니다.

믿음이란
한 알의 밀알이 땅에 떨어져
죽음으로 많은 열매를 거둠과 같이
진리의 열매를 위하여
스스로 죽어지는 것을 뜻합니다.
눈으로 볼 수는 없으나
영원히 살아 있는 진리와
목숨을 맞바꾸는 자들을 일컬어
우리는 믿는이라고 부릅니다.
「믿음의 글들」은
평생을 혹은 가장 귀한 순간을
진리를 위해 이미 죽어졌거나
또는 죽어지기를 결단하는
참 믿는 이들의
참 믿는 이들을 위한
참 믿음의 글들입니다.

「믿음의 글들」 76

홍 수 以 後

제 1 권 의혹의 강(江)

김성일 장편소설

4

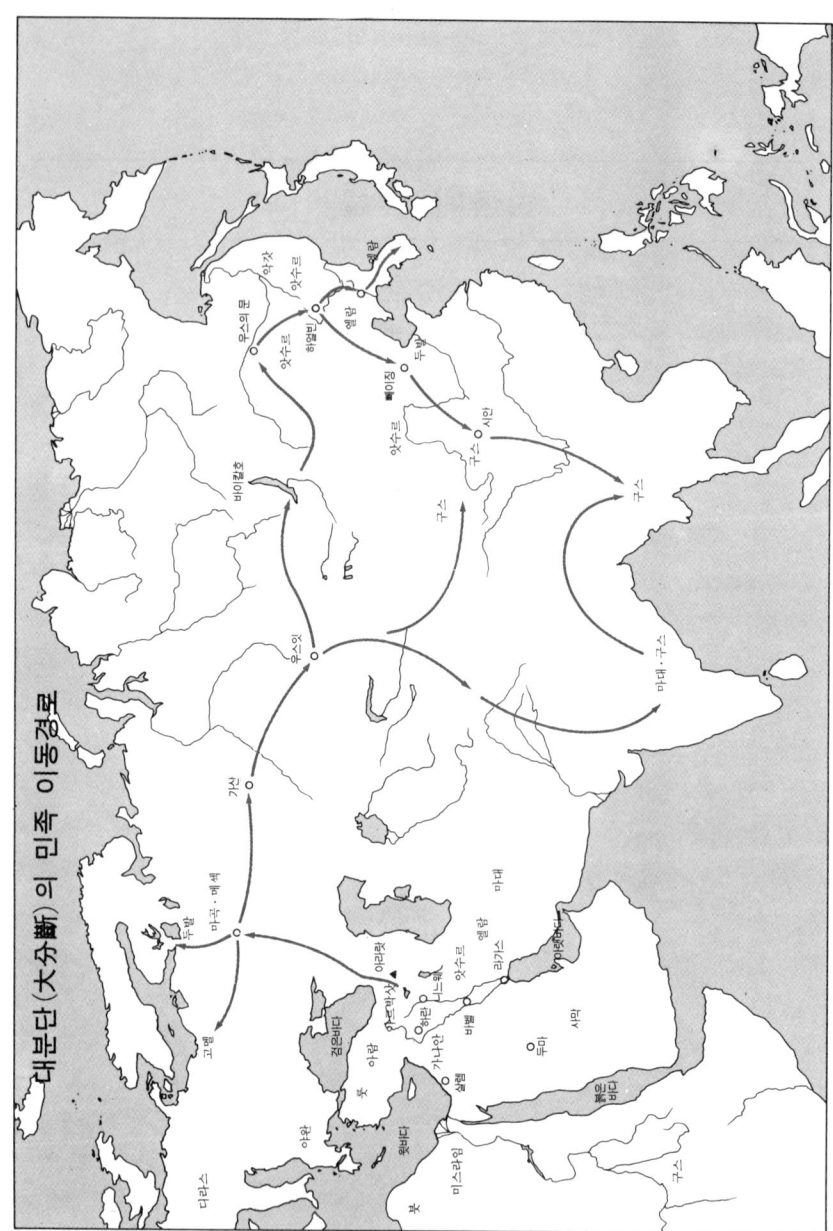

대분단(大分斷)의 민족 이동경로

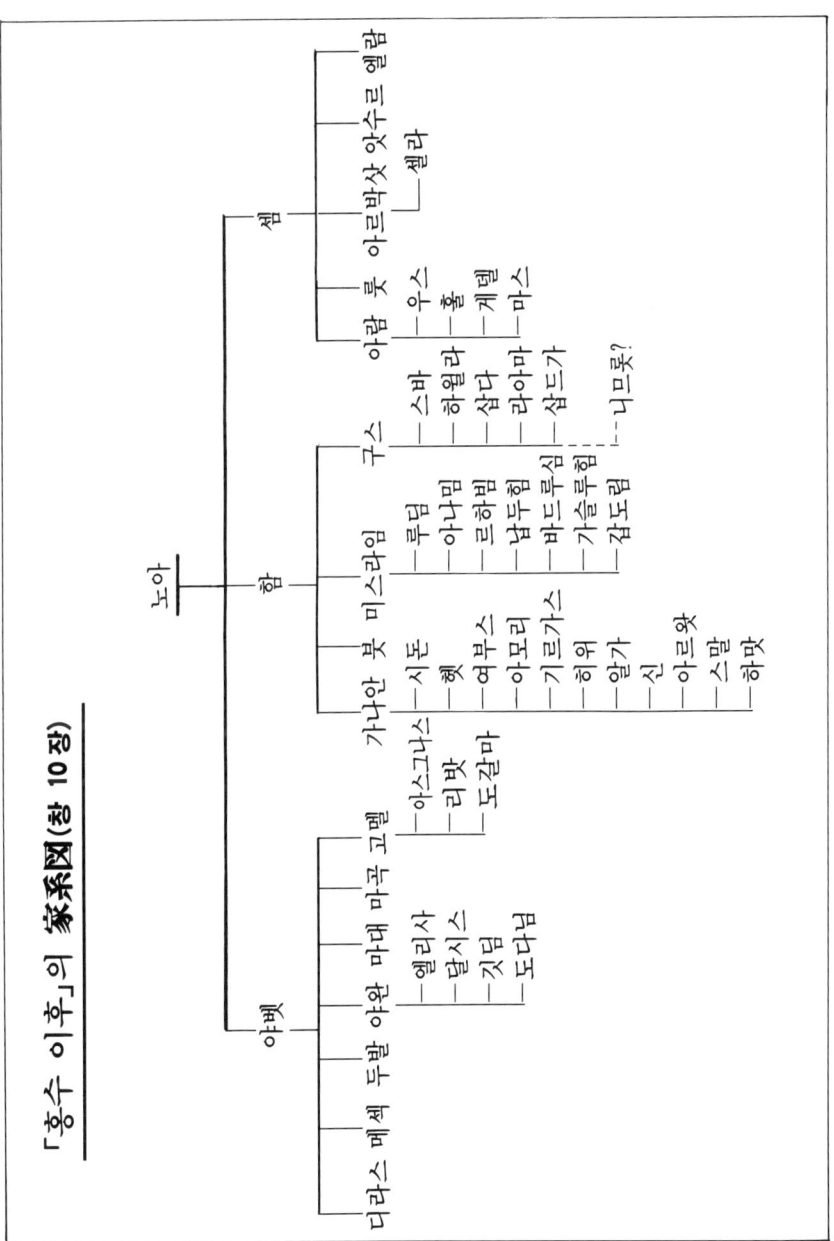

「홍수 이후」의 **家系圖**(창 10장)

노아

야벳

디라스 메섹 두발 야완 마곡 고멜

고멜 ─ 엘리사
   ─ 달시스
   ─ 깃딤
   ─ 도다님

야완 ─ 아스그나스
   ─ 리밧
   ─ 도갈마

함

가나안 붓 미스라임 구스

가나안 ─ 시돈
   ─ 헷
   ─ 여부스
   ─ 아모리
   ─ 기르가스
   ─ 히위
   ─ 알가
   ─ 신
   ─ 아르왓
   ─ 스말
   ─ 하맛

미스라임 ─ 루딤
   ─ 아나밈
   ─ 르하빔
   ─ 납두힘
   ─ 바드루심
   ─ 가슬루힘
   ─ 갑도림

구스 ─ 스바
   ─ 하윌라
   ─ 삽다
   ─ 라아마
   ─ 삽드가

라아마 ─ 스바
   ─ 드단

구스 ─ 니므롯?

셈

아람 룻 아르박삿 앗수르 엘람

아람 ─ 우스
   ─ 훌
   ─ 게델
   ─ 마스

아르박삿 ─ 셀라

차   례

주요 인물들

하 노 스   천하를 통치하는 장자권자인 앗수르 가문의 황제 하난의 막
         내아들. 부친의 통치와 신앙에 회의를 품고 잃어버린 과거를
         캐들어 간다.

하난대제   장자권자인 앗수르 가문의 황제

아 릿 다   앗수르 가문의 황후

셀   라   셈 집안의 셋째 가문인 아르박삿 가문의 왕자

앗   산   의문의 죽음을 당한 앗수르의 충신 치우의 아들이며, 하노스
         에게 무예를 가르치게 된다.

사   완   하노스의 경호원으로 일하고 있으나 실은 명궁으로 이름났던
         이에의 아들이다.

메 루 가   장자권자 수멜과 혼담이 있다가 그의 반역 사건 때문에 취소
         되고 다시 하난과 결혼하려 했으나 아릿다에게 자리를 물려
         준 비련의 여인. 아르박삿 가문의 가이난 왕과 결혼하여 셀
         라를 낳았다.

레   센   하노스의 누이, 남매 이상으로 하노스를 사랑하며 하노스의
         성격 형성에 많은 영향을 준 여인

니 므 롯   함 집안의 장자가문인 구스의 후계자임을 자청하는 장수. 수
         멜의 연합군에 가담했다가 사태가 불리해지자 하난에게 투항
         하여 치안장관이 되었으며, 악갓이 죽은 후 수멜의 도성 바
         벨을 하사받아서 왕이 되었다.

세미라미스 니므롯의 아내

시   돈   함 집안 넷째 가문인 가나안 가문의 왕이며 그 누이 기스가
         수멜과 결혼한 이후 계속해서 중원의 장자권에 관심을 가진
         다.

소설 「홍수以後」 주요 인물 가계도(家系圖)

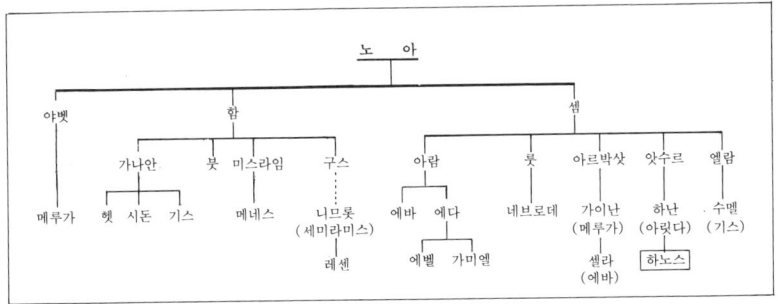

메 네 스 　함 집안 둘째 가문인 미스라임의 왕자이며, 문무가 겸비한 영웅으로 하난의 딸 레센과 결혼을 추진한다.

드　　단 　외조부를 따라 니느웨 공사장에 왔다가 고아가 된 소년으로 셀라와 메루가의 보살핌을 받는다.

에　　바 　전 아람 왕 우스의 손녀로 동지들을 규합하여 샤론 광복군을 조직한 여걸

가 미 엘 　에바의 조카이고 에벨의 누이

에　　벨 　에바의 조카

네브로데 　룻 가문의 왕손

데　　녹 　무예의 거인 라멕의 제자이며 치우, 악갓의 동문

　 헷 　시돈의 아우이며 성격이 급한 무장으로 샤론 광복군을 대적한다.

나 메 라 　하난 대제가 마대 땅에서 데려온 시녀

아　　론 　앗수르 신정원의 악장(樂長)이었고 수금과 퉁소의 대가

고　　센 　가미엘과 에벨을 도와준 사람으로 막후에서 상당한 활약을 하는 정체불명의 인물

기　　스 　가나안 공주로서 엘람의 장자권자 수멜을 유혹하여 그를 여호와 신앙으로부터 이탈시킨 전설적인 여인

니눈타의 도성(都城)

대지를 통째로 구우려는 듯 이글거리는 불볕 속으로 사람들의 기인 행렬은 힛데겔 강변을 따라 꿈틀거리며 전진하고 있었다. 머리 위에 보따리를 인 사람이 있는가 하면 등에다 짊어진 사람, 그리고 이따금씩 말이나 나귀에 짐을 실은 사람들도 보였다. 늙은 어미는 아들의 등에 업혔고, 어린아이들은 어른의 손을 잡은 채 칭얼거리며 걸었다.

그들은 한결같이 입을 열지 않았다. 몇 걸음 걷다가 목이 타면 가죽 주머니를 열어서 목을 축이고 못내 아쉬운 듯 뒤를 돌아다보는 사람들도 있었다.

오랫동안 살아왔던 그들의 집이 거기 있었다. 두려움과 무서움 속에서도 서로 의지하며 살아온 정든 마을이 거기 있었던 것이다. 그러나 옛집을 바라보는 그들의 시야 속에는 뿌우연 흙먼지가 일어나고 요란한 말발굽 소리를 홅으며 달려오는 군인들의 모습이 어느새 덮쳐왔다.

"서둘러라! 하난 대제께서 도착하시기 전에 입성해야 한다!"

창검으로 무장한 군인들은 땀에 젖은 사람들의 얼굴에 흙먼지를 뒤집어씌우면서 다시 앞쪽으로 달려나가고 있었다.

"빌어먹을!"

행렬 속에서 절뚝거리며 걷고 있던 누더기옷 차림의 사내 하나가 공중에 대고 주먹을 흔들며 소리쳤다.

"뭣 때문에 새 도성을 지어놓고 우릴 못살게 구는 거야? 우리 살던 데가 어때서 옮겨가라는 거야?"

그 사내가 떠들어대기 시작하자 사람들은 겁에 질린 얼굴로 그를 돌아 보고 있었다. 그들 중의 하나가 낮은 목소리로 사내에게 주의를 주었다.

"쉿, 군인들이 또 오고 있어요!"

과연 그들 뒤에는 또 말을 탄 네 명의 군인과 한 소년이 달려오고 있 었다. 그러나 사내는 못들은 척 계속해서 떠들어대었다.

"내 말이 틀렸소? 조상 때부터 살아온 앗수르가 어떻다고 새 도성으로 옮겨가라는 거요? 왜 우리 땅을 두고 딴 데로 가라는 거요?"

그러자 사내의 뒤에 바싹 따라가며 듣고 있던 험상궂은 표정의 한 군 인이 버럭 소리를 질렀다.

"네 이놈!"

그러자 누더기의 사내는 빙그르 돌아섰다. 얼굴에 온통 검댕 칠을 한 그 사내는 한쪽 눈을 검은 천으로 가린 애꾸였고 아직도 입은 반쯤 벌린 채였다. 군인은 손에 들고 있던 말 채찍을 들어 사내를 가리켰다.

"네가 감히 하난 폐하의 명령을 비방할 셈이냐? 네가 땅이 있다구? 빌 어먹는 놈도 땅이 있느냐?"

사내는 군인의 얼굴을 물끄러미 바라보더니 퉤 하고 땅바닥에다 침을 뱉았다.

"왜 땅이 없소? 우리는 모두 앗수르의 백성이오! 앗수르의 땅은 앗수 르 백성의 것이야! 하난 폐하가 앗수르의 지도자라면 …"

그러나 사내의 말이 끝나기도 전에 군인의 손에 들려 있던 채찍이 그 를 향하여 날아갔다. 사내가 미처 비명도 지르지 못하고 고꾸라지는 사 이 군인은 어느새 안장에 꽂아두었던 긴 창을 뽑아들었다.

"네 더러운 입으로 감히 폐하를 입에 담다니!"

마악 군인의 긴 창이 사내의 목줄기를 향하여 내리 꽂히려는 순간, 그 들의 일행이었던 소년이 말에서 몸을 날렸다. 어느새 그의 한 손은 군인 의 창자루를 움켜잡고 있었다.

"비키십시오, 하노스님."

그러나 소년은 싸늘한 눈으로 그 군인을 노려보았다.

"창을 거두어라."

군인은 아니꼽다는 듯 창자루를 잡아당겼다. 그는 결국 소년에게 거역하지 못하고 창을 거두어들이는 것이었다. 소년은 사내에게 다가가서 그를 잡아 일으켰다. 그러나 사내는 아직도 번쩍거리는 외눈 가득히 비웃음을 담으면서 소년을 바라보았다. 그리고는

"쯧쯧… 생기기는 잘 생겼는데…"

하며 탄식하더니 홱 몸을 돌이켜서 사람들 틈으로 사라져가고 있었다. 사내의 입에서 튀어나온 야릇한 말 때문에 하노스가 잠시 당황하고 있는 사이 그는 어느새 연기처럼 종적을 감추어버린 것이었다. 하노스는 곁의 군인을 향하여 물었다.

"누구냐, 저놈은?"

"신경 쓰실 것 없습니다. 저런 놈들은 하난 폐하의 영광을 더럽히는 벌레 같은 놈들이기 때문에 일찌감치 처치해 버려야 합니다."

"무슨 뜻이지?"

"위대하신 통치자께서 다스리시는 앗수르 제국에는 가난이 있을 수 없습니다. 빌어먹고 사는 놈들은 모두 게을러서 남에게 피해를 입히고 사는 기생충 같은 놈들이란 말씀입니다."

군인은 하노스가 제지하는 바람에 그 절뚝발이를 죽이지 못한 것이 아깝다는 듯 아직도 볼이 부어 있었다.

"새 도성의 공사는 언제 완공될 예정이지?"

"만국회의 이전에 끝내기 위해서 매일 밤샘을 해가며 마무리 공사를 하고 있습니다."

"아직도 멀었단 말인가?"

"만국회의가 앞으로 석달 남았으니까 그 이전에는 어떤 일이 있더라도 완공시켜야 합니다. 그 때문에 아람에 가셨던 폐하께서 오늘 일찍 돌아오시는 것입니다."

"도성이 아직 완공되지 않았는데 어째서 백성들을 미리 이주시키는 거지?"

"미리 들어가서 공사로 어지러워진 성안을 깨끗이 청소하고 치장해야만 전세계에서 모여드는 손님들을 맞이할 수 있기 때문입니다."

"그렇다고 손님을 위해 백성들이 고생한다는 것은 좀 지나친 것 같

군."

"고생이 아니라 충성입니다. 위대한 앗수르 제국이 세계를 영도하려면 백성들의 근면이 필요한 것입니다."

하노스 소년은 더 이상 묻지 않았다. 똑같은 억양으로 기계처럼 외워대는 군인의 대답에 짜증이 났기 때문이었다.

그는 백성들의 행렬 곁을 따라 말을 몰면서 미간을 찌푸리고 있었다. 그 다리 저는 사내의 수상한 한마디가 자꾸만 마음에 걸렸기 때문이었다. 그의 눈매는 아침 햇살처럼 서늘했으나 그의 눈빛은 자꾸만 혼란 속에 뒤엉키는 것이었다. 그는 입 속으로 몇 개의 말들을 나직하게 뇌어보았다.

(… 위대하신 통치자 … 폐하의 영광 … 만국회의… 충성… 새 도성…)

그리고 하나 더 남은 말은 바로 조금 전에 그 사내가 지껄였던 것이었다.

(생기기는 잘 생겼는데 …)

뭔가 그 말들 속에는 한줄로 꿰어질 만한 의미가 있을 것 같았다. 그러나 하노스는 좀처럼 그 실마리를 잡아내지 못하고 있었던 것이다.

백성들의 대열은 강변에서 차츰 멀어지면서 곧장 북쪽을 향하고 있었다. 그렇게 하룻길을 걸어 다시 만나는 힛데겔 강을 건너면 바로 완성되어가는 그들의 새 도성에 이르게 되는 것이었다. 새 도성 뒤로는 갑자기 지세가 험해지면서 산들이 성벽처럼 솟아오르고 반 호수를 지나면 드디어 신비의 성산(聖山) 아라랏의 기슭이 시작되는 것이었다.

하늘에 닿을 듯 까마득하게 솟아 있는 아라랏 산은 저 무서운 대 홍수(大洪水)에서 살아남은 노아의 방주(方舟)가 머무른 곳이라고 알려져 있었다. 홍수로 말미암아 땅 위의 모든 사람이 다 죽었을 때 그 방주에서 나온 노아와 그 세 아들은 아라랏 산 꼭대기에 상륙했고 그들이 온 세상 사람들의 조상이 되었다는 것이었다.

그래서 그런지 땅 위의 모든 사람들은 그 아라랏 산에서부터 시작하여 전 세계에 흩어지고 있었다. 그리고 제일 먼저 사람들이 깃들인 터전은 바로 성산 아래를 가로질러 흐르는 두 개의 강 사이에 놓여진 비옥한 땅이었던 것이다.

큰 산 아라랏의 서쪽 날개를 이루는 타우루스 산맥은 레바논까지 이어져서 윗바다인 지중해에 접하였고 동쪽 날개인 자그로스 산맥은 굽이치면서 아랫바다까지 내리달리고 있었다. 그리고 아라랏 산의 서쪽 겨드랑이께에서 발원한 두 개의 긴 강 힛데겔과 유브라데는 동쪽으로 비스듬히 아랫바다를 향하여 흘러들어가고 있었는데 그 두 강 사이의 기름진 땅은 다시 가나안 지경까지 구부러져서 초생달 모양의 경작지를 이루고 있었다.

아라랏 산과 그 두 날개가 안고 있는 이 초생달 모양의 터전은 곧 인간이 생활을 일구고 살기 시작한 모태(母胎)와 같은 곳이었다. 바로 그 모든 인류의 고향이라고도 할 수 있는 초생달의 한가운데에 자리잡고 있는 것이 앗수르였다. 초생달의 미간에 위치한 앗수르는 그 자리에 못지않게 전 세계 모든 민족을 다스리는 장자(長子)의 위치를 오랫동안 지켜 내려오고 있었다. 그리고 그 앗수르를 더욱 강력한 제국으로 건설한 것이 유능한 통치자 하난 대제(大帝)였던 것이다. 그는 천하의 모든 민족들을 자기에게 굴복시켰고 그들에게 더욱더 큰 위엄을 보이기 위해서 더 크고 더 높은 새 도성을 건설한 것이었다. 그리하여 앗수르 제국의 도성은 초생달의 미간에서 그 이마 위로 올라서게 되었던 것이다.

그리하여 이 초생달의 오지는 대부분 노아의 장남이었다는 셈 가문의 후예들이 장악하고 있었다. 셈의 셋째 아들이라는 아르박삿 백성들만이 아직 아라랏 기슭에 머물고 있는 채였고, 둘째 아들 앗수르 백성이 초생달의 중앙에, 그리고 첫째 아들 엘람 백성이 초생달의 동쪽 부분에 자리잡았으며, 다섯째인 아람 백성들은 서쪽 부분을 차지하였던 것이다. 다만 무슨 까닭인지 넷째의 룻 백성들만이 초생달 지역을 벗어나 서쪽의 변방으로 밀려나 있었다.

그에 비하여 노아의 차남인 함의 후예들은 비교적 멀리 뻗어나가며 새 땅들을 찾아나갔다. 함의 막내아들 격이라는 가나안 백성들만이 초생달의 서쪽 끝이 되는 윗바다 연안에 머물렀고 구스, 미스라임, 붓의 백성들은 모두 바란의 광야를 지나 나일 강 너머까지 진출하여 터를 잡았던 것이다.

이들 함의 후예들 중에서 특이한 일은 구스 가문의 영웅 니므롯이 초생달의 동쪽 끝인 두 강의 하류지역 바벨에 자리잡은 것이었다.

어쨌든 이들 두 세력이 신속하게 뻗어나가고 있을 때 노아의 막내아들이라는 야벳의 후예들은 모두 다 아라랏 산 북쪽으로 밀려나고 있었다. 거기엔 경작할 만한 땅도 없었고 깃들일 만한 장소도 없었다. 다만 캄캄한 죽음처럼 고여 있는 망망한 바다만 있을 따름이었던 것이다. 그들은 바닷가에서 또는 산지에서 굶주림과 싸워야 했고 야수들의 위협 속에서 공포에 떨어야 했다. 마침내 그들 중의 몇몇은 나무로 배를 엮어서 타고 바다 저편을 향하여 절망적인 노를 저으며 멀어져 갔다. 그들은 결코 다시 돌아오지 않았기 때문에 아무도 그들이 어디로 갔는지는 알 수 없었다. 사람들은 그들이 죽음의 낭떠러지 속으로 떨어져 갔을 것이라고 생각할 수밖에 없었던 것이다.

바닷가까지 밀려간 야벳의 아들들은 야완, 두발, 메섹, 디라스들이었고 산지에 흩어져 연명하는 자들은 고멜, 마대의 핏줄들이었다. 아예 저 죽음의 검은 바다 저편으로 사라져 버린 족속들도 있었다. 바로 그것은 야벳의 둘째 아들 마곡의 백성들이었던 것이다. 그리하여 마곡의 이야기는 아직도 모든 사람들의 뇌리에 무서운 기억으로 남아 있었다. 번개가 치고 세찬 비가 쏟아지는 으시시한 밤이나 폭설이 쏟아지는 음울한 저녁이면 그들은 사라져 간 마곡 백성들의 이야기를 꺼내며 두려움에 잠기곤 하는 것이었다.

이제 그 모든 백성들로부터 오는 사절들이 앗수르의 새 도성에 모이게 되어 있었다. 전 세계 민족대표들을 모아놓고 장자의 위엄을 보이려는 하난 대제의 만국회의가 석달 후에 그곳에서 열리게 되는 것이었다.

"하노스… 넌 하노스가 아닌가?"

뒤쪽으로부터 힘찬 말발굽 소리와 함께 한 목소리가 날아오고 있었다. 하노스 소년은 얼른 고개를 돌려 뒤쪽을 돌아보았다.

"아, … 셀라 형님!"

하노스는 말머리를 돌려 뒤따라오던 장년의 사내와 말머리를 나란히 했다.

"만국회의는 아직도 석달이나 남았는데 어떻게 벌써 오셨나요? 더구나 혼자서 …"

"앗수르 제국의 형편을 정탐하러 왔다."

그러자 하노스의 주위를 둘러싸고 있던 네 명의 군인이 험상궂은 눈초리로 사내를 홀겨보는 것이었다. 그러나 그들은 잠자코 있었다. 셀라는 바로 아르박샷 가문의 왕 가이난의 아들이었던 것이다. 아르박샷 가문은 비록 아라랏의 산기슭에 깃들어 사는 미약한 나라였으나 앗수르와 가장 가까운 형제나라였기 때문에 가이난 왕은 하난 대제의 사촌 격이라고 할 수 있었다. 그 가이난의 아들인 셀라가 아무리 입을 험하게 놀린다 하더라도 앗수르의 졸병들이 함부로 건드릴 수 없는 것은 바로 그런 이유 때문이었다.

"하노스, 위대하신 하난 폐하께서는 새 도성에 계시느냐?"

아직도 셀라의 말에는 빈정거림이 섞여 있었다.

"세 형님들과 함께 사냥을 나가셨습니다."

하난의 세 아들이란 시날, 갈레, 에렉 이 세 왕자를 가리키는 것이었다.

"허이… 사냥이란 바벨의 건달 니므롯 같은 자들이나 하는 것이지 어찌 거룩하신 하난 대제께서 피 흘리기를 좋아하신단 말이냐?"

"아람 지역에 맹수들이 출몰하여 피해가 크다는 보고를 받으셨답니다."

"진짜 맹수라더냐, 아니면 칼을 든 짐승들이라더냐?"

"……?"

하노스가 어리둥절한 표정이 되자 셀라는 빙긋 웃으면서 내뱉었다.

"사람도 욕망에 사로잡힌 칼잡이가 되면 맹수가 되는 것이다. 그런데 어째서 폐하께서는 귀여운 막내아들을 안데리고 가셨을까? 사냥하다가 다칠까봐 그러셨는가…?"

"전… 전 본래 사냥을 좋아하지 않거든요."

"그건 또 무슨 소리… 만국회의가 끝나면 전 세계 왕들이 모인 가운데서 무술대회를 연다는데 넌 거기서 겁쟁이의 모습을 보여줄 참이냐?"

"전… 전 무술대회에 나가지 않을 생각입니다."

"아무래도… 앗수르 가문의 변종이 나타난 것 같군."

하노스는 소년답지 않게 심각한 얼굴을 하며 생각에 잠기고 있었다.

그의 얼굴에는 어두운 그림자가 드리웠고 그의 서늘한 눈매에는 수심의 구름이 덮여 있었다. 그러나 셀라는 그러는 아우의 표정을 모른 척 하며 딴전을 피웠다.

"하노스, 지금 황후 아릿다님께서는 어디 계시냐?"

"새 도성의 마무리 공사를 감독하고 계십니다."

"공사 감독…? 역시 너의 모후께서는 대단하신 여걸이시군. 과연 전 세계의 어머니라는 호칭을 듣기에 아깝지 않은 분이지. 하난 폐하는 사냥 중이시고 황후께서는 공사 감독이라…"

하노스는 그렇게 떠벌리고 있는 셀라의 옆모습을 흘끗 바라보았다. 그는 평소에 말을 너무 헤프게 쓰고 있었기 때문에 주의해서 듣지 않으면 칭찬하는 말인지 빈정거리는 말인지 분간하기가 어려웠던 것이다. 그는 다시 하노스를 돌아보면서 입을 열었다.

"그런데 하노스… 네가 사냥을 좋아하지 않는다면 좋아하는 것은 뭐지? 아직도 어린애처럼 꿀과자나 먹으면서 인형과 놀고 있지는 않겠지?"

"형님…"

하노스는 피식 웃음을 흘리고는 구름 담긴 눈으로 셀라를 바라보았다.

"형님, 전 모든 것에 싫증이 났습니다."

"싫증?"

"전… 이런 앗수르식 생활방식에 왜 그런지 만족할 수가 없습니다. 일하고 사냥하고 정복하고… 그리고 새 도성을 건축하고… 그건 끝없는 욕망의 되풀이일 따름입니다. 이상하게도 전 그런 일들에 재미를 붙일 수가 없습니다."

"허어… 그건 참 큰일이로군. 앗수르 제국의 이상은 끝없는 전진이야. 그것만이 무력과 나태를 극복할 수 있는 길이라는 것을 하난 폐하께서 몇 번이고 강조하셨어. 사람은 무엇 때문에 사는가? 무엇이 사람을 강하게 하는가? 그것은 부귀도 영화도 아니다. 다만 새 목표를 세우고 그것을 성취하려고 노력하는 자만이 강자가 될 수 있다."

"형님"

하노스는 그렇게 말하고 있는 셀라의 본심을 꿰뚫어보듯 똑바로 바라보며 입을 열었다.

"강자가 된다는 것은 무슨 의미가 있습니까? 강자에게는 언제나 걷잡을 수 없는 욕망과 오만, 그리고 자기 식으로 세계를 지배하려는 독선만 있을 뿐이지 거기에 진실은 없는 것입니다. 강자는 결코 자신을 진실하게 평가할 수 없습니다. 거기엔 모양만 있지 알맹이가 없는 것 같습니다."

"하노스… 넌 하난 폐하께서 가장 혐오하시는 회의론에 빠져 있구나. 우리 인생은 너무나 짧고 할 일은 너무나 많다. 사람은 머뭇거리거나 꾸물거릴 만큼 한가하지 않은 존재인 것이다. 그런 자들은 뒷전에 밀려나는 자들이 되고 패배하고 지배당하고 쓸모 없는 존재로 전락하는 것이다. … 하난 폐하께서는 자기 집안에 문제가 생기고 있는 것을 모르고 계셨군."

하노스는 마침내 피식 웃음을 터뜨렸다. 목소리까지 하난을 흉내내어 가며 연설하는 셀라의 익살에 웃지 않을 수가 없었던 것이다. 언제나 본심을 털어놓지 않고 시침을 떼는 셀라였으나 하노스는 그를 좋아하고 있었다. 다른 사람들에게서 보이지 않는 기개와 개성이 하노스로 하여금 어렴풋하게나마 일상의 답답함으로부터 벗어나게 할 수 있는 가능성을 보여주고 있기 때문이었다.

그래서 그들은 제법 여러가지 화제를 꺼내어가며 이야기를 계속할 수 있었다. 비록 핵심으로 들어가지 않고 허공에서 감기다가 흩어지는 대화들이었으나 그들은 즐겁게 떠들며 북쪽을 향하여 가고 있었던 것이다. 그들은 때로 경쟁하듯 말의 배를 차며 달리기도 했고 그러다가 말에서 내려 함께 소변을 보기도 하면서 마치 한가롭게 떠도는 구름처럼 소요하고 있었다. 새 도성을 향하여 꿈틀거리며 이동해 가는 사람들의 행렬 같은 것은 아예 상관없다는 듯 그들은 들판에 놀러나온 동무들처럼 웃고 떠드는 것이었다.

그럴 때마다 하노스를 뒤따르던 네 명의 군인들은 당황하여 멈춰 서거나 뒤따르면서 그들을 놓치지 않으려고 애쓰는 것이었다.

말을 타고 달렸기 때문에 셀라와 하노스는 아직 해가 기울기 전에 새 도성 가까이 이를 수 있었다. 갈대밭을 돌아서 다시 나타난 힛데겔 강 건너에 자리잡은 거대한 사각형의 성곽 위로 하늘을 찌를 높이 솟아 있는 탑 모양의 신전(神殿)이 보였다. 세상의 모든 것들을 다 비웃는 시선으로 바라보던 셀라까지도 그 엄청난 신전의 규모에 압도되었는지 입을 벌리고 있었다.

"… 대단하군. 저 신전에는 어떤 신을 모시는가?"

"니눈타의 신전입니다."

"니눈타?"

"천둥과 번개의 신이지요."

"천둥과 번개 … 그것은 바벨 사람들이 섬기는 신이 아닌가?"

"하난 대제께서는 니눈타를 이 신전에 모시기 위하여 바벨의 왕 니므롯과 협상을 하였습니다. 바벨에서 니눈타를 뺏어오는 대신 그들에게는 계산(計算)의 신 말둑을 주기로 했지요."

"그렇다면 … 이제부터 앗수르는 니눈타를 민족신으로 모시겠다는 거야?"

"민족신일 뿐 아니라 니눈타는 신들의 신이 될 것입니다. 그리고 앗수르에는 앗수르의 민족신 앗술을 남겨놓았습니다."

"…신들의 영화도 인간세상처럼 흥망성쇠가 덧없는 모양이로군."

전해 내려오는 말에 의하면 세상을 덮었던 대 홍수 이후로 살아남은 사람들은 오직 노아와 그의 세 아들뿐이었다고 하는데 그 섬기는 신들이 이토록 다양해진 것은 매우 이상한 일이 아닐 수 없었다. 민족들이 서로 갈라지고 흩어져 살면서 그들의 이해관계는 서로 달라지게 되었고 그에 따라서 자기문파를 수호하는 신들의 모습도 달라지게 된 모양이었다. 그러나 어쨌든 장자인 셈의 가문을 대표하는 앗수르가 민족신 앗술을 버리고 니눈타를 섬기기로 했다는 것은 대단한 변혁이 아닐 수 없었다. 그리고 필요에 따라서 그 주신(主神)을 갈아치우는 하난 대제의 권세도 대단한 것이 아닐 수 없었던 것이다.

"저 … 니눈타의 신전 옆에 보이는 큰 건물은 무엇이지?"

"만신전(萬神殿)입니다."

"만신전?"

"석달 후에 이곳에서 열리게 될 만국회의에는 각 민족의 왕들이 각기 자기 민족의 신상을 대동하고 참석하게 됩니다. 그 신상들은 모두 저 만

신전에 안치되고 하난 대제께서는 각 민족의 신들을 존중하며 모든 신들
의 화해와 평화를 선언할 것입니다."

"허어… 하난 대제는 드디어 신들의 회의까지도 주재하게 되었군."

"형님의 부친이신 아르박샷 가문의 가이난 왕께서도 그쪽의 신을 대
동하고 참석하시겠지요. 그쪽의 신은…"

"위대하신 창조주 여호와 신이지."

"그… 아르박샷 가문의 여호와 신은 만신전에서 상당한 예우를 받을
것입니다."

"그래…?"

"하난 대제의 아내인 아릿다 황후폐하가 아르박샷 가문의 딸이기 때
문입니다."

"하노스… 넌 어째서 아릿다 황후를 네 어머니라 부르지 않고 오직
하난 대제의 아내라고 표현하는 거지?"

아릿다 황후는 바로 하노스의 모친이었고 가이난 왕의 누이, 즉 셀라
의 고모가 되는 것이었다. 하노스는 멀리 신전의 탑을 바라보며 쓸쓸한
미소를 날리고 있었다.

"여자란 여러가지 역할을 하게 마련이니까요. 이미 하노스가 젖먹을
나이를 지났으니 황후폐하는 어머니보다 황후폐하 쪽을 더 좋아하는 게
당연한 일 아닙니까?"

셀라는 싱긋 웃으며 또 야유를 날렸다.

"저런, 벌써 젖을 떼다니! 너무 이른 것 아니야?"

그러나 셀라의 농담에 하노스는 얼굴을 붉히고 있었다. 나이와 상관없
이 아직도 육감적인 아릿다 황후의 그 풍만한 유방을 떠올렸기 때문이었
다.

그러한 하노스의 상념은 그들이 도성 앞에 이르렀을 때 더욱 구체화되
고 있었다. 새 도성의 거대한 성문 양쪽에는 날개 달린 두 황소의 상이
서 있었고 그 성문 위에는 한 거대한 여신상이 아래를 내려다보고 있었
던 것이다. 그것은 매우 아름다운 얼굴과 풍만한 자태를 지닌 여신이었
다. 그리고 그녀는 두 팔에 곡식단과 포도송이를 안고 있었다.

"저 여신은 누구냐? 하노스."

"결실의 여신 닌릴입니다."

"닌릴 … ?"

"처음 듣는 이름이죠?"

"……"

"그럴 겁니다. 닌릴 여신은 아릿다 황후께서 만들어낸 여신이니까요."

"황후께서 … ?"

"그렇습니다. 황후께서 하난 대제께 압력을 넣었지요. 성문 위에 거대한 여신상을 세우지 않으면 자기는 새 도성으로 옮기지 않겠노라고 …"

"허어 … 천하를 호령하는 하난 대제 뒤에는 그를 조종하는 진짜 여신이 있었다는 말이로군. 어쩐지 … 저 여신의 얼굴은 아릿다 황후를 많이 닮았어."

"그럴 수밖에 없지요. 황후께서 직접 공사 감독을 하셨으니까 … 저것 보십시오. 그분의 잔소리는 지금도 계속되고 있습니다."

셀라는 하노스가 가리키는 손가락 끝을 따라 성문 위를 올려다보았다. 과연 마지막 손질중인 여신상 앞에 보라색 비단으로 몸을 감싼 여인의 모습이 보이고 있었다.

이미 안치가 끝나서 비계가 철거되어 있는 신상의 몸뚱이에는 여기저기 사다리가 걸쳐져 있었다. 아릿다 황후의 잔소리 때문에 아직도 신상의 수정이 끝나지 않고 있는 것이었다.

"하노스… 넌 어떻게 생각하느냐? 신들이란 인간을 다스리는 존재들이냐, 아니면 인간이 만들어내는 작품들이냐?"

"……"

셀라의 질문은 정곡을 찌르고 있었다. 아릿다 황후의 요청에 의하여 세워지는 신상이라면 그것은 바로 아릿다 그녀 자신을 부풀려내어 세워놓은 것이기 때문이었다.

"사람들이 신상을 만드는 데는 두 가지 원인이 있다. 그 하나는 세상의 자연현상 앞에서 두려움을 느낀 인간들이 자신을 기탁하기 위하여 만들어낸 가상의 존재요, 또 하나는 통치자가 자기를 과시하여 위압하기 위한 수단으로 만들어내는 가공의 힘인 것이다. 그러고 보면 신들이란 모두 인간에 의하여 만들어진 환상에 불과한 것 아니냐?"

"......"

나이에 비하여 어울리지 않도록 신중한 하노스는 아직도 입을 다물고 있었다. 앗수르 제국에서 신에 관한 일들을 마음대로 떠드는 것은 금기로 되어 있었고 그것은 물론 앗수르 제국에 복종하는 세계 모든 나라에 대해서도 마찬가지였던 것이다. 그러나 워낙 말을 함부로 하기 좋아하는 셀라였기 때문에 마치 주위 사람들 모두가 들으라는 듯 큰소리로 떠들어 대고 있었다.

"신들이 인간에 의하여 만들어진 것이라면 그것은 아무런 능력도 없는 것이야. 실제로 신들 앞에서 그들에게 청구한 것을 얻어낸 사람을 본 적이 있나? 신들에게 혜택을 얻는 자들은 모두가 통치자들, 권력자들, 그리고 부자들이더군. 아… 그리고 또 있지. 무력하고 비겁한 자들이 자기들의 실패를 신들의 뜻으로 돌리기도 하고 사악하고 탐욕스러운 자들이 자기들의 불의를 신의 도움이라고 선전할 수 있는 핑계를 얻어내는 데 필요한 거야. 결국… 신들이란 인간의 청구서대로 움직이는 인형인 것이다. 신들이 많을수록 인간의 청구서는 다양하고 그 신들로 인하여 인간세상은 더욱 어지러워진다. … 그리고 그럴수록 통치자들이 다스리기 쉬운 세상으로 되는 거야…"

하노스는 자기 혼자서 엮어나가는 셀라의 독백이 우스워서 슬며시 웃고 있었다.

"왜 웃지? 내 말이 우습게 들리느냐?"

"형님 말씀이 맞습니다. 신들 때문에 어지러워진 한 사람이 지금 막 닌릴 여신의 젖가슴으로부터 추락했거든요."

"......?"

셀라는 하노스가 손가락을 들어 가리키는 곳을 바라보았다. 갑자기 많은 사람들이 성문 쪽으로 모여들고 있었다.

"신상의 마무리 공사를 하던 인부 중의 하나가 지금 막 추락했습니다. 여신의 젖가슴에 걸쳐놓았던 사다리가 미끌어지면서 떨어진 것입니다."

그들은 사람들이 모여드는 곳으로 다가가서 시선들 사이를 헤치며 떨어진 자의 시체를 바라보았다. 이미 떨어진 사람은 그 두개골이 박살나서 험악한 모습을 하고 있었는데 그의 남루한 옷차림이나 깡마른 사지가 그 나이며 신분을 짐작하게 하고 있었다. 그 모습은 제대로 먹지도 못하면서 험한 난공사를 강행해 온 모든 인부들의 모습이기도 했던 것이다.

그때였다. 갑자기 사람들 틈을 헤집으며 튀어나온 한 어린 소년이 잠시 시체를 살펴보더니 그 앞에 엎드러지며 슬피 울기 시작하는 것이었다. 간간이 그 울음소리에 섞여서

"할아버지 … 할아버지 …"

하는 소리가 배어나오고 있었다. 사람들은 또 그 아이가 그토록 슬피 울고 있는 까닭도 짐작할 수 있었다. 죽은 인부는 바로 그 아이의 할아버지였던 모양이었다. 그때 갑자기 둘러섰던 사람들이 양쪽으로 갈라지면서 한떼의 다른 사람들이 나타났다. 맨 앞에서 걸어오고 있는 것은 보라색의 긴 옷으로 몸을 감은 아릿다 황후였고 그 뒤로는 창검을 든 호위병들이 따르고 있었다.

그들의 일행이 나타나자 셀라와 하노스는 서로의 소매를 잡아당기면서 군중들 사이로 얼굴을 숨겼다.

아릿다 황후는 시체 앞까지 다가오더니 그 앞에서 울고 있는 아이를 쏘아보다가 호위병들에게 명령했다.

"저 아이가 누군지 알아보아라."

호위병들은 앞으로 나서서 어린아이를 잡아일켰다. 때와 눈물로 범벅이 된 아이가 겁에 질린 눈으로 군인들을 바라보았다.

"넌 어디서 온 누구냐?"

"……"

슬픔에 잠겨 울던 아이의 눈이 차츰 맑아지고 있었다. 비록 초라한 차림이기는 했으나 아이는 총명한 눈을 가지고 있었던 것이다. 아이는 또렷한 음성으로 대답했다.

"굴금에서 온 드단이라고 합니다."

"굴금? 굴금이라면 두발 땅이 아니냐?"

"… 그렇습니다."

두발 족속은 노아의 셋째 아들인 야벳의 후예에 속하는 백성이었다. 그들은 세계의 중심지인 두 강 사이의 옥토에서 밀려나 서쪽 바닷가로 흩어져 나간 족속들 중의 하나였던 것이다. 그들은 세계의 중심에서 소

외된 천한 백성들이었고 가난한 사람들이었다. 그래서 이번 새 도성의 신축공사에도 이 가난한 서방 족속들이 상당수 끌려와서 투입되고 있었던 것이다.

"이 죽은 자는 누구냐?"

"… 저의 외조부 젬바오님이십니다."

"외조부? 그렇다면 네 아버지는 누구냐?"

"……"

아이는 또 말이 없었다. 군인이 다그쳐 물었다.

"아버지는 누구냐니까!"

그러자 아이는 고개를 숙이며 들릴 듯 말 듯 대답했다.

"… 아버지는 모릅니다."

"그렇다면 … 사생아로군."

군인이 고개를 돌리며 아릿다 황후를 바라보았다. 이제 알아볼 것은 다 알아보았다는 의미였다. 두발 땅에서 온 이 드단이라는 아이는 외조부와 함께 살고 있었는데 그 외조부가 이 공사장에 끌려오자 의지할 곳이 없어서 이곳까지 따라왔던 모양이었다.

황후는 눈썹 끝이 약간 치켜져 올라가더니 이윽고 그녀의 입에서 싸늘한 음성이 흘러나왔다.

"닌릴 여신께서 노하신 까닭이 밝혀졌다. 새 도성의 거룩한 공사에 참여하는 백성들은 그 가족을 동반할 수 없음에도 불구하고 이 죽은 자는 자기 손자를 끌어들였기 때문이다. 그래서 여신께서는 이 부정한 자를 밀쳐서 떨어뜨리셨다. 닌릴 여신의 진노를 풀기 위해서 이 사내아이는 만국회의가 열리는 날 여신께 제물로 드려야 한다."

순간, 시체의 주위에 모여들었던 사람들의 얼굴은 또 한번 겁에 질리고 있었다. 여신에게 제물로 바친다는 것은 바로 그 아이의 목을 따서 피를 뽑아낸 다음 토막토막으로 각을 떠서 불에 태운다는 뜻이었던 것이다.

황후는 다시 군인들에게 지시했다.

"아이를 잡아다 가두어라."

군인들이 아이에게 달려들어 그의 두 팔을 우악스럽게 움켜쥐었다. 그러나 아이는 잠간 얼굴을 좀 찡그렸을 뿐 조금전까지 슬피 울던 것과는 달리 몹시 침착한 모습이었다. 아이는 제물로 바친다는 것이 무엇을 뜻하는 것인지 모를 리가 없을 텐데도 별로 겁먹지 않은 표정으로 아릿다 황후와 군인들을 말끄러미 바라보고 있었던 것이다.

황후와 군인들의 일행이 다시 여신상을 다듬고 있는 공사장으로 올라가고 아이를 체포한 두 사람의 군인도 자리를 떠나자 사람들은 넋을 잃은 듯 피투성이의 시체만 바라보고 있었다.

하노스가 다시 셸라의 소매를 잡아당기며 소곤거렸다.

"… 형님, 어떻게 생각하십니까?"

"……"

"저 아이 말씀입니다. 각을 뜨기에는 좀 아까운 듯한 느낌인데요."

셸라는 고개를 끄덕였다.

마침 하노스의 호위병들은 한눈을 팔고 있었다. 그들은 슬그머니 호위병들의 시선을 벗어나서 아이가 끌려간 쪽을 향하여 그림자처럼 은밀히 움직이기 시작했다.

밤 안개 속에서

따가운 햇살을 받으며 피어오르던 힛데겔 강의 수분은 밤이 되면서 식어가는 서늘한 대기 속에 폭신거리는 솜처럼 가라앉고 있었다. 거대한 니눈타의 대 신전도 밤 안개에 묻혀서 무거운 숨을 쉬고 있는 것 같았다.

안개 속으로 규칙적인 발소리가 들려왔다. 제법 규칙적이면서도 서두르지 않는 발소리가 새로 단장한 황제궁 쪽으로 다가가고 있었던 것이다. 이삿짐들을 내려놓고 입주를 시작한 백성들 때문에 부산한 거리에 비하면 황제궁 쪽은 오히려 이상할 만큼 조용하였다.

"……?"

걷고 있던 사람은 갑자기 몸을 낮추며 경계의 태세를 가다듬었다. 무언가 시커먼 그림자가 그의 앞으로 지나간 것 같았기 때문이었다. 그는 안개 속에서 숨을 죽이며 사방을 살펴보았다.

"……"

빠른 걸음으로 달아나는 발자국 소리가 들려오고 있었다. 그는 발자국 소리가 들려오는 곳을 향하여 비호같이 몸을 날렸다. 발자국 소리는 바로 아릿다 황후가 거하는 석조전 쪽을 향해서 가고 있었다. 그는 다소 추격의 속도를 늦추었다. 사내가 접근하고 있는 곳이 황후의 석조전이라면 그곳에도 경비원이 있을 것이기 때문이었다.

그러나 석조전 쪽에서는 아무도 수하(誰何)하는 소리가 들려오지 않고 있었다.

(그렇다면 그는 경비원들이 잘 알고 있는 사람이었던가…?)

그러나 \비록 그 어둠 속의 사내가 경비원들에게 낯익은 사람이었다 할지라도 이미 안개가 짙게 깔려 있었기 때문에 신분 확인을 했어야 하는 것이었다.

(…경비원들이 모두 잠들어 있었는지도 모르지.)

경비원들이 잠들어 있지 않았다는 것은 곧 증명되었다. 안개 저쪽에서 그를 향해 경비원의 음성이 날아왔기 때문이었다.

"누구냐?"

"나다, 하노스다."

"앗, 하노스님. 어디엘 다녀오시는 길이십니까?"

"왜?"

"아릿다님께서 많이 찾으셨습니다. 하노스님을 잃어버린 경호원들이 무척 꾸중을 들었지요."

"그래…? 경호원들은 지금 어디 있느냐?"

"모두 체포되어 수감되었습니다."

하노스는 안개속에서 빙그레 웃고 있었다. 그는 젖빛의 안개 냄새를 한번 들이마시고 나서 다시 물었다.

"아릿다님께서는 어디 계시냐?"

"안에 계십니다."

하노스는 석조전의 계단을 뛰어올라 황후궁 안으로 저벅저벅 걸어 들어가기 시작했다. 대리석으로 깔아놓은 바닥이 너무나 매끄럽게 연마되어 있어서 조심하지 않으면 넘어질 것 같았다. 막 황후의 집무실 쪽으로 꺾어지려던 하노스는 그쪽에서 바쁜 걸음으로 돌아나오던 한 소녀와 부딪쳤다.

"어머!"

소녀가 낮은 비명을 지르며 몸의 균형을 잃고 대리석 바닥 위에 나뒹굴려는 순간 하노스는 잽싸게 몸을 굽히며 소녀의 몸을 두팔로 안았다. 소녀는 매우 아담하면서도 폭신한 몸매를 가지고 있었다. 겁을 먹은 그녀의 큰 눈에서 섬뜩한 흡인력을 느끼며 하노스는 허물어진 몸뚱이의 자세를 바로잡아서 세워주었다.

"넌… 넌 누구냐?"

"아릿다님의 하녀 나메라입니다."

"나메라…? 낯익은 얼굴이 아닌 것 같은데… 어디서 왔지?"

"마대 지방에서 왔습니다."

마대라면 아라랏 산의 동쪽 날개인 자그로스 산맥 너머에 우거하고 있는 야만인들이었다. 그들 역시 노아의 막내아들인 야벳의 혈통에 속하고 있는 족속들이었던 것이다.

하노스는 다시 한번 그 소녀의 몸매를 훑어보았다. 산지에서 자란 아이답게 신선한 분위기를 뿜어내고 있었다.

"아릿다님께서는 어디 계시냐?"

"목욕중이십니다."

"폐하께서는?"

"백성들의 입주 현황을 살펴보시기 위해 나가셨습니다."

"……알았다."

하노스는 그쯤에서 소녀를 놓아주고 발길을 돌리려다가 목욕탕 쪽에서 걸어오던 황후의 시녀장과 마주쳤다.

"하노스님, 여기 계셨군요?"

"……?"

"황후께서 여러번 찾으셨습니다."

"그래……?"

"돌아오면 곧 안내하시라는 말씀이셨습니다."

"목욕탕으로 말인가?"

"…어디든 계신 곳으로 말씀입니다."

아릿다 황후의 목욕시간은 언제나 일정하지 않았고 또 매우 길었기 때문에 그녀는 만나고 싶은 사람을 목욕탕에서 만나는 것이 예사로 되어 있었다. 물론 그녀는 하노스의 어머니였으므로 다른 사람보다 나은 형편이기는 했으나 그래도 콧수염이 짙어지기 시작한 나이인데 목욕탕으로 간다는 것은 마음에 들지 않는 일이었다.

"…목욕을 끝내신 다음에 만나지."

"지시받은 제 입장을 헤아려 주시기 바랍니다, 하노스님."

하노스는 늙은 시녀장의 모습을 바라보다가 별수 없다는 듯 목욕탕 쪽으로 걸음을 옮겼다. 긴 복도를 지나 석조전의 뒤쪽으로 돌아들자 온갖 빛깔의 대리석으로 꾸며진 내전이 펼쳐지고 황후의 요란한 목욕 때문에 분주하게 오가는 시녀들의 모습이 보이고 있었다.

"황후께서는 안에 계신가?"

하노스는 막 목욕탕에서 나오고 있는 한 시녀에게 물었다. 그녀는 곧 하노스를 알아보고 나서 허리를 굽혔다.

"안으로 들어오십시오."

그는 앞장선 시녀를 따라 목욕탕 안으로 들어섰다. 마대 지방에서 구해 오는 나드 향내가 소년 하노스의 후각을 혼들어 놓고 있었다. 아릿다 황후는 마침 탕 속에 있었다. 연한 하늘색의 욕조 안에 비스듬히 누워 있는 황후의 풍만한 몸이 물 속에서 일렁거리고 있었다. 하노스는 얼른 고개를 돌리며 탁자 위에 놓인 꽃병에 눈을 주었다. 빨간색과 노란색의 꽃들이 꽃잎을 활짝 열고 있었다.

"부르셨습니까, 어머님?"

하노스는 특히 그 어머님이란 말에 힘을 주며 물었다. 아릿다 황후의 구르는 듯한 음성이 다가왔다.

"우리 개구쟁이 도련님, 어디서 누구와 놀다가 이제야 오는 거지?"

"…새 도성의 여기저기를 구경하고 다녔습니다."

아직도 하노스의 시선은 꽃병에 박혀 있었다. 부끄러움도 없이 암술과 수술을 활짝 드러내고 있는 꽃들의 자태가 하노스의 얼굴을 더욱 붉어지게 하고 있었다.

"하노스… 왜 꽃을 들여다보고 있니?"

"……"

"이 어미가 꽃보다 덜 아름답다는 뜻이냐?"

"……"

아릿다는 곁에서 시중들던 시녀에게 뭔가 소곤거렸다. 그 시녀는 꽃병이 놓여 있는 탁자 쪽으로 다가오더니 그 꽃들을 쑥 뽑아서 황후의 욕조 속에다 던져 넣는 것이었다.

"자, 하노스… 이쪽을 보아라. 이제는 꽃과 어미를 한꺼번에 볼 수 있게 되었다."

하노스는 마지못해 욕조를 향해 돌아섰다. 그러나 아직도 그의 시선은 황후의 알몸을 마주보지 못하고 빗겨나가는 것이었다. 다시 황후의 짓궂은 목소리가 감겨왔다.

"하노스… 넌 갑자기 어른이 된 것처럼 구는구나. 넌 내 뱃속에 들어있었고 이 젖을 빨며 자랐다. 그리고 날마다 너를 벗겨서 씻어 주었어. 오래간만에 어미와 함께 목욕을 하지 않으련? 얘들아, 저 귀여운 도련님을 발가벗겨서 물 속으로 모셔라."

그러자 여러 명의 시녀가 일제히 하노스에게로 달려드는 것이었다. 하노스는 황급히 뒤로 물러서며 단호한 목소리로 말했다.

"목욕이 끝나신 후에 찾아뵙겠습니다."

도망치듯 돌아서 나오는 그의 등뒤로 황후의 깔깔대는 웃음소리가 오랫동안 따라오고 있었다. 목욕탕을 나오면서도 하노스는 황후의 자태를 떨쳐버리기 위해서 몇 번이나 머리를 흔들어야 했다. 과연 그녀는 천부적인 미녀인 것 같았다. 하노스까지 모두 다섯의 자녀를 낳았는데도 그녀의 몸은 저 닌릴 여신의 설레는 몸매를 그대로 지니고 있었던 것이다.

"뭘 그렇게 생각하고 있는 거야, 하노스?"

하노스는 꿈에서 깨어난 사람처럼 흐려졌던 눈의 촛점을 바로 잡았다. 누이 레센이 생글거리며 눈앞에 서 있었던 것이다.

"아……"

하노스는 얼굴을 붉히며 뒤통수를 긁었다. 레센은 다시 장난스럽게 웃으며 추궁했다.

"뭘 생각하고 있었어?"

황후의 알몸을 생각하고 있었다는 말을 할 수는 없는 노릇이어서 그는 황급히 둘러대었다.

"…누나가 시집가면 난 얼마나 쓸쓸해질까를 생각하고 있었지."

"하노스도… 이젠 어른이 되어가는 모양이로군."

"……?"

"거짓말을 할 줄 알게 된다는 것과 어른이 된다는 것은 같은 의미이니까."

레센은 마치 그의 마음을 꿰뚫어보기라도 하는 듯 반짝거리는 눈으로 바라보고 있었다. 그는 다시 화제를 돌리려고 고심했다.

"이번 만국회의에는 미스라임의 메네스 왕자도 온다고 하더군요."

미스라임은 노아의 둘째 아들인 함의 후손 중 가장 강대한 민족 중의 하나였다. 나일 강 유역에 터전을 잡은 미스라임을 일곱 왕들이 나누어 통치하고 있었는데 메네스 왕자는 바로 일곱 왕 중의 으뜸인 루딤의 후계자였던 것이다.

"메네스 왕자가 오는 것이 나와 무슨 상관이지?"

"누나도 이제 어른이 되고 있군요. 메네스 왕자가 어째서 온다는 것을 알고 있으면서도 시치미를 떼는 것을 보니…"

하노스의 그 역습은 효과적이었다. 이번엔 레센의 얼굴이 붉어지고 있었던 것이다. 레센은 빨간 입술을 오물거리다가 신음하듯이 말했다.

"난… 난 절대로 메네스 왕자에게 시집가지 않을 거야!"

"누나, 그것은 누나 마음대로 하지 못할 것입니다. 남쪽의 강대국 미스라임과의 결연은 하난 대제의 중요한 세계 통치전략 중의 하나거든요."

"그래서 난 싫다는 거야. 난 결혼이라는 중대한 일을 아버님의 정략에 이용당하고 싶지 않은 거야."

레센은 자신의 생각을 스스로 다짐이라도 하듯 진지한 얼굴이 되고 있었다. 잠시 그들은 입을 다문 채 복도를 걷다가 뒷문을 지나 뜰로 나섰다. 포근한 안개냄새가 그들을 감싸기 시작했다. 레센은 밤공기가 차가운 듯 두 팔로 자기 가슴을 안은 채 걷다가 천천히 입을 열었다.

"하노스……"

"말씀하세요, 누나."

"…정말 내가 시집가버리면 하노스는 쓸쓸할 것 같애?"

하노스는 고개를 끄덕였다.

"어차피… 하노스도 결혼하면 아내가 생길 거 아냐? 아내가 생기면 누나쯤은 거들떠보지도 않을 텐데."

"나도… 장가를 안들 생각이야."

"제법 어른이 된 것 같더니만 기어코 철없는 소리를 하고 있구나. 장가를 안들고 이 누나와 지내겠다는 걸 보니."

"그러면 안되나?"

"사람은 결혼해서 아이를 낳고 아이를 기르면서 사는 거야."

"…홍수가 나서 모든 사람들이 다 죽었을 때 살아남은 노아의 가족들은 어떻게 결혼을 했을까?"

"그야… 노아의 부부와 그 세 아들의 부부 여덟 사람이 살아남았다니까 서로 사촌끼리 결혼을 했겠지."

"짝이 다 안맞을 수도 있지 않을까?"

"그러면 삼촌과 조카가 결혼할 수도 있고…"

사실 그러한 근친간의 결혼은 아직도 많은 백성들 가운데서 예사로 이루어지고 있었다. 특히 명예로운 가문의 피를 지키려는 집안일수록 그런 사례가 많았던 것이다.

"그런데 어째서… 남매간에는 결혼을 하지 않는 것일까?"

"그야 남매간은 어렸을 때부터 함께 자라나니까 서로 호기심 같은 것이 회박해지고 끌리는 힘이 약하기 때문이겠지."

"나라들마다 남아 있는 전설에 보면 창조신은 처음에 한 남자와 한 여자를 만들었다고 하던데 그렇다면 처음에는 모두가 남매들끼리 결혼했을 테지?"

"그야 처음에는 어쩔 수 없이…"

그러다가 레셴은 눈을 크게 뜨며 동생을 바라보았다.

"넌… 넌 지금 무슨 생각을 하고 있는 거지?"

"무슨 생각이라니?"

"하노스, 넌… 남매간만 아니라면 누나와 결혼하고 싶다는 말이로구나."

"누나, 결혼이란… 새로운 여자에 대한 호기심이나 마음이 끌리는 정도의 유혹만으로 할 수는 없을 것 같거든. …그가 꼭 필요하다든가, 그가 없이는 못살 것 같다든가 할 정도의 절실한 이유를 찾아내지 못한다면 결혼은 무의미할 것 같아. 사람은 서로 빈자리를 가지고 태어났기 때문에 그 빈자리를 서로 채우기 위하여 결혼하는 것 아닐까?"

"하노스… 넌 아직 어리기 때문에 앞으로 얼마든지 그렇게 꼭 필요한 신부감을 찾을 수 있을 거야."

"난… 난 아무래도 누나보다 더 필요한 여자를 찾을 수 없을 것 같아."

두 젊은이는 갑자기 할 말을 잃은 채 입을 다물고 있었다. 온 세계를 가리우며 덮어오는 밤 안개 속에서 그들은 서로 상대방의 외로운 영혼을 바라보고 있었던 것이다. 그들은 서로를 덮어주고 싶어했다. 세상을 덮어주는 밤 안개처럼 그들은 서로의 이불이 되어 주고 싶었던 것이다.

레센은 동생의 곁으로 바싹 다가섰다. 그리고 속삭였다.

"……추워."

그녀는 하노스의 팔을 껴안았다. 그리고 달아오르는 자기의 볼을 하노스의 어깨에 가만히 대었다.

"하노스……"

"……"

"만일 우리가……"

그때였다. 그들만이 있는 줄 알았던 밤 안개의 침실 속으로 다른 목소리가 끼어 들어왔다.

"누군가 했더니 바로 너희들이었구나."

그들은 얼른 서로 떨어지며 목소리가 날아온 쪽을 향해서 돌아섰다. 나드 향내를 풍기며 다가온 것은 방금 목욕을 끝낸 아릿다 황후였던 것이다.

"안개속으로 바라보니까 마치 다정한 연인들 같았는데 너희들이었구나. 이 호젓한 뜰에서 무슨 이야기들을 하고 있었지?"

"저……"

황후는 잠시 남매의 표정을 살피다가 말했다.

"너희들은 어릴 때부터 유난히도 서로 따르고 아껴주더니 아직도 사이가 좋구나. 그러나…"

그녀의 표정이 갑자기 쌀쌀해지고 있었다.

"그러나 비록 남매간이라 할지라도 결혼할 나이가 가까우면 지나치게 가까이 지내지 않도록 해야 한다. 더구나 레센, 너는 곧 시집을 가야 할

몸이 아니냐?"

"어머니, 전…"

"하노스도 이제는 어엿한 성년이다. 네가 동생과 껴안고 있는 것을 보면 네 신랑감이 좋아하지 않을 거야."

하노스는 황후의 얼굴을 바라보며 당혹스런 표정을 짓고 있었다. 그와 누이는 단지 팔장을 끼고 있었을 뿐인데 황후는 그것을 껴안았다고 해석했기 때문이었다.

(성년이 된 남매가 지나치게 가까이하는 것을 자제해야 한다면 어째서 황후는 목욕탕에서 알몸인 채로 나를 불렀단 말인가…?)

황후의 입이 다시 레센을 향해서 열렸다.

"레센, 너는 네 방으로 돌아가라. 신부의 자격을 갖추기 위해서 너는 할 일이 많을 것이다."

"…네."

레센은 싸늘한 황후의 명령에 더 이상 거역하지 못하고 물러갔다. 황후는 하노스 앞으로 바싹 다가섰다. 방금 목욕을 끝낸 여인의 살냄새가 하노스에게 덮쳐오고 있었다.

"어디를 갔었느냐, 하노스?"

"나일 강 유역의 미스라임 지역을 여행하고 돌아오는 길입니다."

"그건 나도 알고 있다. 난 네가 돌아온 후에 경호원들을 떼어놓고 어디에 갔었는지 묻고 있는 거야."

"아, 그건… 새 도성에 입주하고 있는 백성들의 모습을 둘러보려고…"

"그런데 어째서 경호원들을 따돌리고 다녔지?"

"어머님"

하노스는 황후가 너무 가까이 다가서 있었기 때문에 한걸음 뒤로 물러서면서 말했다.

"어머님은 늘 경호원과 함께 다니시는 것을 좋아하십니까?"

"무슨 말이지?"

"제가 남방으로 여행하는 몇 달 동안 제 경호원들은 참으로 지겹게도 저를 쫓아다녔습니다. 식사를 할 때에도, 잠을 잘 때에도, 그리고 심지어는 길바닥에서 오줌을 눌 때에도 그들은 곁에 바싹 붙어 서 있었습니다. 그것은 마치… 호위를 받는 것이 아니라 감시당하는 기분이었습니다."

"무엇 때문에 경호원에 신경을 쓰지? 그들은 너를 경호할 뿐 너의 생활에 간섭하지도 않고 너의 하는 일에 대해서 남에게 말하지도 않는다. 다만 너를 지켜주는 사나운 개로 생각하면 되는 거야."

"그것이 저는 싫은 것입니다. 사람을 사람이 아닌 짐승으로 취급하는 그것 자체가 싫은 것입니다."

황후 아릿다가 남녀 불문하고 하인들이 보는 앞에서 마구 옷을 벗고 목욕하는 것도 바로 그런 사고방식 때문이었다. 그녀는 자기를 시종하는 모든 하인들을 자기가 사육하는 짐승으로 생각하고 있던 것이다. 그러나 하노스는 차마 거기까지 말하지 못했다.

"그래서… 여행중에 경호원들 때문에 뭔가 불편한 일이라도 있었다는 말이냐?"

"몹시 불편했습니다. 사람은 가끔… 혼자 있고 싶을 때가 있는 것입니다."

"혼자……?"

"그렇습니다. 특히 남자는 그렇습니다. 가끔씩 모든 사람들에게서 완전히 떠나 자기 혼자 있고 싶을 때가 있습니다."

"너 혹시… 미스라임 땅에 가서 여자가 생긴 거 아니냐?"

"전 아직 여자에 관심 가질 나이가 아닌 것 같습니다."

"여자에 대해서 무심한 것까지 네 아버지를 닮았구나."

아릿다는 손을 들어 하노스의 볼을 쓰다듬고 있었다. 다시 나드 향내가 그의 얼굴을 휘감기 시작했다.

"아버지를요……?"

하노스는 의아한 표정으로 황후를 바라보았다. 변방에 나갈 때마다 여자 노예들을 무더기로 끌어오는 하난 대제의 습성이 생각났기 때문이었다. 황후는 잠시 당황한 기색을 보이다가 안개와 같은 미소로 그것을 얼버무렸다.

"하난 대제께서도 너의 나이 때쯤은 순진하셨다는 뜻이다."

"그러셨던가요?"

하노스는 그녀의 손길을 피해서 한걸음 물러나면서 말했다.

"어머님께선… 새 도성의 성문 위에 처음 보는 신상을 세우셨더군요."

"아… 닌릴 여신 말이냐?"

"어머님께선… 아르박삿 가문의 딸이라고 들었습니다만."

"산중에 흩어져 사는 미약한 가문이지."

"하지만 그 아르박삿 가문에서는 창조신인 여호와 신 외에는 다른 신을 섬기지 않는다고 들었거든요. 더구나 아르박삿 가문은 여신을 절대로 섬기지 않는다고…"

"부끄러운 말이지만 우리 가문은 너무 고루한 것이 탈이었다. 그래서 아직도 발전을 못하고 점점 시들어져 가는 거야. 하늘이 있으면 땅이 있듯이 남자가 있으면 여자가 있어야 하는 법이다. 하늘과 땅이 화합해야 생산이 풍요하고 남자와 여자가 사랑해야 아기가 태어나는 법이거든. 그런데 아르박삿 가문의 여호와 신은 홀아비 신이다. 홀아비에게는 생산도 발전도 없는 거야."

그때였다. 안개 속으로부터 여러 사람이 걸어오는 발소리가 들려왔다. 그것은 매우 규칙적인 속도로 다가오고 있었다. 발소리들에 섞여서 위엄 있는 남자의 목소리가 건너왔다.

"아릿다… 당신 하노스를 찾았소?"

"품에 안고 다니기에는 너무 커버렸군요."

안개 속으로부터 나타난 사내는 건장한 몸에 황금색으로 수놓은 메일 (겉옷)을 걸치고 있었다. 그리고 그 뒤에는 여섯 명의 무장한 군인이 따르고 있었다.

"오… 하노스, 여기 있었구나."

하난 대제는 아들의 곁으로 다가와 굵은 팔을 들어서 아들의 어깨를 안으며 말했다.

"그래… 남방 여행은 어땠느냐? 미스라임의 나라들을 돌아본 느낌은? 많은 공부가 되었느냐?"

"공부보다는… 오히려 의문만 더 많아졌습니다."

"의문…?"

"미스라임 땅의 나일 강을 따라 여행하면서 저는 많은 건물의 유적들을 발견할 수 있었습니다."

"그렇지. 나일 강 근처에는 옛날의 유적들이 많이 남아 있어."

"비록 무너지기는 했으나 그 건축물들은 모두 잘 구워진 벽돌들로 축조되어 있더군요. 뿐만 아니라 왕들의 분묘로 보이는 거대한 규모의 궁전들도 있었는데 돌로 만든 그릇이라든가 상아로 만든 장식품들이 남아 있었습니다. 더군다나 놀라운 것은…"

"……?"

"구리로 만든 그릇이나 농사 기구로 보이는 연장들도 있었습니다."

하난 대제는 아들의 말에 별로 관심이 없는지 그의 어깨를 잡아끌면서 말했다.

"자… 밤 공기가 찬데 안으로 들어가서 이야기하자구나. 아릿다, 당신도 들어가서 좀 쉬지 그래?"

"또… 저를 쫓아 보내실 속셈이로군요?"

"도성의 공사를 감독하느라고 얼마나 수고했는지 내가 알고 있기 때문이오."

그들은 다시 내전으로 들어서서 침전으로 가는 아릿다 황후와 갈라졌다.

"미스라임의 왕들은 무엇을 하고 있더냐?"

"일곱 왕국의 우두머리인 루딤에서는 왕의 무덤으로 사용할 거대한 건축물을 계획하고 있었습니다."

"건축물……?"

"그렇습니다. 높이가 1백 2십 규빗이 넘는 사각추 모양의 기묘한 건축물이었는데 모두 사방 3규빗이 넘는 석재로 쌓아올리게 되어 있었습니다."

"석재로…? 그렇게 큰 돌을 어떻게 1백 2십 규빗이나 쌓아올린다는 말이냐?"

"거기까지는 알 수 없었습니다만 이미 루딤 왕궁에서는 그 설계도를 완성해 놓고 있었습니다."

"이상한 일이로군. 한 사람의 무덤으로 그 엄청난 것을 건축하다니…"

"그 무덤은 미스라임의 부활신앙과 관계가 있는 것 같았습니다. 시체는 방부제를 넣어 원형대로 보존하고 베로 두른 다음 다시 사람의 모양을 본뜬 석관에 넣도록 되어 있었고 그 석관은 건축물 내부의 중앙에 해당하는 일정한 장소에 안치하도록 되어 있더군요. 그리고 현실(玄室)에 들어가는 통로나 내벽의 구조도 아주 정밀한 설계가 되어 있더군요."

미스라임 사람들은 태양신 레를 비롯한 수천의 신들을 섬기고 있었으나 그 중에서도 중심이 되는 신은 부활의 신인 오시리스와 그의 배우자인 이시스였다. 오시리스는 본래 식물과 생명을 주는 나일 강의 신이었는데 동생에게 살해되었고 몸은 토막토막 잘리워져서 사방에 버려졌다. 오시리스의 아내 이시스는 그 시체의 조각들을 모아서 남편을 소생시켰으며 그들의 아들 헤루스는 자기 삼촌을 격파하여 원수를 갚았다는 것이었다. 그로부터 오시리스는 부활의 신이며 죽은 자를 심판하는 심판의 신으로 추대된 것이었다.

"그런데… 하노스, 너는 어떻게 그 설계도의 내용을 알아낼 수가 있었느냐?"

"메네스 왕자가 그 모든 것을 자랑삼아 제게 보여주었습니다."

"메네스 왕자가……?"

그들은 황제의 집무실 앞에 이르렀다. 황제는 경비원들에게 문 밖에서 대기하도록 지시한 다음 아들과 함께 집무실 안으로 들어섰다.

집무실로 들어서자마자 맞은편 벽에 장식된 황금색의 봉황(鳳凰)이 하노스의 시선을 위압하고 있었다. 벽의 양쪽으로 그려진 황금색의 봉황은 바로 천하를 다스리는 하난 대제의 문장이었던 것이다. 그 벽 앞에 황제가 집무하는 흑단(黑檀)의 책상이 있었고 온통 황금으로 장식된 방 한가운데는 황제와 손님들이 앉을 수 있는 긴 의자들과 탁자가 놓여 있었다.

"…그렇습니다. 아마도 메네스 왕자는 자신이 하난 대제의 사위가 되는데 조금도 손색이 없는 인물이라는 것을 자랑하려고 하는 것 같았습니다."

하난 대제의 표정은 약간 굳어지고 있었다. 1백 2십 큐빗이라면 노아가 모든 지상 생물을 한 쌍씩 실었다는 전설의 방주(方舟)보다 네 배나 되는 높이였고, 새로 건축한 이 도성의 신전탑보다도 높은 것이었다. 그런데 메네스 왕자는 그 거대한 건축물을 벽돌도 아닌 석재로 쌓아올리겠다고 했다는 것이었다.

그것은 세계를 통치하는 앗수르 대제국에 대한 중대한 도전이요, 하난 대제가 추대하고 있는 니눈타 신에게 비견하려는 오시리스 신의 교만이 아닐 수 없었던 것이다.

하노스는 대제가 잠잠한 것을 보고 다시 입을 열었다.

"미스라임의 건축술은 상당히 진보되어 있는 것 같았습니다. 그들의 설계도는 놀랍도록 정밀했습니다."

하난 대제는 표범의 가죽으로 덮인 긴 의자에 기대어 앉으며 하노스에게도 맞은편의 의자에 앉으라고 손짓했다.

"확실히 미스라임은 부지런하고 진취적인 백성들이야."

그것은 미스라임의 도전에 대한 언짢음을 둘러대려는 하난의 표현이었다. 미스라임을 견제하기 위해서 자기의 외동딸을 시집보내려고 결심할 정도로 그들을 경계하고 있는 하난이었다.

"그런데… 바로 그 점이 저를 의아하게 하였던 것입니다. 미스라임의 기술은 놀라울 정도로 속도가 빨랐을 뿐 아니라 제가 살펴보았던 옛날의 유물들까지도 이미 그 당시에 상당한 문화수준에 이르러 있었음을 말해주는 것이었습니다. 벽돌건축의 흔적이며 구리로 만든 연장까지 있었으니까… 그런데 그 벽돌건축의 유적들은 모두가 노아의 홍수 이전 것이었음을 알 수 있었지요. 그들의 건축구조는 이곳에서 옮겨간 미스라임 방식과는 아주 다른 것이었으니까요."

"그렇다… 그런 유적들은 모두 홍수 이전의 것이야."

"그렇다면 홍수 이전에 나일 강 지역으로 옮겨가서 도시를 건설한 사람들은 어떤 사람들이었을까요?"

하난 대제는 자꾸만 역사 속으로 거슬러 올라가고 있는 아들의 말을 제지하면서 말했다.

"하노스, 너무 지나간 일에 관심을 갖는 것은 생산적이 아니다. 그런 건 죽을 때가 다 되어가는 늙은이들이나 하는 버릇이지. 사람은 언제나 앞을 보고 전진해야 하는 거다. 이미 지나간 일은 우리에게 아무것도 해줄 수가 없어. 넌 내 말을 기억하고 있겠지? 지나가 버린 물은 물레방아를 돌리지 못한다고."

하노스는 아버지의 주의를 들으며 고개를 숙였다. 언제나 뒤를 돌아다 보지 말라고 권하는 하난 대제의 말에 일리가 있다고 생각하면서도 그는 자꾸만 뭔가 과거 속에서 잃어버린 것들이 있는 것 같아 그 속으로 헤엄쳐 들어가고 싶어지는 것이었다.

"하노스, 석달 후면 만국회의가 열리는데 너도 무술 대회에 출전해야겠지? 여행중에라도 사냥을 좀 했느냐?"

"미처 사냥할 시간적 여유가 없었습니다."

"저런… 하노스, 백성들의 지도자가 되려면 그들을 보호할 줄 알아야 한다. 백성들을 맹수들의 습격으로부터 지켜주는 것이 왕들의 의무인 것이다. 그래야 백성들이 지도자를 믿고 따르게 되는 거야."

"그런데… 홍수 이전 것으로 보이는 나일 강 유역의 유물들 중에는 사냥도구가 보이지 않더군요. 칼이라든가 창이나 방패 같은 것이 전혀 보이지 않았어요. 그들은 무엇으로 맹수의 습격을 막아냈을까요?"

하노스는 또 홍수 이전으로 그 관심을 몰아가고 있었다.

"그야……"

하난 대제는 잠시 생각에 잠기다가 말했다.

"군인들은 백성을 지키기 위해서 늘 밖에 나가 근무하고 있었으니까 모두 집 밖에서 홍수를 만났을 테고 그래서 그들은 무기와 함께 홍수에 휩쓸려 내려갔겠지. 남아 있는 유물들이란 것은 모두 집 안에 있던 기물들뿐이니까 농사도구라든가 가구 같은 것만 남았을 것이고…"

"전 어쩐지… 사냥을 하고 피를 흘리는 일들에 재미를 붙일 수가 없군요. 전 아무래도 사냥꾼이 되기는 어려울 것 같습니다."

"너보고 직접 사냥꾼이 되라는 것이 아니다. 그러나 너도 그런 것을 할 줄 안다는 사실을 백성들에게 보여주어야 하는 거야. 그래야 그들이 너를 얕잡아보지 않거든."

"그런 것은 형님들이 모두 잘 하시지 않습니까? 또 사냥이라면 앗수르에 충성하고 있는 바벨의 니므롯 왕도 있고…"

하노스가 니므롯의 이름을 말하자 하난 대제의 표정이 잠시 긴장하다가 다시 복원되었다. 하노스는 그런 아버지의 변화를 놓치지 않으며 다시 물었다.

"바벨의 니므롯은 폐하와 매우 친하니까 앗수르를 배반하지는 않겠지요?"

"음… 니므롯은 우리 앗수르의 실력을 잘 알고 있으니까 감히 넘보지 못할 것이다."

"함의 후예들이 모두 다 남방으로 옮겨가 살고 있는데 니므롯만 두 강 사이의 오지인 바벨에 거주하도록 했으니 그는 폐하의 특전을 입은 셈이지요."

"그렇다… 니므롯은 우리 지역의 맹수들을 제압하고 두 강의 용(龍)들을 물리치는 데 큰 공을 세웠거든."

하난 대제가 말하는 용들이란 바로 힛데겔과 유브라데의 두 강에 서식하고 있던 거대한 파충류(爬蟲類)의 괴물들을 말하는 것이었다. 이 괴물들은 그 몸집이 크고 가죽이 단단해서 그들이 육지로 올라와 사람들을 해치는데 아무도 속수무책이었던 것이다. 이 두 강의 용들을 격퇴한 것이 바로 바벨의 니므롯이었다.

그는 자신이 고안한 석궁, 석뇌, 그리고 청동으로 제조한 각종 무기들로 두 강의 용들을 물리치고 영웅이 된 것이었다. 하난 대제조차도 그를 하늘이 보낸 사냥꾼이라고 격찬하였으며 함의 후손인 구스, 미스라임, 붓, 가나안이 모두 남방으로 이주했음에도 불구하고 그는 구스의 아들이면서 바벨에 거주하는 특전을 입은 것이었다.

"그러나 하노스, 니므롯이나 너의 형들이 언제까지나 너를 따라다니며 보호할 수는 없는 것이다. 너는 네 자신을 지키고 너를 따르는 사람들을 지키기 위해서도 무술을 연마해 둘 필요가 있을 거야."

"……"

"하노스, 넌… 넌 심성이 강하지 못한 것을 보면 아무래도 네 엄마를 닮은 것 같구나."

"네? 지금 뭐라고 하셨지요?"

하노스는 놀라며 그렇게 물었다. 그는 분명히 엄마를 닮아서 심성이 약하다고 말했던 것이다. 그러나 하노스가 알고 있는 아릿다 황후는 약한 여인이 아니었다. 외조부의 주검 앞에서 울고 있던 드단 소년을 잡아서 닌릴 여신에게 제물로 바치라고 명령할 정도로 냉혹한 여인이었던 것이다.

그러나 황제는 더 이상 입을 열지 않았다.

"아, 아니다… 네 어미도 처녀 때에는 연약한 여자였지."

하노스의 머리가 다시 혼란에 빠지기 시작하고 있었다. 조금전 뒤뜰에서 아룃다 황후는 그에게 아버지를 닮아서 여자에 무관심한 것 같다고 말했던 것이다. 사람이란 본래 젊었을 때에는 그렇게 순진하고 얌전하다가 어른이 되면 갑자기 달라지는 것인지도 알 수 없었다.

황제는 이제 제법 장성하여 여러가지 의견을 이야기하고 있는 하노스를 사랑스러운 듯 바라보고 있었다.

"그래서… 미스라임 지역은 그렇고, 또 어떤 곳들을 보았느냐?"

"이번에 돌아보니… 남쪽 지역에서 살고 있는 함의 후손들, 즉 구스와 미스라임과 붓과 가나안 백성들은 그런 대로 비옥한 땅에서 경작하며 안정된 생활들을 하고 있었습니다. 그런데 노아의 아들들 중에서 장자의 가문이라는 우리 셈의 후손은 앗수르 대제국만 빼놓고 나머지 엘람, 아르박삿, 룻, 아람 백성들이 모두 산지에 흩어져 살며 쇠약해져 가고 있다더군요. 그리고 막내의 가문이라는 야벳의 후손들은 아예 바닷가로 밀려나가 살거나 배를 타고 어디론가 사라져 갔다지요?"

"우리 셈의 가문이 미약해진 것은 바로 그 사고방식의 고루함 때문이었다. 함의 가문 사람들이 전 세계로 뻗어나가며 열심히 일하고 건설할 때 우리는 모두 고리타분한 역사만 따지고 있었던 거야. 솔직히 말해서 셈의 후손들은 이 앗수르 대제국이 아니었다면 벌써 이 세상에서 멸종되어 없어졌을 것이다."

"그러면 야벳의 후손들은요?"

"그들도 마찬가지였다. 그들은 게으르고 난폭한 백성들이었지. 그들은 일하는 것을 싫어하고 남에게 신세지는 것을 좋아하는 백성들이었다. 그래서 결국은 바닷가로 밀려나가게 된 거야."

하노스는 대제의 등뒤에 있는 봉황새의 모습을 바라보았다. 황금빛 찬란한 봉황새의 모습처럼 하난 대제의 모습도 그렇게 위엄 있어 보이는 것이었다. 훌륭한 기술과 강한 군대, 그리고 풍부한 물산까지 갖춘 함 백성들을 휘하에 통치하며 만국을 다스려나가는 하난 대제의 능력이 새

삼 돋보이는 것이었다. 실로 하난 대제가 아니었다면 장자의 가문, 셈의 후예들은 부끄러운 꼴을 면치 못할 뻔했던 것이다.

"그런데… 셈 가문의 장자는 엘람 가문이라면서 어떻게 앗수르로 장자권이 넘어오게 되었습니까?"

하노스의 질문에 다시 황제는 당황하고 있었다. 그는 잠시 머리 속에서 생각을 정리하는 것 같더니 천천히 설명을 시작했다.

"엘람 백성들이 장자권을 승계하는 것이 당연한 것이었다. 그러나 그들에게는 만국 백성을 이끌어 나갈 만한 자격이 없었다. 그들은 무능하고 게으른 백성들이었다…."

"장자권의 승계는 누가 결정하나요?"

황제의 표정이 다시 당황하고 있었다. 그는 뭔가 엘람의 문제에 대해서 걸리는 일이 있는 모양이었다.

"장자권의 승계는… 셈의 후예인 다섯 가문의 대표들이 모여서 결정한다."

"그렇다면 결국 그 결정은 다수결로 하는 건가요, 아니면 힘센 나라의 대표가 일방적으로 자기를 뽑도록 하는 건가요?"

하노스는 질문을 더 해갈수록 자꾸만 황제를 난처하게 만들고 있었다. 장자권의 승계를 다수결로 결정한다면 가문의 위계질서는 존재할 수 없는 것이었고 힘센 자가 차지한다면 이번엔 권력의 도의성에 문제가 생기기 때문이었던 것이다. 황제는 다시 얼버무리는 수밖에 없었다.

"다섯 가문의 대표들은 장자권의 계승자로부터 사퇴의 의사발표가 있을 때에만 다음 승계권자의 승계를 인준하는 것이다. 엘람은 이미 대표자 회의에서 장자권 포기를 선언했고 그래서 앗수르 가문이 장자권을 승계한 것이다. 그러나 만국을 다스리는 장자의 나라로서 무엇보다도 필요한 것은 힘이다. 군대의 힘, 조직의 힘, 그리고 재물의 힘이 있어야 만국을 통치할 수 있는 것이다."

"힘만이 장자의 통치권을 보장받는 길이라면… 각국의 신들은 무엇을 하는 건가요?"

"물론 신들은 그 국가와 백성을 보호하고 보살핀다. 그러나 사람이 제가 노력하지 않고 신들의 도움만 기다린다면 그건 미신에 불과한 것이다. 사람은 자기가 할 일을 열심히 해가면서 신의 도움을 구해야 하는 거야."

"그러나… 적어도 장자권의 승계를 결정해야 하는 중대한 일이라면 그 절차 중에는 신탁(神託)이라든가 신의 의사가 어디엔가 끼어야 하지 않을까요?"

이제 드디어 하노스의 질문은 그 본론에 들어서고 있었다. 그것은 바로 앗수르가 엘람으로부터 장자권을 인계받을 때 신탁(神託)이 있었느냐는 질문이었고, 그 질문이야말로 앗수르의 장자권, 즉 하난 대제의 통치권에 대한 정통성 여부를 따지는 질문이었던 것이다.

하난 대제는 싱긋이 웃고 있었다. 그것은 다시 말하면 하노스의 맹랑한 질문에 진지하게 대답할 수 없다는 표시이기도 하였다.

"하노스… 천하 만국을 통치하는 장자의 명분이 넘어오는데 어찌 신탁이 없었겠느냐? 앗술 신이 이를 인정했고 세계의 모든 신들이 이를 받아들인 것이다."

"앗술 신이 인정했다면 새 신전에 모신 니눈타 신은 또 무엇입니까?"

"앗술 신이 창조주라면 니눈타 신은 세상을 다스리는 신이다."

"번개와 천둥으로 말씀인가요?"

"그렇다. 니눈타 신은 번개와 천둥으로 세상을 다스리고 목축과 농경을 주관한다."

"그렇다면 앗술의 시대가 가고 니눈타의 시대가 온다는 의미인가요?"

"그렇다. 그래서 나는 새 도성을 건설하고 니눈타의 신을 모신 것이다. 앗수르의 개혁과 발전을 위해서다. 그래서 새 도성의 이름도 니느웨라 정하기로 했다."

"니느웨……?"

니느웨란 바로 니눈타의 도성이라는 뜻이었다. 그리고 그것은 또 닌릴의 도성이라는 뜻이 되기도 하는 것이었다.

"하지만 폐하… 니눈타는 바벨의 신이 아닙니까?"

"그렇다. 나는 바벨의 진취적인 기상을 앗수르로 도입하기 위하여 니눈타를 모셔왔다. 그리고 바벨에는 계산의 신 말둑을 주기로 한 것이다."

"바벨의 니므롯은 그것에 동의했습니까?"

"물론이다. 그런데…"

하난 대제는 하노스의 질문이 자꾸만 핵심으로 파고들자 말꼬리를 돌렸다.

"그런데 하노스, 내가 반가운 김에 너를 너무 오래 붙들은 모양이로구나. 꽤 피곤하겠지?"

"아닙니다. 폐하께서도 마대 지방으로부터 오늘 돌아오시지 않았습니까? 그런데 참… 마대에서 예쁜 여자 애 하나를 데려오셨더군요."

"오오, 나메라 말이냐? 산 속에서 자라난 표범같은 아이였지. 우리 사냥꾼들이 표범인 줄 알고 몰았는데 잡고 보니 계집아이였단다. 매우 사납고 날쌘 아이이니 다음부터 그 애를 만나면 조심하는 게 좋을 거다. 자 그럼 그만 가서 쉬어라."

하노스는 고개를 갸웃거렸다. 표범처럼 날쌔다는 그 아이가 하노스와 부딪쳤을 때엔 중심을 잡지 못하고 비틀거렸던 것이다. 하노스는 자리에서 일어났고 황제도 따라서 일어섰다. 하노스가 문 가까이 이르렀을 때 황제가 다시 말했다.

"참… 네 어미가 너를 놓친 경호원들을 모두 체포하였더구나. 밖에 세워둔 여섯 명의 경호원들을 네 수하로 쓰거라."

하노스는 마른침을 꿀꺽 삼켰다. 네 명의 경호원을 떼어버렸나보다 했더니 이번엔 다시 그 경호원이 여섯 명으로 불어났던 것이다.

"저… 폐하, 부탁 드릴 일이 있습니다."

"뭐냐, 하노스?"

"어머님께서 제 경호원들을 체포하셨다는데… 사실은 그들의 잘못이 아니라 제가 그들을 따돌렸던 것입니다. 그들을 관대하게 처리해 달라고 어머님께 말씀해 주십시오."

"알았다. 허지만 워낙 네 어미는 고집이 센 여인이니까…"

"처녀 때는 착하셨다면서요?"

"음? 아, 그… 그랬었지."

"안녕히 주무십시오."

하노스는 불어난 여섯 명의 경호원들과 더불어 황제궁 밖으로 나왔다.

"⋯⋯?"

그는 또 잘못 본 것이 아닌가 생각하며 밤 안개 속을 노려보았다. 분명 검은 그림자 하나가 그들의 앞을 가로질러 간 것이었다.

사라진 왕국

니느웨 성을 빠져나온 하노스는 힛데겔의 지류인 윗강 줄기를 따라 말을 달리고 있었다. 질풍같이 달리는 하노스를 놓치지 않으려고 여섯 명의 경호원은 필사적으로 그 뒤를 따르는 것이었다. 하노스의 말 다루는 솜씨는 굉장한 것이었다. 그에게는 달리는 곳이 곧 길이었다. 그는 바위틈 사이로 흐르는 냇물도 거침없이 건넜고 구부러지는 길 사이에 험한 산이 가로막혀 있으면 그것도 거침없이 넘었다.

높은 언덕을 따라 오르던 경호원들이 말과 함께 나뒹굴기도 하고 숲속을 헤쳐나가다가 나뭇가지에 걸려 상처를 입기도 했지만 하노스는 아랑곳 하지 않고 마구 달리는 것이었다.

이윽고 험한 곳만을 골라서 달리는 듯하던 하노스의 말이 툭 터진 평지로 나섰다. 강변을 따라 기어올라오던 길이 산으로 올라가는 길과 갈라지는 지점이었다. 그리고 강변에는 작은 집 몇 채가 촌락을 이루고 있었다. 하노스는 아직도 헐떡이며 쫓아오는 경호원들을 흘낏 바라본 다음 마을 쪽을 향해서 천천히 말을 몰았다.

마침내 하노스는 마을 입구에서 말을 멈추고 뒤를 돌아보았다. 경호원들은 모두가 울상이었다. 그는 잠시 경호원들의 그런 모습을 바라보다가 입을 열었다.

"어떠냐? 더 따라오고 싶으냐?"

"……"

"너희들 고생하는 것이 불쌍해서 내가 한가지 제안을 하겠다."

"말씀하십시오, 하노스님."

"여기까지 오면서 너희들 달리는 솜씨를 보니 날 따라다니기는 틀린 것 같다. 내가 마음만 먹으면 당장이라도 너희들을 떼어버릴 수 있을 것 같아."

"……"

"그래서 너희들에게 두 가지 방법 중 하나를 선택하도록 하겠다. 하나는 너희들이 끝까지 나를 따라오는 것이요, 하나는 이 마을에서 내가 돌아올 때까지 기다리는 방법이다. 아마도 너희들에게는 여기서 기다리는 것이 더 안전할 것이다. 너희가 나를 계속해서 따라오면 십중팔구 잃을 것이고, 여기서 기다린다면 반드시 나를 만나게 될 것이기 때문이다. 나는 한달 안에 이리로 돌아온다. 나 하노스는 반드시 약속을 지키는 사람이다. 자… 어떻게 하겠느냐?"

"그렇지만 하노스님!"

경호원 중에서 가장 나이 들어보이는 한 사내가 근심스러운 얼굴로 말했다.

"뭐냐?"

"우리는 하노스님을 따라다닌 일에 대해서 나중에 모두 보고해야 합니다. 그러나 우리가 그냥 이곳에서 기다린다면 나중에 보고할 일이 없어지고 맙니다.

하노스는 고개를 끄떡였다. 먼저 하노스를 수행했던 네 명의 경호원이 모조리 체포되는 것을 보아서 그들의 보고가 부실했을 경우에 어떠한 문책이 있을 것인지는 짐작이 갈 만한 것이었다. 그는 경호원들의 입장을 이해할 수 있었다. 그들도 역시 부모와 처자를 책임지고 있는 가장이었고 운이 나빠서 하노스의 경호원을 맡게 된 것뿐이었던 것이다.

"네 이름은 뭔가?"

하노스는 그 나이들어 보이는 사내에게 물었다.

"저 말씀입니까?"

하노스는 고개를 끄떡였다.

"사완이라고 합니다."

"좋다. 사완, 너 하나만 나를 따르라. 네가 나를 따라다닌 일들을 기억해 두었다가 보고하면 될 것 아닌가?"

경호원들은 잠시 서로 의견을 나누고 있었다. 어차피 따라다니기 어려운 형편이라면 그렇게 하는 것이 나을 것 같았는지 그들은 이내 합의를 보았다. 사완은 하노스를 바라보면서 말했다.

"그렇게 하겠습니다. 하노스님."

"좋다, 사완. 나를 따라오너라."

하노스는 겨우 경호원들을 떼어놓을 수 있었다. 그는 나이많은 병사 사완 하나만을 데리고 말머리를 돌리더니 반 호수 쪽을 향하여 쏜살 같이 달리기 시작했다.

"……"

하노스는 뒤에서 따라오는 사완의 말발굽 소리를 들으며 고개를 갸웃거렸다. 그가 경호원 중에서 가장 나이들고 허술해 보이는 사완으로 하여금 자신을 수행하게 한 것은 자기 마음대로 그를 조종하려 함이었는데 뜻밖에도 그는 뒤처지는 기미를 보이지 않고 있었던 것이다.

그는 좀더 세차게 말을 몰았다. 뒤따라오는 사완의 실력을 알아보기 위함이었다.

(제법인 걸……)

뒤에 말과의 간격은 아직도 변화가 없는 것 같았다. 사완은 하노스와 일정한 거리를 유지하면서 여유있게 따라오고 있었던 것이다.

(하난 대제는 과연 무서운 인물이로군.)

그는 어수룩해 보이는 사완을 각별히 조심해야 되겠다고 생각했다. 그들이 다시 숲이 우거진 산길로 접어들자 하노스는 말의 속도를 줄이면서 뒤를 돌아보았다.

"…사완이라고 했던가?"

"네, 하노스님."

"말 다루는 솜씨가 상당하군."

"천만의 말씀이십니다. 전 다만 하노스님을 놓치지 않기 위해서 전력을 다해 달렸습죠."

"너는… 언제부터 군대에 있었지?"

"너무나 까마득해서 기억이 흐릿할 정도입니다. 아마도 하노스님만한 나이 때부터 군대 생활을 한 것 같습니다."

"…그렇다면 상당히 오래되었겠군."

"그렇습니다."

"그렇게 오래되었으면 전쟁을 해본 경험도 있겠지?"

"그야……"

사완은 그야 당연하지 않느냐는 듯 대답하다가 갑자기 입을 다물어버리는 것이었다. 본래 각국의 군대는 맹수들로부터 사람들을 보호하기 위해 조직된 것이었다. 그러나 각국이 군대의 조직을 가지면서 통치자 간의 의견이 맞서거나 충돌하게 되면 그 군대조직은 자기 주장을 관철하기 위한 위협수단으로 사용되었고 상대방이 승복하지 않을 경우엔 사람끼리 서로 치고 죽이는 전쟁의 상태가 일어나기 시작했던 것이다. 그렇게 해서 저 노아의 아들들로부터 시작된 세상의 형제들은 서로가 적으로 변하기 시작한 것이었다. 그러므로 아직 이 시대에서 전쟁이란 부도덕한 것이었다.

"경험이 있다는 말이로군?"

"아, 그, 그런 게 아…"

그러나 하노스의 날카로운 관찰은 이미 사완의 다음 말을 이어가지 못하게 하고 있었다.

"네가 전쟁의 경험을 가졌을 그때에도 하난 대제께서 천하를 통치하고 계셨느냐?"

"저… 그…"

사완은 이번에도 역시 선뜻 대답을 하지 못하고 우물쭈물하는 것이었다. 하난 대제는 노아시대로부터 내려오는 장자권을 쥔 황제였다. 그런데 그의 수하에서 복무하는 군인 사완이 전쟁의 경험이 있다는 것은 하난 대제가 누군가와 전쟁을 했다는 의미가 되는 것이었다.

그래서 하노스는 사완이 제대로 대답하지 못하고 쩔쩔매는 이유를 알수 있었다. 그는 더 이상 추궁하지 않고 화제를 바꾸었다.

"네가 군대에 들어올 그때쯤이라면 내가 세상에 태어난 다음이겠군?"

"아, 저…"

"그것도 대답하기 어렵단 말인가?

기억이 나지 않는다고 말할 수도 없는 일이었다. 또 황실의 경사가 있었던 날은 모든 백성이 잊을 수 없는 날이기도 했다. 왜냐하면 아직 연대의 기준이 없었기 때문에 그들은 황실의 사건들을 연대의 기준으로 삼고 있기 때문이었다. 즉 말하자면 황실의 둘째 아들 에렉님이 태어난 지 3년째 되는 해 등으로 기억하는 것이 보통이었다.

그러니 노병 사완이 하노스가 태어나던 해를 기억하지 못한다면 말이 안되는 것이었다. 그는 할 수 없다는 듯이 말했다.

"소인이 군대에 들어올 때는… 아직 하노스님께서 태어나시기 전이었습니다."

하노스는 더 이상 묻지 않고 사완이 털어놓은 자료만으로 계산을 해 보았다. 사완이 하노스만한 어린 나이로 군대에 입대했다면 그것은 바로 비상사태를 의미하는 것이었다. 그렇다면 하노스가 태어나기 이전에 하난 대제는 어느 나라인지는 모르지만 그 나라와 전쟁을 했다는 의미가 되는 것이었다.

(…어느 나라였을까, 그 나라는? 어느 나라가 감히 저 막강한 하난 대제의 통치권에 도전했단 말인가…?)

어쨌든 하노스는 이 나이많은 경호원을 잘 사귀어두어야겠다고 생각했다. 적어도 하노스의 출생 이전부터 군대생활을 한 사람이라면 그가 알고 싶어하는 몇 가지의 일들에 대해서 해답의 실마리를 제공해 줄 수도 있기 때문이었다. 이상하게도 하노스가 접촉해 온 앗수르의 관료나 군인들은 지난 일에 대해서 이야기 하는 것을 꺼리고 있었다. 그리고 그것은 물론 앞을 향해서만 전진하라는 하난 대제의 통치철학이기도 했던 것이다.

그는 좀더 화제를 부드러운 곳으로 돌리기 위해서 다시 사완을 바라보았다.

"네 가족들도 새 도성으로 이주했는가?"

"그렇습니다."

"가족은 몇 식구나 되지?"

"노모와 아내, 그리고 자식은 남매가 있습니다."

"자녀가 둘뿐이란 말인가?"

"그렇습니다. 오랫동안 군대 생활을 하다보니까 그렇게…"

"그렇게 자유롭지 못한 군대 생활을 뭣 때문에 계속하지?"

그제서야 사완은 자조하듯 씨익 웃으면서 말했다.

"…배운 게 그거밖엔 없는 걸요."

"아들은 지금 몇 살이나 되었나?"

"…금년에 열네살이올시다."

열네살이라면 하노스보다 한 살이 아래였다. 하노스는 다시 머리속으로 계산을 시작했다. 사완이 결혼하여 아들을 낳았다는 것은 전쟁 상태가 일단락되었다는 것을 의미하고 있었다. 사완의 아들이 열네살이라면 하노스가 태어난 다음해에 태어났고 그렇다면 사완은 하노스가 태어나던 그해에 결혼했던 것이다. 그것은 전쟁이 하노스가 태어나던 해에 끝났다는 것을 의미하고 있었다.

"…아들을 일찍 낳은 셈이로군."

사완은 겸연쩍게 웃고 있었다.

"과히 이른 것도 아니지요. 열아홉에 낳았으니까…"

열 아홉에 낳았다는 것은 그가 열여덟에 결혼했다는 의미였다. 사완은 하노스만한 나이에 입대했다고 했으니 열다섯에 입대했을 것이고, 그렇다면 전쟁은 하노스가 태어나기 3년 전에 시작되어 그가 태어나던 그해에 끝났다는 계산이 나오고 있었다. 결국 하노스가 알고 싶어하는 몇 가지 일들은 바로 그 3년 안에 들어 있는 셈이었다.

"아들도 군인을 시킬 셈인가?"

"아닙니다. 군인이라면 지긋지긋합니다."

"그럼 뭘 가르치고 있지?"

"신정원의 운부(雲府)에서 조수 일을 보아가며 공부를 하고 있습니다."

"운부? 왜 하필이면 운부인가?"

신정원(神政院)이란 바로 앗수르가 만국백성을 통치해 나가는 일을 주관하는 학술원이었다. 신정원은 다시 세 개의 연구분야로 이루어져

있었는데 풍부(風府)는 신과 제사에 관한 일을 연구하는 곳이요, 운부
(雲府)는 문자와 기록을 연구하는 곳이며 우부(雨府)는 민생에 직접 관
련되는 수리(水利)와 농경을 연구하는 관청이었다.

그러나 세월이 흐르면서 풍부는 우부의 천문학을 끌어들여 주로 점성
술(占星術)과 신들간의 세력 조정을 연구하는 곳으로 바뀌었으며 우부
는 농사보다는 무기 제조와 신전 건축하는 곳으로 변하였고, 신정원의
3부 중에서도 가장 소외되어 있는 곳이 운부였던 것이다. 운부는 본래
가 문자의 제정을 연구하는 곳이었다. 그리고 그것은 바로 역사를 기록
하기 위한 것이었다. 그러나 하난 대제의 통치 원칙이 과거를 도말하고
오직 미래에 대한 전진만을 추구하는 것이었기 때문에 문자의 개발은
자연히 뒷전으로 밀려나게 된 것이었다.

그래서 하노스는 사완에게 어째서 하필이면 아들을 운부에 넣었느냐
고 물었던 것이다.

"…거기 말고 다른 데는 들어가기가 어려워서입죠…"

"내가 다른 데로 옮겨주도록 해볼까?"

그러자 사완은 깜짝 놀라며 하노스를 바라보았다.

"저… 말씀은 참으로 고맙습니다만 아들녀석은 그런 대로 자기 하는
일에 재미를 붙인 모양입니다. 당분간은 그대로 놔 두는 것이 좋을 것
같군요."

"아들 이름은 뭔가?"

"… 신지라고 합니다."

"누구의 조수로 일하고 있지?"

"문자연구관 잔시에의 문하에 있습니다."

하노스는 고개를 끄떡였다. 잔시에라면 하노스도 그 이름을 들어본
적이 있는 대학자였다.

"어쨌든… 앞으로 뭐든 어려운 일이 있으면 내게 말해 주게. 어차피
나와 가까이 지내야 할 사람들이라면 좀더 도와주고 싶으니까…"

사완은 매우 감격하는 표정이었다. 그는 진지한 표정으로 하노스 쪽
에 고개를 숙여 보이고 있었다.

"고맙습니다, 하노스님."

이로써 하노스는 사완을 다루는 데 있어 어느 정도 성공한 셈이었다. 어차피 감시를 당해야 할 입장이라면 감시원을 내편으로 끌어들이는 것이 유리한데 지금 하노스는 사완에 관한 여러가지 정보를 입수했을 뿐 아니라 그와의 간격을 상당히 좁혀놓고 있었던 것이다.

그때였다. 하노스는 문득 등뒤에 이상한 느낌을 받으면서 고개를 돌렸다. 방금 검은 그림자 하나가 감람나무 사이로 숨은 것을 그는 본 것 같았다.

"무얼 보셨습니까?"

사완이 그렇게 묻고 있었으나 하노스의 눈은 그 검은 그림자가 사라진 감람나무 숲을 뚫어질 듯 바라보고 있었다. 그는 바로 어젯밤 성안에서 밤 안개 속으로 사라져간 그 검은 그림자를 생각하고 있었던 것이다. 어젯밤의 그 사람과 방금 감람나무 숲으로 스며들어간 그 자가 같은 인물이라면 그는 운신(運身)의 비법을 수련한 자임에 틀림없는 것 같았다.

하노스는 혼자서 중얼거리듯 말했다.

"아… 아무것도 아니다."

하노스는 일부러 말의 고삐를 당기며 한가롭게 걷기 시작했다. 뒤에서 미행하는 자의 동작에 주의를 기울이기 위해서였다. 언덕 하나를 넘으면서 다시 눈앞에는 작은 평지가 펼쳐졌다. 그리고 제법 물소리를 내며 흘러내리고 있는 시냇가에는 서너 채의 통나무집이 서 있었다. 산간에서 벌목을 하는 사람들의 거처인 듯했다. 하노스는 사완을 돌아보았다.

"사완…이라고 했던가?"

"네, 하노스님."

"나는 너희들의 경호원 보고서에 거짓보고를 기입하라고 하지는 않는다. 그러나 너는 이미 상당한 경험을 지닌 고참병이기 때문에 기록할 것과 기록하지 않아도 좋을 것쯤은 분별할 수 있으리라고 생각하는데…"

"알겠습니다, 하노스님."

사완은 다시 진지한 표정으로 대답하고 있었다. 그가 하노스와 동행이 되면서부터 마음속으로부터 하노스를 따르고 있음이 그의 표정과 행동에 나타나기 시작하고 있었던 것이다. 그는 더 이상 사완을 경계하지 않으면서 한 통나무집으로 다가가 문을 두드렸다.

하노스가 문을 두드리고 나서 잠시 기다리자 그 문이 빠끔이 열리며 머리가 벗어진 한 노인이 얼굴을 내밀었다. 하노스가 쾌활한 목소리로 말했다.

"접니다, 하루하님."

"아이구, 이거 귀하신 도련님께서 도착하셨군요. 그렇지 않아도 오늘쯤 오신다 해서 기다리고 있는 참이었지요."

노인은 반가운 표정을 지으며 얼른 문을 열었다.

"형님도 와 계시지요?"

"예, 지금 안에서 주무시고 계십니다. 어서 들어오십시오."

그러면서도 하루하 노인은 하노스의 뒤에 서 있는 경호원 사완을 물끄러미 바라보고 있었다.

"아, 하루하님. 이 사람은 저의 경호원 중 한 사람인데 대표로 저를 따라오게 허락했습니다. 함께 들어가게 해주십시오."

그러나 사완은 앞으로 나서며 말했다.

"아닙니다, 하노스님. 다른 쉴 자리가 있다면 저는 출발하실 때까지 따로 있겠습니다."

"아니다, 내가 필요할 때에는 언제라도 자리를 피해 달라고 부탁할 테니까 걱정할 것 없어."

하노스는 사완을 데리고 집안으로 들어섰다. 안쪽 구석에 놓인 침대에는 셀라가 코를 골고 있었다. 그는 방안을 둘러보다가 의자에 파묻힐 듯 앉아 있는 사내아이를 발견했다.

"오… 여기 있었구나. 이름이 드단이라고 했지?"

"……네."

그 아이는 바로 셀라와 하노스가 합작으로 구출해 낸 젠바오의 외손 드단이었던 것이다.

"두발에 살았었다고 그랬던가?"

"……네"

"엄마는 안계시냐?"

"돌아가셨어요."

"네 어머니는… 아버지에 대해서 아무 말씀도 없으셨느냐?"

"……?"

고아 특유의 쓸쓸한 표정이 드단의 눈가를 스쳐가고 있었다.

"…너를 낳을 때 어떻게 낳았다는 말을 안해 주시더냐?"

드단 소년은 하노스의 얼굴을 멍하니 바라보다가 입을 열었다.

"엄마는… 제가 자꾸만 아버지에 대해서 물으니까 이렇게 말씀하셨어
요. 어느 날… 엄마는 두발 땅의 아마누스 강가를 거닐다가 갑자기 이
상한 바람이 자기에게 덮쳐오는 것을 느꼈대요. 그리고는 구름과 같은
붉은빛이 엄마를 둘러싸는 것을 느꼈는데 그 이후로 저를 배었다는 거
예요."

"구름과 같은 붉은빛이…"

"네… 그 붉은빛은 동쪽으로부터 왔다고 하더군요… 그리고 엄마는
나중에 또 이렇게 말씀하셨어요. 그 붉은빛이란… 바로 붉은 용(龍)이
었다고…"

하노스는 빙그레 웃으며 드단의 머리를 쓰다듬었다.

"드단… 그래서 너는 지금 자기가 용의 아들이라고 믿니?"

그러자 드단 소년은 하노스를 따라 웃음을 띠며 고개를 젓는 것이었
다.

"전 그렇게 생각하지 않아요. 엄마는 뭔가… 아버지에 대해서 말할
수 없는 사정이 있었던 것이겠죠. 이 세상 어디엔가는 엄마에게 저를
배게 해놓고 떠나가버린 남자가 살아 있을 거예요."

"그래서… 넌 그 아버지를 찾을 수 있겠구나."

"어렵더라도 전 찾고 싶어요."

"아버지가 보고 싶겠지."

"아녜요. 아버지를 찾으면 당신은 나쁜 사람, 비겁한 사람이라고 욕
해 주려구요."

갑자기 방안이 조용해졌다. 셀라의 코고는 소리가 멈춘 것이었다.

하노스는 셀라를 바라보았다. 아직 그는 누운 채였으나 하루하 노인
은 이미 긴장하면서 바깥쪽에 귀를 기울이고 있었다. 드단 소년도 무슨

일인가 하여 눈이 커졌다. 하노스를 경호할 책임이 있는 사완은 허리의 검을 뽑아 들었다.

아직도 눈을 감은 채 누워 있는 셸라의 오른손이 천천히 움직이기 시작했다. 그의 손은 점점 위로 올라가더니 그가 베고 있던 베개 밑으로 들어가고 있었다. 새파란 섬광이 그의 손을 떠나 지붕을 향해 날아간 것은 거의 눈깜짝할 사이였다. 셸라는 자기 단검을 천정을 향해 던졌던 것이다. 단검은 천정의 통나무 사이를 빠져 날아갔고,

"아이쿠!"

하는 소리와 함께 방안에 있던 사람들은 뭔가 검은 물체가 지붕으로부터 굴러 떨어지는 것을 창문을 통해 볼 수 있었다. 침대에서 벌떡 일어난 셸라가 문을 박차며 밖으로 뛰어나갔고 방안의 다른 사람들도 그 뒤를 따라 나섰다. 창문 밑에는 남루한 옷차림의 사내 하나가 죽은 듯이 쓰러져 있었다.

셸라는 아직도 경계를 늦추지 않으며 사내에게로 다가갔다. 그가 거의 사내에게 손을 뻗으면 잡을 수 있을 만큼 다가갔을 때였다. 죽은 듯이 웅크리고 있던 사내는 갑자기 메뚜기처럼 뛰어오르면서 셸라에게 일격을 가했다.

(앗, 저 사내는……)

하노스는 벌떡 일어난 그 사내를 보고 깜짝 놀랐다. 검은 천으로 한 눈을 가린 모습과 쩔룩거리는 동작, 셸라의 단검을 들고 일어선 그는 바로 어제 니느웨로 가는 길에서 보았던 그 사내였던 것이다. 사내는 킬킬대면서 셸라를 조롱하듯 공격을 퍼붓고 있었다. 비록 다리는 쩔룩거리더라도 그의 괴이한 보법은 셸라의 겨드랑이 사이를 스며다닐 정도로 신속한 것이었다. 셸라가 당황하고 있는 사이 벌써 사내의 두손은 십여 차례나 그의 급소를 공격하고 있었다. 사내는 계속해서 킬킬거렸다.

"흐흐흐… 왕자님 실력이 그래서야 어떻게 아버지 자리를 물려받겠는가…?"

아직 나타난 상대가 하나뿐이었기 때문에 하노스와 사완은 두 사람의 격투를 견학이라도 하듯 구경하고 있었다. 그만큼 애꾸눈 사내의 공격

은 절묘했고 셸라의 방어도 눈부신 것이었다. 애꾸눈은 여전히 떠들어
대었다.

"역시 산동네 왕자답게 호흡법은 틀이 잡혀 있군. 허나 마음의 자세
가 아직 덜 돼 있어. 산사람은 마음이 겸손해야 하는 법이야!"

사내는 숫제 셸라의 무술지도라도 하듯이 조롱하고 있었다.

"자세를 더 낮춰! 마음의 교만은 최대의 적이야. 산을 너에게 조화시
키려 하지 말고 너를 산에다 일치시키라니까!"

셸라는 마치 사내의 마술에 홀리기라도 한 듯 그의 공격을 막아내는
데 급급하고 있었다. 사내는 갑자기 몸을 훌쩍 날리더니 공중에서 한바
퀴 재주를 넘고나서 열 규빗쯤 떨어진 곳에 사뿐히 내려섰다.

"왕자님 혼자 가지고는 안되겠군. 자… 모두 다 함께 덤벼보아라!"

하노스가 앞으로 나섰다. 그는 갑자기 땅 위에 몸을 던져 굴리면서
애꾸눈 사내 앞으로 짓쳐 들어갔다. 사내가 다시 몸을 날리더니 공중에
서 자세를 바꿔 하노스를 향해 마치 솔개가 병아리를 움키려고 내려오
듯 하강하고 있었다.

"앗차……"

하노스는 등줄기에 식은땀이 솟는 것을 느끼며 다시 한번 몸을 굴렸
다. 사내가 놀리는 투로 빈정거렸다.

"일어나라, 일어나! 사내녀석이 계집애처럼 드러누워서 허부적거리다
니…"

하노스가 수치심을 느끼며 몸을 일으키려 할 때 상대의 억센 손가락
이 겨드랑이를 향하여 갈고리처럼 날아들어 오고 있었다. 셸라가,

"조심해!"

하고 외친 것과 경호원 사완의 칼이 애꾸눈의 사내를 향하여 날아들어
간 것은 거의 동시였다. 날아오는 칼을 피하느라고 사내가 손을 거두었
을 때 하노스는 겨우 그의 공격을 벗어나 몸을 바로 잡을 수 있었다.
사내의 격투 상대는 다시 사완의 칼로 옮겨져 있었다.

사완도 황실의 경호원답게 상당한 칼 솜씨를 구사하고 있었다. 그가
윙윙 바람 가르는 소리를 내며 칼을 휘두를 때마다 칼빛이 온 몸을 감
싸듯 출렁거리고 있었다. 그리고 그 칼빛 속에서 두 사람은 구분할 수

없을 정도로 엉켜 있는 것이었다. 다시 사내의 목소리가 들려왔다.

"너는 배에 살이 너무 쪄서 몸의 균형이 안잡히는구나! 너는 부끄럽 지도 않은가, 대 앗수르 제국의 군인이 살만 찌고 있다니…"

그러자 갑자기 칼빛은 흩어지고 두 사람은 한 길 정도의 거리를 두고 마주 서 있었다. 어쩐 셈인지 경호원 사완은 칼 잡은 손을 부들부들 떨 고 있었다.

"당신은, 당신은……"

사내가 그러고 서 있는 사완을 향하여 조용히 말했다.

"…알아보았으면 그만 칼을 거두고 입을 다물어라."

그러나 사완은 더 이상 참지 못하고 그 자리에 꿇어앉으며 흐느껴 우 는 것이었다.

"장군…"

갑작스러운 정세의 변화 때문에 다른 사람들은 모두 어리둥절하고 있 었다. 하노스는 부지런히 머리속으로 사태의 변화를 계산해 보고 있었 다. 경호원 사완은 하노스가 태어나기 3년 전부터 벌어진 전쟁에 참가 했다고 하였다. 그런데 지금 그는 저 애꾸눈의 사내를 향하여 장군이라 고 불렀던 것이다. 그렇다면 아마도 저 사완이 속하였던 부대는 패전한 부대였을 것이고 애꾸눈의 사내는 사완이 모시던 상관이었는지도 모른 다. 사완이 더 이상 말을 못하고 있자 사내는 앞으로 나서며 고개를 숙 여 인사했다.

"…일이 이쯤 되었으니 인사를 드리지 않을 수가 없게 됐습니다. 저 는 옛 악갓의 군인이었던 앗산이라고 합니다. 두 분 왕자님의 무술 실 력이 어느 정도나 되는가 알고 싶은 호기심 때문에 따라왔다가 일이 여 기까지 이르렀군요. 소생의 실례를 용서해 주시기 바랍니다."

악갓이라면 바로 메소포타미아 평원에서 앗수르 다음으로 강성했던 왕국이었다. 그런데 그 왕국은 이상하게도 하루아침에 역사속에서 사라 져 버렸고 그것은 지금까지도 세계적인 괴사건으로 남아 있는 터였다. 그런데 지금 이 애꾸눈 앗산은 그 사라진 왕국의 군인이었다고 말했던 것이다.

하노스는 다시 자기가 알고 있는 악갓에 대한 지식을 머리속에서 정리하고 있었다. 악갓은 바로 앗수르를 지켜주는 방패와 같은 나라였다. 앗수르가 신정으로 천하를 다스리는 나라라면 악갓은 그 막강한 전투력과 신비에 가까운 무술로써 앗수르를 지키는 데 충성하였다는 것이었다.

그러므로 지금 노병 사완이 자기 칼로 빈손의 사내와 겨루다가 그가 자기의 상관이었음을 알아냈다는 것은 결코 이상한 일이 아니었던 것이다. 그러나 또 한가지 기이한 일이 일어나고 있었다. 뒷전에 서 있던 하루하 노인이 앞으로 나서며 앗산이라고 한 그 애꾸눈의 사내 앞에 무릎을 꿇었던 것이다. 그는 떨리는 음성으로 말했다.

"…불민한 하루하가 오래 살아서 장군을 다시 뵙습니다."

하노스는 어리둥절하고 있었다. 마치 전설 속에 묻혀버린 악갓 왕국의 유령들이 다시 나타나고 있는 것 같아서 그는 눈을 껌뻑거리고 있었다. 셸라가 정신을 차리고 나서 말했다.

"자… 여러분, 밖에서 이럴 것이 아니라 안으로 들어가시지요."

그러면서 그는 비로소 앗산에게 머리를 숙여 보였다.

"어쩐지 이상하더라니… 하룻강아지가 범 무서운 줄 모르고 날뛴 것 같아 부끄럽습니다. 덕분에 전설적인 명가의 무예를 배견하게 되어서 영광입니다."

앗산은 웃으며 셸라에게 단검을 돌려주었고 그들은 모두 집안으로 들어갔다. 하루하 노인은 부지런히 차를 준비했고 셸라와 하노스, 그리고 사완과 드단 소년은 모두 앗산을 중심으로 둘러앉았다. 셸라가 먼저 궁금한 듯이 입을 열었다.

"제가 어렸을 때 들은 이야기로는… 장군께서는 악갓의 충신 치우의 아드님이시라고 들었습니다만."

"나라를 잃은 패장이 무슨 충신이란 칭호를 받을 수 있겠습니까?"

앗산의 외눈에 잠시 안개와 같은 회한이 스쳐 지나가는 것을 하노스는 놓치지 않았다. 치우라면 하노스도 여기저기서 들어본 적이 있는 이름이었다. 그는 바로 무예의 왕국 악갓의 총 사령관이었고 그 무예의 높음은 천하 협객들의 존경을 한몸에 받기에 충분한 것이었다. 그러나 어찌된 셈인지 그 치우의 위명도 역사에서 사라져갔고 다만 여인네들이

아기가 칭얼거릴 때면

"쉿… 치우가 온다."

하는 소리로 울음을 그치게 하는 이름으로만 남아버린 것이었다.

그런데 셀라는 지금 자기 앞에 앉아 있고 바로 조금전 하노스 자신과 무예를 겨루었던 애꾸눈의 앗산이 바로 그 무서운 치우의 아들이라고 하는 것이었다.

하루하 노인이 사람들 앞에 찻잔을 가져다 놓았다. 은은한 차의 향내가 소용돌이치고 있던 그들의 마음을 다소 가라앉혀 주고 있었다. 하노스의 머리속에는 수많은 의문들이 꼬리를 물고 솟아오르는 것이었으나 지금 앗산과 이야기를 나누고 있는 사람들은 모두 하노스 자신보다 위의 연배들이었기 때문에 나서서 끼어들기를 주저하고 있었다.

그러나 다른 이들과 이야기를 나누면서도 앗산은 계속해서 하노스에게 주의를 기울이고 있었다. 이야기를 하면서 또는 차를 들면서 이따금씩 보내오는 그의 시선이 그냥 경계의 의미는 아닌 것 같았다. 그는 무예인 특유의 번쩍거리는 시선을 가지고 있었으나 하노스는 어쩐지 그의 눈길 속에서 기이한 편안함을 느끼고 있었던 것이다.

그와 이야기를 하고 싶어하는 하노스의 마음을 짚었든지 앗산은 다시 하노스 쪽으로 눈을 주면서 입을 열었다.

"하노스님과는 이것이 두번째의 만남이지요?"

하노스는 빙그레 웃으며 고개를 끄떡였다. 앗산과 처음 만났던 일이 생각났기 때문이었다. 앗산도 웃음을 띠며 좌중의 사람들에게 말했다.

"하노스님께서는 제 생명의 은인이십니다."

사람들은 그것이 무슨 뜻인지를 몰라서 모두들 의아한 표정으로 하노스를 바라보고 있었다. 하노스는 어제 니느웨 성으로 가던 길에서 앗산을 만난 이야기를 간단히 그들에게 설명했다. 그가 군중들 틈에서 하난대제의 이주 조치를 비난하다가 하노스의 경호원에게 죽을 뻔했던 이야기를 하자 사람들은 모두 하노스의 의로운 성품에 감동한 듯 고개를 끄떡거리는 것이었다.

하노스는 기회를 잡은 듯 싶어서 그 이야기를 끝낸 다음 화제를 바꾸기 시작했다.

"저… 앗산 장군께 한가지 청이 있습니다만."

그러자 앗산은 다소 긴장한 표정이 되면서 하노스를 바라보았다.

"말씀하십시오, 하노스님."

"장군, 저 하노스는 이제 겨우 열다섯살입니다. 장군께서 어린 저에게 경어를 쓰시니 매우 듣기에 거북스럽습니다. 저에게는 오히려 아까 감히 장군께 덤벼들었을 때 하신 말씀… 일어나라, 일어나! 사내녀석이 계집애처럼 드러누워서 허부적거리다니! 하시던 그 말씀이 더 듣기 좋습니다."

그가 도대체 무슨 부탁을 하려는가고 의아해 하던 사람들은 그제야 표정이 풀리며 웃음을 띠고 있었다. 그러나 앗산은 고개를 가로저었다.

"아닙니다, 하노스님. 하노스님은 천하를 다스리시는 하난 폐하의 아드님이십니다."

그러자 하노스는 갑자기 자리에서 일어나더니 앗산의 앞에 무릎을 꿇으면서 말했다.

"이 하노스가 앗산님을 일평생 무예의 스승으로 모시고 싶습니다."

천하의 무인 앗산도 하노스의 이 갑작스러운 제안으로 인해서 몹시 당황하고 있었다. 그가 어쩔 줄을 몰라 쩔쩔매고 있는데 하루하 노인이 입을 열었다.

"장군, 하노스님의 소청을 받아들이시지요. 아까 잠깐 보니 하노스님은 장군의 제자가 되기에 충분한 자질이 있는 것 같았습니다."

사완도 나서면서 앗산에게 말했다.

"그렇습니다, 장군. 하노스님은 절대로 배운 무예를 불의한 곳에 사용하실 분이 아닙니다."

이번엔 셀라가 나서며 약간 이죽거리는 투로 거들었다.

"어차피 장군께서는 하노스에게 은혜를 입으셨으니 거절하실 수가 없을 것 같습니다."

"허어… 나 이것 참…"

앗산의 검댕 칠한 얼굴에 붉은 빛이 뚜렷하게 드러나고 있었다. 그는 어쩔 수 없다는 듯이 탄식하며 말했다.

"일이 이쯤 되었으니 꽁무니를 뺄 수가 없게 되었군… 소생의 얕은

공부가 하노스님의 장래에 도움이 되신다면 견마의 노력을 다해 보겠습
니다…"

그러자 좌중의 모든 사람들은 박수를 치며 좋아하는 것이었다. 하노
스는 그 아버지 하난 대제가 과거로 돌아가는 것을 금하고 있는데도 불
구하고 사라져버린 과거의 왕국 악갓과 어느새 깊숙한 관계를 맺기 시
작한 것이었다. 그는 벌떡 일어서며 말했다.

"스승님, 제자 하노스의 절을 받으십시오."

하노스는 앗산이 미처 말릴 틈도 없이 내쳐 세 번의 절을 올리고 있
었다. 사제간의 예가 끝나자 그들은 다시 의자에 앉았다. 하노스는 자
리에 앉자 다시 입을 열었다.

"저… 스승님, 스승님께 한가지 여쭤볼 말씀이 있습니다."

"하노스님, 그 스승님이란 호칭이 아주 듣기에 거북스러우니 다른 말
로 불러 주시면 좋겠습니다."

"스승을 스승이라고 부르지 않으면 뭐라고 부르겠습니까?"

셸라가 나서며 말했다.

"그냥 앗산님으로 부르라는 말씀이신가요?"

이번에는 사완이 나서면서 이의를 제기했다.

"그것도 곤란하실 겁니다. 앗산님께선 당분간 그 이름을 감춰두셔야
할 것으로 생각되는데…."

"…이렇게 하면 어떨까?"

앗산이 그렇게 말하자 모두들 그의 입을 바라보았다.

"흔히 세상에서는 나이 든 사람을 친밀하게 부를 때 아저씨라고 부르
는데 이제부터 하노스님은 나를 아저씨로 불러 주시면 좋겠습니다."

하노스는 고개를 끄떡이며 그 말에 대답했다.

"좋습니다. 스승님의 사정을 봐드려서 아저씨로 부르는 대신 스승님
께서도 저에게 경어를 쓰지 말아 주십시오. 아까도 말씀드린 것처럼 일
어나라, 일어나! 이렇게 말씀입니다."

결국 앗산의 호칭이 아저씨로 바뀌는 것과 함께 앗산은 하노스에게
반말을 쓰는 수밖에 없었다. 앗산이 별수 없다는 듯 잠잠해지자 하노스
는 다시 입을 열었다.

"저 그럼 아저씨… 이제 제가 알고 싶은 것 한가지를 아저씨께 여쭤 보겠습니다."

"음… 말씀해 보시게."

"그러지 말고 그냥, 말해봐! 이렇게 하십시오."

앗산은 멋적은 듯이 웃으며 철사처럼 돋아난 수염을 쓰다듬었다.

"그래, 말해봐"

"제가 여기저기서 들은 말로는… 악갓 왕국은 신정(神政)의 나라이며 노아의 장자권을 가진 앗수르 제국의 방패역할을 해왔다고 합니다. 그런데 어떻게 해서 악갓은 멸망하게 되었으며… 어찌하여 그 방패의 나라가 망했는데도 불구하고 앗수르 제국은 아직까지 건재하고 있는 것입니까? 그리고 천하 제일의 전투력과 무예를 지니고 있는 악갓을 괴멸시킨 사람은 도대체 누구입니까?"

셀라도 하노스와 똑같은 의문을 가지고 있었기 때문에 번쩍거리는 눈으로 앗산을 바라보고 있었다. 그리고 앗산, 하루하, 사완의 표정은 모두가 침통한 회한에 잠기고 있었던 것이다.

한참동안 고개를 숙인 채 말이 없던 앗산은 이윽고 그 외눈으로 하노스를 바라보며 입을 열었다.

"하노스… 그 일에는 아직도 많은 의문들이 풀리지 않은 채로 남아 있다. 내가 행색을 감추고 돌아다니는 것도 바로 아직 풀리지 않은 일들을 캐내기 위한 것이다. 그것들이 밝혀지기 전에는 결코 어떠한 일도 경솔하게 입에 담을 수 없는 것이다…"

현명한 하노스는 더 이상 그에게 물어볼 수 없는 것을 깨닫고 있었다. 그는 다시 화제를 돌렸다.

"아저씨… 어제 니느웨로 가는 노상에서 저를 만났을 때 이렇게 말씀하셨지요? 쯧쯧… 생기기는 잘 생겼는데… 아저씨, 그것은 무슨 뜻이었습니까?"

앗산은 또 난처한 듯 턱수염을 쓰다듬었으나 이번만은 대답 안 할 수 없다는 듯 입을 열었다.

"그 말에는 두 가지의 뜻이 있었다. 나는 사실 하노스의 주의를 끌기 위해서 백성들이 듣는데 함부로 떠들었었고 그래서 하노스와 대면하는

데 성공한 것이었다. 결국 나는 너의 주의를 끌기 위해서 그런 말을 했던 것이다."

"또 한 가지는요?"

"그것은… 지금은 무엇이라고 말하기 어렵지만 너의 앞날에 상당한 파란이 있을 것을 예감했기 때문이지."

하노스는 잠시 고개를 끄떡거리더니 다시 말했다.

"아저씨께서 저에게 접근하시려 했던 것은… 저도 악갓 왕국의 수수께끼를 푸는 데 관계가 있기 때문이었습니까?"

하노스의 총명이 그 질문마다 번뜩이고 있어서 좌중의 모든 사람들은 혀를 두르고 있었다. 앗산도 그런 사람들 중의 하나였다.

"그렇다… 그러나 아직은 악갓 왕국과 하노스가 어떤 관계를 가지고 있는지 나도 분명히 규명해 내지 못했다. 그리고 이것은 매우 중요한 일이기 때문에 모든 일이 분명히 밝혀질 때까지는 아무것도 말할 수가 없는 것이다."

"아저씨, 사실은 저도 어렴풋하게 무엇인가 밝혀져야 한다는 느낌을 가지고 있었습니다. 다시 말하면… 저는 늘 제 자신이 뭔가 짙은 안개 속에 파묻혀 있는 것 같은 느낌을 받곤 했습니다. 저는 오늘 뭔가 제 자신의 문제에 대해서 실마리를 찾은 것 같은 느낌이고 그래서 모든 분께 고마운 생각을 가지고 있습니다. 더구나 든든한 것은…"

그는 곁에 앉아 있던 사완의 손을 잡으며 말했다.

"나는 감시하고 있는 경호원 사완님이 이제 안심하고 이야기를 나눌 수 있는 분으로 바뀌어졌다는 사실입니다. 이제부턴 사완님을 제 형님처럼 생각하겠습니다."

"하노스님…"

사완은 너무나 감격하여 두눈에서 굵은 눈물방울이 떨어져내렸다. 앗산이 사완의 그런 모습을 바라보며 말했다.

"사완은 그런 영광을 얻을 만한 자격이 있는 사람이지. 그는 바로 궁시(弓矢)의 대가인 이에님의 아들이니까…"

"예…?"

사람들은 다시 한번 놀라서 사완을 바라보았다. 이에라면 바로 **활을**

만들어낸 신궁(神弓) 반의 수제자였던 것이다. 활은 이 시대에 있어서 아직 신비의 무기였다. 수백 규빗의 거리에서 쏘아 목표물을 명중시키는 활이야말로 공포의 대상이 아닐 수 없었다. 이 활은 악갓 왕국에서만 사용하던 무기로 그 악갓의 멸망과 함께 지구상에서 사라진 무기였던 것이다. 지금도 바벨 왕국에서 사냥꾼 니므롯이 활 비슷한 것을 만들어 쓰고 있기는 했으나 악갓의 그것에 비하면 장난감에 지나지 않는 것이었다. 그 신궁 반의 수제자가 바로 이에였고 지금 이 자리에 있는 노병 사완이 바로 그 이에의 피를 물려받은 아들이라는 것이었다. 좌중엔 다시 감동의 물결이 출렁거렸다. 그들의 감격이 가라앉기를 기다려서 하노스는 다시 앗산을 바라보았다.

"저… 아저씨, 하나만 더 질문을 하겠습니다."

"허어… 질문이 많은 것을 보니 아무래도 골치 아픈 제자를 만난 것 같군."

"혹시… 아저씨께서는 오늘 이리로 오시는 동안에 저를 미행해 오셨습니까?"

"미행……?"

"조금전 제가 이곳을 향해서 말을 달려 오는데… 누군가 뒤에서 저를 미행해 오는 느낌을 받았습니다."

앗산은 이상하다는 듯이 고개를 갸웃거렸다.

"이상하군. 나는 이미 네가 이리로 올 것을 알고 있었기 때문에 미리 와서 기다리느라 이 집 지붕에서 낮잠을 자고 있었는데…"

하노스는 더욱 어리둥절하며 말했다.

"그러면 혹시… 어젯밤 새 도성의 석조전 근처에서 저를 미행하시지는 않으셨습니까?"

앗산은 여전히 고개를 가로젓는 것이었다.

"성안에 있기는 했으나 다른 곳에 있었지."

하노스는 그러는 앗산의 모습을 보고 매우 당황하는 표정이었다. 그렇다면 하노스의 뒤를 따라다닌 사람은 앗산 말고도 또 한 사람이 있다는 뜻이었던 것이다.

그것은 누구일까. 하난 대제가 깔아놓은 이중의 감시망인지도 모르고 아니면 하노스에 얽힌 비밀을 캐내기 위해서 따라다니는 또 다른 세력의 첩자일지도 몰랐다.

그렇다면 그는 지금 어디선가 또 하노스가 오늘 만난 이 악갓 왕국의 사람들과 어떤 이야기를 하고 있는 것인지 그림자처럼 붙어서 엿듣고 있는지도 모르는 일이었다.

방안의 사람들은 약속이나 한 듯 일제히 밖으로 뛰어나가 사방을 살펴보았다.

그들은 집의 지붕 위까지도 올라가 보았고 성격이 급한 셀라는 말을 타고 주변의 숲과 언덕을 모조리 뒤지고 돌아왔다. 그러나 그들은 결국 아무것도 찾지 못했던 것이다.

산, 들 그리고 바다

하노스의 일행은 하루하 노인의 통나무집에서 많은 이야기를 나눈 다음 말들을 노인에게 맡겨놓고 산을 오르기 시작했다. 거기부터는 이제 본격적으로 가파른 산지가 계속되기 때문에 더 이상 말을 타고 갈 수 없기 때문이었다.

애꾸눈의 앗산이 앞장을 섰고 다른 사람들이 그를 따랐으나 그 순서는 자연히 산을 잘 오르는 차례대로 걷게 마련이었다. 우선 누구보다도 산을 잘 타는 사람은 드단 소년이었다. 그는 마치 다람쥐처럼 허리를 낮추고 산을 뛰어오르다가 자주 앗산을 앞질렀기 때문에 한참동안을 멈춰서서 일행이 따라올 때까지 기다리곤 하는 것이었다. 앗산 다음에는 셸라의 걸음이 빨랐고 하노스와 사완은 앞서거니 뒤서거니 하면서 꼴찌의 자리를 면하려고 애쓰는 것이었다. 모두가 사내들이어서 누구도 먼저 쉬었다 가자는 말을 하지 못했기 때문에 앗산은 이따금씩 일행의 호흡을 조절하기 위해 휴식을 제의하곤 했다. 그러나 그들이 땀을 씻으며 쉬는 동안에도 드단 소년은 기분이 좋은 듯 근처의 언덕을 오르내리며 구경하고 있었다.

"아저씨"

하노스가 아직도 약간 숨찬 목소리로 앗산을 불렀다.

"저희가 통나무집 밖에서 무예를 겨룰 때 아저씨께서는 산동네 사람답게 하라는 말을 많이 하셨지요. 마음을 겸손하게 하라든가, 자세를 낮추고 자기를 산에다 일치시키라든가…"

"하노스, 너도 대개 알고 있겠지만 우리 인간은 본래 노아의 세 아들에서부터 시작되고 있다. 그런데 세월이 흐르면서 생활의 변천을 따라 사는 장소도 각기 달라지게 되었지."

"셈의 자손들은 산에 남고 함의 자손들은 들로 퍼져나갔으며 야벳의 후손들은 바닷가로 나갔다는 말씀이신가요?"

"그렇다. 그렇게 살아나가면서 모든 백성들의 생각이나 생활도 서로 달라지게 되었어. 바닷가로 나간 야벳의 후손들은 진취적이고 모험심이 강한 반면에 난폭하고 잔인한 결점을 지니게 되었고…"

앗산은 어느새 다가와서 귀를 기울이고 있는 드단 소년을 끌어당기며 그의 머리를 쓰다듬었다. 드단은 야벳의 아들 중 하나인 두발 족속의 후예였던 것이다.

"드단… 모든 사람에게는 장점과 단점이 있는 법이다. 장점을 살려나가고 단점을 자제해 나가면 누구나 훌륭한 사람이 되는 거야."

하노스가 다시 입을 열었다.

"그렇다면 함 백성의 특징은 무엇입니까?"

"네가 말한 것처럼 그들은 들로 퍼져나가며 농경을 중심으로 한 생활을 하게 되었다. 농경으로 생활하는 사람들은 잘 계획하여 규모 있는 생활을 하기만 하면 안정되고 풍요로운 생활을 할 수가 있기 때문에 합리적인 생각과 기술이 발전하는 반면 계절에 따라 파종과 수확이 반복되기 때문에 탐욕과 음란에 빠지기 쉬운 것이 그 단점이고…"

이번에는 셀라가 앗산을 바라보며 물었다.

"그런데 셈의 후손은 어째서 산에 남았습니까?"

"우선 장자의 집안인 셈의 후손은 그 생각이 고루하고 진취적이 못되어서 산에 남게 된 것인지도 모른다. 그러나 그것은 어떻게 보면 숙명적이랄 수도 있어."

"숙명적이라구요?"

앗산은 잠시 고개를 숙이고 생각에 잠기다가 다시 말했다.

"…이런 이야기가 전해 내려오고 있다."

앗산은 천천히 대 홍수가 있었던 후에 일어난 한 가지 사건에 대해서 이야기하기 시작했다.

홍수가 끝나고 나서 이 땅 위에 살아 남은 여덟 명의 인간, 즉 노아와 그 세 아들의 부부는 다시 열심히 농사를 짓기 시작해서 풍요로운 결실을 거두었다. 이에 기분이 좋아진 노아는 포도나무 열매로 담근 술을 퍼 마시고 대취하여 장막 안에서 잠이 들었는데 어찌된 셈인지 벌거벗은 채 아랫도리를 드러내 놓고 있었다는 것이다. 아버지의 장막에 들어갔다가 그것을 본 둘째 아들 함은 밖으로 나와 형과 아우에게 그 일을 말했고, 셈과 야벳은 덮을 것을 가지고 뒷걸음질 쳐서 장막 안에 들어가 그 아버지의 몸을 덮어 주었다는 것이었다.

나중에 잠에서 깬 노아는 벌거벗은 자기의 몸에 옷이 덮여 있는 것을 보고 아들들을 불러서 누가 자기를 덮어 주었는가고 물었다. 셈과 야벳은 아버지가 어째서 그것을 묻는가 두려워하면서도 자기들이 그랬음을 아뢰었다. 그러나 뒷걸음으로 들어갔기 때문에 아버지의 몸을 보지는 못했다는 말까지 덧붙였다. 다시 노아는 물었다. 보지 못했다면 아비가 벌거벗고 있는 것은 어떻게 알았느냐고 그는 물었던 것이다. 그들은 다시 떨면서 대답했다. 둘째인 함에게서 들었노라고. 이렇게 해서 노아의 세 아들은 그들의 미래에 대한 예언을 노아로부터 받게 된 것이었다.

셈의 신이신 여호와를 찬송하리로다
함의 아들은 셈의 종이 되고
여호와께서 야벳을 창대케 하사 셈의 장막에 거하게 하시고
함의 아들은 그의 종이 되게 하시기를 원하노라…

그러나 아직도 노아의 예언은 이루어지지 않고 있었다. 노아는 야벳의 아들들이 창대하고 번영하게 해달라고 기원했는데 아직도 그들은 바닷가로 밀려나가 비참한 생활을 하고 있었으며 함의 아들들이 그들의 종이 되게 해달라고 했는데 오히려 함의 후손들은 풍요로운 터전을 잡아 번성하고 있었던 것이다. 그러나 그 중에서도 가장 기이한 것은 장자의 집안인 셈의 후손들이었다. 그들은 아직도 산지에 흩어져 살면서 적은 수확과 나무열매, 풀뿌리로 연명하며 살고 있었던 것이다. 그런데도 노아는 그 아우들이 모두 셈의 장막에서 살게 될 것이라고 예언하고

있었다. 셸라가 모르겠다는 듯이 다시 물었다.

"모든 백성이 셈의 장막에 살게 되리라고 하면서 어째서 그들이 산에 사는 것을 숙명적으로 보십니까?"

"우선 산이란 들이나 바다보다도 높은 곳이다. 장막이란 무엇이냐? 뜨거운 햇볕이나 눈, 비를 가리기 위해서 머리 위를 덮는 것이 장막이거든. 그러니 성산 아라랏으로부터 좌우로 뻗어내리는 타우루스 산맥과 자그로스 산맥은 바로 온 세계 백성들을 감싸고 있는 장막이라고 볼 수 있는 거야."

"그렇다면 셈의 집안은 영광이 아니라 고난을 선물로 받은 셈이로군요."

"바로 그것이다."

앗산은 자기에게 물은 하노스에게 얼굴을 돌리며 말했다.

"천하를 다스리려는 자는 자기 몸을 편하게 가져서는 안된다. 백성을 다스리려는 자는 백성을 섬기는 자가 되어야 하고 자기는 굶되 백성은 배불리 먹이는 자가 되지 않으면 안되는 것이다. 그러므로 셈의 집안에 신이 주신 선물과 복(福)은 길고 긴 고난인 것이다."

"그렇다면…"

하노스는 다시 눈빛을 반짝거리며 말했다.

"천하를 통치하는 앗수르가 들에 나가 있는 것은 잘못된 것이군요?"

"셈 집안의 장자권을 가진 나라는 본래 장자의 집안인 엘람이었다. 그러나 엘람은 산의 고난을 인내하지 못하고 들로 내려갔다. 그리고 엘람은 들에 나가 살면서 들사람들의 신들을 섬기기 시작했던 것이다. 그리하여 셈 집안의 장자권은 앗수르에게로 옮기게 되었다."

"그런데 어째서 앗수르 역시 들로 내려왔습니까?"

"…홍수가 끝나고 방주에서 나온 노아는 아라랏 산에 여호와를 위하여 단(壇)을 쌓고 제물을 드렸다. 그로부터 아라랏 산은 천하만민의 성산이 되었고 매년 그 날 2월 27일이 되면 모든 족속의 족장들이 아라랏 산에 올라와 제물을 드렸던 것이다. 그러나 새로 장자권을 물려받은 하난 대제는 성산에서 기도하는 중에 새로운 계시를 받았다고 한다."

"새로운 계시…?"

"그렇다. 하난 대제가 들은 계시는 이러했다. …네가 산에 오르는 것은 여호와를 만나기 위함이나 백성을 다스리는 자는 산 아래 내려가서 그들을 섬겨야 할 것이니라… 너는 낮은 곳으로 내려가라… 그래야만 너는 높아지리라…"

하난 대제는 바로 그 계시를 받고 들로 나가는 출구이며 산으로 들어가는 입구인 힛데겔 강변 초생달의 이마에 앗수르 나라를 열었다는 것이었다. 사람들은 모두 고개를 끄떡였다. 이 이야기야말로 하난 대제의 겸손과 백성 사랑하는 마음을 정확하게 나타내주고 있었던 것이다.

하노스는 자기 아버지 하난 대제를 생각해 보았다. 백성들을 위하여 낮은 곳으로 내려가겠다던 그 겸손한 모습은 요즘의 하난 대제에게서 찾아보기 어려운 것 같았다. 그가 늘 생각하는 것은 백성을 섬기는 것이 아니라 그 위에 군림하려는 것이었고 복종이 아니라 지배였으며 베푸는 것이 아니라 거두는 것에 치중하고 있었다. 그는 백성을 가려 주는 장막이 아니라 그들을 누르고 있는 짐이 되어가고 있었던 것이다.

"그런데… 어찌해서 장자의 나라 앗수르의 신은 여호와에서 앗술로 바뀌었으며 다시 또 니눈타로 바뀌고 있는 것입니까?"

"그것이 모를 일이다… 하난 대제의 신정원은 여호와라는 이름이 앗수르의 수호신으로서 적당치 않다는 판정을 내렸던 것이다. …하난 대제는 신정원의 의견에 따라 여호와라는 이름을 앗술로 바꿔 버렸어."

하노스는 다시 셸라를 바라보았다.

"그러나 그 여호와 신의 이름은 형님 집안에 아직 남아 있지 않습니까?"

"앗수르 집안의 신이 앗술 신으로 바뀌어 버렸기 때문에 여호와 신에 대한 제사권은 자연히 셋째인 아르박삿 집안으로 넘어가게 되었지. 그러나 여호와 신은 아르박삿 집안에서도 천대를 받고 있는 모양이더군."

그렇게 말하면서 앗산은 아르박삿 집안의 왕자인 셸라를 바라보며 싱긋 웃었다. 셸라는 서슴지 않고 말했다.

"그렇습니다. 저의 부친 가이난은 여호와 신보다 오히려 점성술에 더 빠져 있습니다. 부친은 점성술이 더 이치에 맞고 과학적이며 여호와 신은 보이지도 않는 막연한 신이라고 하면서 금송아지를 부어 만들었습니

다. 저는 아무래도 그 금송아지에 절을 하고픈 마음은 없습니다. 차라
리 금송아지보다는 들판에서 뛰어다니는 살아 있는 송아지가 오히려 낫
다고 생각될 지경입니다."

앗산은 한숨을 쉬었다.

"어쩐 까닭인지는 모르나 앗수르도 들로 내려오면서 달라지기 시작했
다. 앗수르는 자기 신을 바꾸면서 세상의 온갖 신들을 다 끌어들였고
함의 다른 나라들과 똑같아지기 시작했다. 악갓도 마찬가지였다. 앗수
르를 따라 들로 내려온 악갓은 마침내 형체도 없이 사라져 버리고 만
것이다…."

하노스가 다시 물었다.

"악갓도 셈의 집안이었습니까?"

"물론이지. 악갓은 바로 하난 대제의 아우였다. 그러니까 그는 바로
너 하노스의 삼촌이 되는 거야."

그 말을 듣는 순간 하노스는 형언할 수 없는 의혹의 구름 속으로 떨
어져 내리고 있었다. 앗수르를 지켜주던 강국 악갓의 그 왕이 바로 하
노스의 삼촌이었다는데 하노스 자신은 나서부터 지금까지 그 사실에 대
해서 전혀 모르고 있었던 것이다. 그것은 무엇 때문이었을까. 어째서
사람들은 하노스에게 그 삼촌 악갓에 대한 일을 말해 주지 않았던 것일
까. 그것 역시 과거를 들추어내지 말라는 하난 대제의 엄명 때문이었는
지도 알 수 없었다. 앗산의 이야기는 계속되었다.

"앗수르 집안의 모든 비극은 그들의 신을 바꾸면서부터 시작되었다.
앗수르와 악갓… 그리고 이 세상의 모든 비밀을 푸는 열쇠는 바로 그
여호와 신이 쥐고 있는지도 모른다. 사람들이 그 여호와 신을 버리면서
모든 문제가 발생하기 시작하였다. 그러니까 그 의혹과 비밀을 밝혀내
려면 우리는 여호와 신에게로 돌아가서 물어볼 수밖에 없는 것이다."

사람들은 모두가 어두운 얼굴들을 하고 있었다. 여호와 신에게로 돌
아간다는 것은 앗산의 말처럼 그리 쉬운 일이 아니었기 때문이다. 여호
와 신은 보이지 않는 신이었다. 하늘과 땅 어디를 둘러보아도 여호와
신의 모습은 보이지 않았고 그 어느 쪽에서도 여호와 신의 목소리는 들
려오지 않고 있었다. 그런데 사람은 어디로 돌아가야 하는 것인가. 잠

시 그렇게 암담한 표정으로 앉아 있던 사람들을 정신들게 하기 위해서 앗산은 화제를 바꾸었다.

"하노스, 넌… 넌 아까 산에 관한 일을 내게 물었지. 너는 아까 우리가 산을 오를 때 누가 가장 산을 잘 오르는가 보았느냐?"

하노스는 앗산 곁에 앉아 있는 드단 소년에게로 눈을 주었다.

"이 아이가 가장 민첩하게 산을 오르더군요."

"하노스, 가장 나이 어린 이 아이가 가장 산을 잘 오른 이유가 무엇이라고 생각하느냐?"

"그건… 몸 무게가 가장 가볍기 때문에 부담이 적어서가 아닐까요?"

"물론 그런 이유도 있겠지. 그러나 그것은 극히 일부분에 지나지 않는다. 특히 몸무게가 가볍기 때문이리라는 것은 사람의 머리에서 나온 계산적인 추측일 뿐인 것이다. 몸무게가 가벼워야 한다. 산에 오르는 훈련을 쌓아야 한다. 몸의 근육이 산에 오르는 데 유리하도록 발달되어 있어야 한다. 그러나 그 모든 인간의 추측이 얼마나 보잘것없는 것인가를 이 아이가 증명해 주고 있는 것이다."

드단 소년은 자기에게로 화제가 집중되는 것을 보고 재미있다는 듯 앗산의 설명을 듣고 있었다.

"이 아이가 산을 쉽게 오른 것은 그가 산에서 멀지 않기 때문이었다."

"……?"

"사람은 나면서부터 자연의 품에 안기고 거기에 자신을 맡기는 순수함을 지니고 태어난다. 그러므로 어린아이일수록 산에 가까운 것이다. 어린아이들은 자신을 산의 품속에 맡긴다. 그들의 발은 안전한 곳을 디디며 그들의 손은 튼튼한 것을 잡는다. 그들은 겸손하여 자세를 낮추며 가장 산과 가까운 거리 속에서 움직인다. 그들은 마치 엄마의 품속처럼 산을 신뢰하며 산을 사랑하는 것이다."

"그러나 사람은 나이가 들어가면서 산과 멀어진단 말씀이로군요?"

"그렇다. 사람은 나이가 들어가면서 자기 방식으로 생각하기 시작한다. 그들은 어떻게 하면 효과적으로 걸을 수 있을까 계산하고 어디가 안전하며 어디가 위험한가 계산하고 그들은 자기를 책임질 수 있는 자는 자신뿐이라고 생각하여 산에 자기를 맡기지 않는다. 그들의 머리는 교만하여져서 허리가 곧아지고 그들의 마음은 산에서 멀리 떨어져 있는 것이다. 그래서 결국 그들은 산에 오를 때 헐떡거리며 비틀거리고 힘들어 하게 되는 것이다."

어린 소년 드단은 앗산의 말을 주의깊게 듣고 있었다. 어린 드단에게 앗산의 가르침은 아주 깊숙이 스며들어 오고 있었던 것이다.

"그렇다면…"

하노스가 다시 눈을 반짝이며 질문했다.

"아까 아저씨께선 세상의 엉클어진 비밀을 풀어내려면 신에게로 돌아가서 찾아내야 한다고 말씀하셨고 이번엔 다시 산과 어린 아이의 순수한 관계에 대해서 말씀하셨습니다. 그렇다면 그 두 가지의 관계… 즉 세상이 엉클어지기 이전에 있었던 신과 인간의 관계는 곧 산과 어린아이의 관계처럼 인간의 계산과 교만이 개입되지 않은 무엇인가가 있었을 것 같군요."

사람들은 모두 하노스의 명석함에 놀라고 있었다. 그는 지나쳐가는 모든 자료들을 붙잡아 풀어내고 이내 정곡으로 뛰어들어가는 능력을 가지고 있는 것 같았다. 앗산도 하노스의 질문에서 새로운 사실을 발견해 낸 듯 놀라는 표정으로 말했다.

"그렇다. 거기에 길이 있을 것 같다. 우리가 가장 먼저 해야 할 일은 온갖 변질의 껍데기들을 벗겨내고 처음부터 있었던 순수를 찾아가는 것이다. 우리의 적은 맹수도 아니고 악인도 아니다. 우리의 적은 바로 세상에서 권세를 잡은 온갖 변질들인 것이다. 우리를 둘러싸고 있는 온갖 변질들과 그 음모가 바로 우리의 적이고 싸워서 이겨나가야 할 상대인 것이다."

하노스는 다시 셈의 후예들이 아직도 산에 남아 사는 데 대해서 다행스럽게 생각하고 있었다. 앗산에게는 묻지 않았으나 신과 어린아이의 관계나 마찬가지로 신은 산과도 어떤 관계가 있는 것 같았다.

들로 나간 함의 후손들은 풍요와 쾌락 속에서 그들의 품성이 급속도로 변질되어 가고 있었다. 바다로 나간 야벳의 후손들은 모험과 개척 속에서 잔인하고 난폭한 품성으로 바뀌어가고 있었다. 그러나 아직도 산에 남아 있는 셈의 후손들은 비교적 산의 순수함을 지니고 있었다. 아직 그들은 세상의 탐욕이나 지배욕에 물들지 않은 것 같았고 아직 그들은 음란과 쾌락 속으로 빠져들어가지 않은 것 같았다. 하노스는 갑자기 한가지 생각을 떠올리고 있었다. 만일 세상이 모두 저주를 받아 멸망한다 하더라도 가장 늦게까지 살아남을 사람은 바로 산에 사는 사람들일 것이며 만일 세상을 수많은 변질들로부터 건져내어 구원할 수 있다면 그것 역시 산에 사는 사람들에 의해서만 할 수 있을 것이라는 생각이었다.

앗산이 일어서며 말했다.

"자… 우리도 이제 다시 산을 올라가볼까?"

"드단처럼 겸손한 마음으로…"

이제 그들의 마음은 하늘을 나르는 구름처럼 가벼워져 있었다. 그들은 세상의 모든 먼지들을 털어내며 포근한 산의 살냄새 속으로 걸어 들어가기 시작했다. 여전히 소년 드단이 맨 앞이었고 그 다음이 앗산, 그리고 산사람 아르박삿 자손 셀라의 순서가 되고 있었다. 셀라가 앗산을 바싹 따라가며 물었다.

"장군께서는 아르박삿 왕가로 가고 계십니까?"

"아버지를 만나고 싶은가?"

"죄송합니다만 전 아버지를 만나고 싶지 않습니다."

"그건 어째서지?"

"아버지는 이미 장군의 말씀대로 순수성을 잃어가고 있습니다. 그는 이미 여호와 신을 자기식대로 변조하여 금송아지로 만들어버렸을 뿐 아니라 앗수르 제국의 통치에 대해서 맹목적으로 추종하고 있는 것입니다. 그래서 저는 아르박삿의 가이난 왕조에 흥미가 없습니다."

"그거야… 이 다음 자네가 왕이 되고 나서 다시 바로 잡아가면 될 것 아닌가?"

"왕이란 것 자체가 싫어진 것이지요. 왕이란 곧 자기에게 속한 백성들을 다스려야 하는 자이고 그러다 보면 바깥 세력으로부터 자기 백성들을 보호하기 위하여 온갖 굴욕을 참아가며 복종하거나 아니면 저항하여 싸우고 자기 세력을 유지하지 않으면 안되는 것입니다."

"자네의 생각은 너무 비관적이로군. 그래서 아직 그 나이에도 독신으로 살고 있나?"

"그렇습니다. 결혼까지도 저를 얽어매는 사슬이 될 것만 같아서 못하고 있지요. 사람은 때로 혼자 있고 싶어할 때가 있는데 세상 여자들은 그걸 허용하지 않더군요. 차라리 그럴 바엔 혼자 사는 편이 훨씬 낫지요."

하노스는 셀라의 말을 들으면서 어제 저녁 아릿다 황후와 나누던 이야기를 기억해 내고 있었다. 아릿다 황후는 하노스에게 경호원 때문에 불편할 일이라도 있었는가 물었고 하노스는 사람이란 때때로 혼자 있고 싶을 때가 있다고 대답했던 것이다. 그러나 아릿다 황후는 그런 하노스의 말을 도무지 이해하지 못하고 있었다. 그런 것을 보면 여자보다는 오히려 남자쪽에 더 그런 경향이 있는 것 같았다. 앗산이 얼른 셀라의 말에 동의하고 있었다.

"그렇다. 사람은 가끔 혼자 있고 싶을 때가 있는 것이다. 특히 남자들은…"

"장군께서도 그러십니까?"

"물론이지. 사람이 가끔 혼자 있고 싶다는 속성… 무엇인가 연유가 있는지도 모른다."

하노스가 가파른 비탈을 오르느라 약간 가빠진 숨을 몰아쉬며 말했다.

"만약에 말입니다."

"만약에?"

"사람들이 이야기하듯 정말 창조신이 있다면 말씀입니다. 사람은 이따금씩 그 창조신과 교신을 해야 하지 않을까요?"

"음…"

"정말 신이 인간을 창조했다면… 그는 인간에게 뭔가 말하고 싶은 것이 있을지도 모릅니다. 그렇다면… 그는 사람에게 이따금씩 혼자 있고 싶은 품성을 준비해 놓고 자기와의 대화를 기다릴지도 모르는 일입니다."

"그것은…"

앗산은 외눈을 번쩍이며 하노스를 돌아다보았다.

"그것은 일리가 있는 것 같은 말이다. 그러나 아직 우리 세대에서⋯ 신과 대화를 나누었다는 사람은 아무도 없다⋯"

셀라가 다시 끼어들었다.

"일방적인 통화는 하고 있는 셈이지요. 모든 나라의 제사장들은 자기들의 신에게 말하고 있습니다. 비를 내려달라, 풍요한 결실을 달라, 아들을 낳게 해달라, 병을 낫게 해달라, 그리고 자기를 미워하는 적을 저주해 달라⋯."

"그건 대화가 아니라 요구 아닙니까?"

"그러나 제사장들은 대화했다고 말한다. 신이 계시하시기를 아무개를 징계하라고 하셨다, 신이 계시하시기를 아무개를 죽이라고 하셨다, 신이 계시하시기를 모든 백성은 제물을 바치라고 하셨다⋯."

"혹시 그들은 그들의 권력유지를 위해 신을 이용하는 것은 아닐까요?"

"그렇고 말고, 그들은 자기들에게 편리한 신만을 신전에 모신다. 그리고 마침내 신들을 자기 권력의 경호원으로 부려먹는 것이다."

"그렇다면⋯ 여호와 신은 뭔가 불편했기 때문에 앗수르에서 쫓겨났군요?"

셀라는 고개를 끄떡였다.

"네 말이 맞았어. 우리는 여호와 신이 누구인지를 잘 모르지만⋯ 뭔가 그는 앗수르에게 불편했던 거야."

"결국⋯ 여호와 신은 고지식해서 처세술이 부족했군요."

앞서 걷던 앗산이 다시 뒤를 돌아보았다.

"그러고 보니 우리들은 모두⋯ 여호와 신의 충신들인가 보다. 우리는 모두가 처세술이 부족한 사람들이니까."

그들은 서로를 돌아보며 웃었다. 강대한 나라를 잃고 거지꼴이 되어 돌아다니는 천하무적 치우의 아들 앗산, 아버지의 비굴한 모습이 눈꼴사나워서 밖으로만 나다니는 아르박삿 왕국의 왕자 셀라, 나는 새도 떨어뜨리는 신궁 반의 제자 이에의 아들이면서 황실의 졸병으로 살아가는 노병 사완, 그리고 뭔가 자신의 위치가 거북스러운 안개 속에 떠 있음을 느끼며 수수께끼의 실마리를 찾아서 방랑하는 하난 대제의 막내아들 하노스까지도 모두가 현실에 적응하지 못하는 처세술의 낙제생들이었던 것이다.

그들은 계속해서 사흘낮 사흘밤을 걸었다. 오를수록 아라랏 산은 더욱 물러서는 것 같았고 이따금씩 맹수들의 울음소리가 그들을 긴장하게 하고 있었다.

"장군, 정말 아르박삿 왕궁으로 가십니까?"

셸라는 멀리 보이는 산봉우리를 바라보며 앗산에게 물었다.

검푸른 숲을 지나서 북쪽으로 솟아 있는 산봉우리 위에는 하얀 돌로 쌓아올린 성의 모습이 어렴풋하게 보이고 있었다.

"왜, 가면 안되는가?"

"가봤자 주인이 없을 것이기 때문입니다."

"주인이 없다니?"

"가이난왕은 지금도 바벨의 천문대에 가 있을 것입니다."

"천문학을 연구하려면 이 높다란 산꼭대기에서 할 일이지 뭣하러 바벨까지 내려갈꼬?"

"바벨 땅에서 점성술이 한창 유행하기 때문이지요."

"별들은 하늘 위에 있는 것이 아니라 유행 따라 돌아다니는 모양이로군. 그런데 바벨의 니므롯은 사냥이나 잘하는 줄 알았더니 언제부터 천문학 연구를 좋아하게 됐지?"

거기까지 듣고 하노스가 나서며 설명했다.

"하난 대제께서 바벨의 신인 니눈타를 새 도성으로 가져다가 앗수르의 신을 삼고 바벨에는 계산의 신 말둑을 주었기 때문입니다."

"그 점쟁이 신이 바벨로 쫓겨갔는가?"

"그러나 바벨의 니므롯은 말둑 신을 아주 잘 이용하고 있습니다. 말둑 신은 계산의 신이며 일월성신을 주관하는 하늘의 신이기 때문에 사람들이 그의 말은 과학적이라고 매우 신뢰합니다. 말둑 신은 날마다 그 과학적인 신탁을 내리고 있습니다. 니므롯은 신의 은총을 받은 자이다, 니므롯은 신의 앞에서 가장 위대한 자이다, 니므롯은 절대로 자기가 말하지 않습니다. 모든 것을 말둑 신으로 하여금 말하게 하는 것입니다."

"니므롯이 가장 위대한 자라고 한다면 그건 바로 말둑 신이 하난 대제에게 쫓겨난 데 앙심을 품은 것이로군. 그런데 하난 대제는 그런 신탁을 내리고 있는 말둑을 그냥 내버려두고 있나?"

"그것이 이상한 점이지요."

셀라가 다시 나섰다.

"세상의 모든 군왕들을 꼼짝 못하게 조종하고 있는 하난 대제가 니므롯만큼은 그 실력을 인정해 주고 있는 것입니다. 니므롯 천문대의 점성가들은 앗수르의 제관들보다도 더 인정을 받습니다. 부끄러운 말씀입니다만 아르박샷 왕국의 가이난 왕도 하난 대제의 인정을 받기 위하여 바벨에 내려가 점성술 공부를 하고 있는 것입니다."

"자네 부친이 바벨에 내려가 있는 것은 오직 점성술을 공부하기 위해서란 말인가?"

"실은 그 밖의 다른 이유들도 있습니다."

"다른 이유들…?"

"그렇습니다. 앗수르로부터 아르박샷 왕국으로 옮겨져 온 여호와 신은 음란을 허락하지 않습니다. 저의 어머니 메루가는 이미 늙었고 아버지 가이난은 아직도 젊은 여자와의 쾌락을 단념하지 못하고 있는 것입니다. 이곳 아르박샷에서는 허용 안되는 음란이 바벨에서는 얼마든지 정당화됩니다. 그곳에서는 오히려 여자를 팔고 사는 일이 장려되고 있습니다. 빈번한 남녀관계는 하늘과 땅을 친하게 하고 결실을 풍요하게 한다는 것입니다."

그렇게 설명하는 셀라의 모습을 바라보며 하노스는 그가 장가들지 않겠다고 하는 또 하나의 이유를 발견하고 있었다. 늙도록 쾌락을 쫓아다니는 그 부친에 대한 혐오감이 그로 하여금 여자를 혐오하도록 만들었던 것이다. 앗산이 다시 셀라를 보며 말했다.

"어쨌든 가이난 왕께서 출타중이라면 더욱 아르박샷 왕궁에 가볼 만한 때인 것 같군. 셀라, 자네는 오래간만에 어머니를 만날 수 있고, 우리는 주인 없는 왕궁에서 융숭한 대접을 받을 수 있지 않겠는가?"

그러나 앗산의 속셈은 달리 있었다. 가이난은 바로 하난 대제의 사촌뻘이 되는 왕이었다. 앗수르와 악갓에 얽혀 있는 수수께끼들을 풀려면 가장 가까운 곳은 바로 가이난 왕조였던 것이다. 가이난이 바람끼가 있어 오랫동안 왕궁을 비웠다면 셀라의 노모 메루가에게서 어떤 실마리가 나올지도 모르는 것이었다.

그들 일행은 거의 날이 어두워서야 아르박삿 왕궁에 도착하였다. 산사람들의 왕궁답게 천험의 요새에 세워진 아르박삿 왕궁은 어두워진 하늘 속에 그 유현한 모습을 웅크리고 있었다. 왕궁이 서 있는 곳은 높은 봉우리였는데 그 산성에 거의 다 이르러서는 도로가 끊어지고 칼로 벤 듯한 골짜기가 그들의 발 아래로 지나가고 있었다. 그리고 도로와 왕궁은 그 골짜기 위에 흔들거리는 가느다란 가교(架橋)로 연결되어 있었던 것이다.

"과연… 아르박삿의 왕궁은 굉장하군요. 이런 곳에 오래 살면 점점 인생이 진실한 쪽으로 접근하게 될 것 같습니다."

아르박삿 지경에 처음 와 보는 하노스가 감탄하면서 말하자 앗산이 그 말을 받았다.

"사람의 진실은 오직 아르박삿 사람들에게만 남아 있다고 해도 과언이 아니지. 다만 그들의 대표자인 가이난 왕을 빼놓고 말이야."

"아르박삿의 도성은 여기뿐인가요?"

아르박삿의 왕자인 셀라가 나서며 설명했다.

"아르박삿의 자손들은 좀처럼 한자리에 모이기 어렵기 때문에 산봉우리들마다 흩어져 살고 있다. 그리고 그들이 사는 곳은 대개가 이런 모양의 가교로 연결되어 있지."

"그러면 식량은 어떻게 얻나요?"

"아르박삿 자손들은 산지에 살기 때문에 산비탈에 계단식으로 밭을 만들어 곡식을 심는다."

하노스는 아르박삿 도성의 주위에 여기저기 흠집처럼 나무가 벌목된 곳이 있는 것을 볼 수 있었다. 그리고 지금까지 산을 오르면서도 그들은 군데군데 퍼져 있는 손바닥만한 경작지들을 볼 수 있었던 것이다.

"그렇다면… 수확한 곡식들은 어떻게 운반합니까?"

평지에서는 곡식의 수확기가 되면 나락더미들을 수레에 실어서 나르고 있었다. 그래서 수레를 처음 만들어낸 사람들은 가나안 지경의 시돈 사람들이었고 바벨의 니므롯은 그 수레를 전차(戰車)로 개조하여 사냥에 썼던 것이다. 니므롯이 수레 제조의 기술을 쉽게 배울 수 있었던 것은 바로 그 아내 세미라미스 덕분이었다. 니므롯의 아내 세미라미스는 바로 시돈 출신이었던 것이다.

그러나 평지의 산업을 획기적으로 성장시켰던 그 수레도 이 산지에서는 무용지물이었다. 그 어느 곳에서도 나락을 실어나르는 데 수레를 사용할 수 없었던 것이다. 셀라는 하노스를 바라보며 말했다.

"이 고장에서 물건을 운반할 수 있는 것은 오직 사람이다."

그것은 사실이었다. 이곳에서는 물건 운반에 가축을 사용할 수도 없을 것이었다. 그들 자신도 이미 그들의 말을 하루치 노인의 통나무집에 맡겨놓고 올라오지 않았던가.

"그 곡식을… 모두 다 사람이 운반합니까?"

"그렇다. 그밖에는 다른 방법이 없어."

"아무런 도구도 없이 말씀입니까?"

"운반할 물건들을 등에 지기 좋도록 하기 위해서 멜방이 달린 운반구가 있다. 그걸 우리는 지게라고 부르지. 그러나 그것도 결국은 사람이 져야 하는 것이다."

"그렇게 해서 모든 운반을 해결할 수 있습니까?"

"모든 사람은 자기와 자기 가족이 먹을 만큼의 양식을 져 날라야 하니까 부족할 것은 없다. 다만 평지의 사람들은 그만큼 쉽게 운반함으로써 더 많은 여가를 얻게 되고 산지의 사람들은 그렇지 못하다는 것뿐이지. 그러나 꼭 산지 사람들의 생활이 고달프기만 한 것은 아니다. 평지의 사람들이 편해져서 남는 시간들을 탐욕과 투쟁으로 메꾸고 있을 때 산지의 사람들은 쉴새없이 짐을 져서 몸과 마음의 건강을 얻고 있는 거야."

하노스는 셀라의 설명을 들으면서 참으로 기이한 느낌을 얻고 있었다. 그의 말대로라면 결국 힘들게 일하는 것이 사람의 복(福)인 것이었다. 셀라가 말하고 있는 것을 정리하면 이런 것이었다.

(…짐을 지는 자는 복 있는 자이며 짐을 벗는 자는 타락 속으로 들어가는 자이다….)

하노스는 그 말에서 뭔가 중요한 암시를 얻은 것 같았다. 수레에 짐을 실으며 평지에 사는 사람들에게서 느껴오던 불안이 그 짐을 등에 지며 살아가는 산지의 사람들에게서 소망으로 바뀌는 것을 느꼈던 것이다. 그렇다면 사람에게 있어서 짐을 지는 행위란 결국 자기를 구원하는 일과 관련이 있는 것 같았던 것이다.

그것은 바로 여기까지 오면서 저 치우의 아들 앗산이 이야기해 오던 것과도 연결되는 것이었다. 산에 사는 사람들은 산에 자기를 맡기며 산을 믿는다. 그러나 평지에 사는 사람들은 자기 생각대로 산을 다스리려 하기 때문에 산과 멀어지는 것이다. 그래서 사람들이 평지의 변질로부터 껍질을 벗겨내고 사람 본래의 순수를 찾으려면 산사람의 생존방식을 이해해야 한다는 것이었다.

앗산이 다시 탄식하듯 말했다.

"결국… 가이난 왕이 평지로 내려간 것은… 그가 짐 지는 일에 태만했기 때문이었군."

"그렇습니다. 저의 부친 말고도 이곳 사람들 중에는 짐 지기가 고생스러워서 평지를 찾아가는 자들이 해마다 늘어나고 있지요. 그래서… 아르박삿 자손들은 계속해서 자식을 낳는데도 그 수가 늘어나지 않습니다. 그만큼 평지로 빠져나가기 때문이지요."

"그렇게도 짐 지기를 싫어하는가?"

"사내들로 하여금 평지로 빠져나가게 하는 것은 주로 여자들입니다."

"여자…?"

"그렇습니다. 여자들은 본래 연약하기 때문에 힘든 일하는 것을 싫어합니다. 또 그들은 자기를 아름답게 치장하기 원하기 때문에 평지로부터 들어오는 옷감이나 장식품, 그리고 화장품 같은 것에 호감을 갖게 되지요. 그래서 여자들은 자꾸만 남편들을 충동질하여 평지로 나가도록 하는 것입니다."

하노스는 평지에 있는 앗수르나 그 밖의 다른 나라들을 생각해 보았다. 과연 언제나 사람과 사람 사이의 경쟁을 부축이고 유발시키는 것은 여자들이었던 것이다. 확실히 사람의 타락과 여자는 뭔가 관계를 가지고 있는 것 같았다.

"저… 아저씨."

앗산이 외눈을 껌뻑이며 하노스를 바라보았다. 항상 기이한 질문을 해오는 그가 또 무슨 생각을 하고 있었는지 궁금했던 것이다.

"저는 언제나… 세상이 왜 이렇게 되었을까, 세상 사람들이 왜 그렇게 되었을까를 생각할 때마다 어쩐지 그런 문제의 해결은 처음으로 돌아가서 생각해 보아야 할 것 같다는 느낌이 듭니다. 말하자면, 여자들이 남편을 충동질하여 평지로 나가게 한다면 처음 이 세상에 남자와 여자는 어떻게 나타났으며 어떻게 여자가 남자를 충동질하였는가…"

앗산은 다시 하노스의 예리한 통찰에 감탄하며 말했다.

"그렇다, 모든 문제는 만들어 놓은 자가 풀어야 하듯이… 모든 의문은 그렇게 되기 시작한 처음으로 돌아가야 풀릴 것이다…"

하노스는 다시 말을 이었다.

"그래서 말씀인데요, 노아의 홍수가 발생하기 이전의 사람들은 어떻게 살았을까요? 그리고 그 이전에는 무슨 일들이 일어났을까요? 홍수가 있기 이전과 홍수가 있은 다음의 세상은 어떻게 달라진 것일까요?"

하노스는 다시 그 부친 하난 대제가 엄격하게 금하고 있는 과거로의 여행을 시작하고 싶은 모양이었다. 앗산은 하노스의 어깨를 감싸 안으면서 목소리를 낮추어서 말했다.

"하노스… 우리가 할 일은 바로 그 잃어버린 과거를 찾는 일이다. 어찌된 까닭인지 모르나 지금 신정원 3부의 책임자들은 모두가 바뀌어져 있다. 지금은 모두 사라져버리고 없으나… 신과 제사에 관한 일을 맡아보던 풍부, 역사와 문자를 맡아보던 운부, 그리고 농사와 기술을 맡아보던 우부의 사라져버린 책임자들을 찾을 수 있다면 많은 부분의 과거들을 찾을 수 있을 것이다."

"아저씨, 저는 그분들을 찾아내는 일에 전력을 다하고 싶습니다."

"하지만 그 일은 매우 조심스럽게 해야 한다. 네가 하려는 일은 바로 천하를 다스리는 앗수르 제국에 대한 반역을 의미하는 것이기 때문이다."

하노스는 어둠 속에서 빙그레 웃으며 바로 뒤에 서 있는 사완을 돌아보았다.

"그것은 염려 마십시오. 저를 감시하고 있는 사완 형님만 입을 다물면 되니까요."

"하노스는 참으로 훌륭한 경호원을 두었어. 천하의 명궁 이에님이 자기 아들의 처지를 알면 땅을 칠 노릇이지만."

"그렇지 않습니다, 장군."

사완이 역시 웃음섞인 목소리로 말했다.

"아버님께선 언제나 말씀하시기를 사람이 자기가 처한 상황에 대해서 불평하면 안된다고 하셨습니다. 어떤 처지이든 그것은 다음의 처지로 옮겨가는 과정이라고 생각하라고 가르치셨지요."

"저 흔들거리는 가교처럼 말인가?"

앗산이 가교 이야기를 하자 셸라가 생각난 듯이 말했다.

"자… 더 어두워지기 전에 가교를 건너시지요. 군데군데 경비병이 있으니 제가 앞장을 서겠습니다."

과연 셸라의 말대로 가교의 입구에는 경비병이 잠복하고 있다가 풀벌레 소리 같은 암호를 보내오고 있었다. 셸라의 새소리를 흉내내는 응답을 듣고 그 경비병은 다시 풀벌레 소리를 내고 있었다.

앗산이 소곤거렸다.

"…뭐라고 하는 건가?"

"셸라와 그 일행 여러분을 환영한다는 뜻입니다."

그들은 앞장선 셸라를 따라 흔들거리는 가교로 들어섰다. 고도의 무예를 닦았다는 그들도 다리가 후들거리는 것을 느끼고 있었으나 셸라의 뒤를 따라가는 어린 드단은 재미있다는 듯 콧노래를 부르며 능숙하게 걸어가고 있는 것이었다.

마대의 딸

아무리 산 속에 있는 미약한 백성들의 도성이라 하더라도 아르박삿 왕궁은 평지에 있는 다른 나라 도성들과는 다른 데가 있었다. 이미 가교를 지키는 경비병들의 군호를 받고 셀라 왕자를 마중나온 왕실의 근위병들 외에는 아무도 거리를 쏘다니는 자가 없었고 오직 집집마다 은은한 등불 빛이 새어나오고 있을 뿐이었던 것이다. 평지의 다른 도성들은 이런 초저녁 시간이면 거리를 쏘다니는 술주정꾼들과 사내들을 유혹하려 몰려다니는 탕녀들로 가득차게 마련이었다. 거리마다 줄지어 선 술집에서는 천박한 가사의 노래들이 구정물처럼 쏟아져나오고 다투는 사내들의 주먹질과 발길질이 시작되면 어느새 모여든 사람들로 소란스러운 구경판이 벌어지는 게 바로 해가 지는 도성들의 모습이었던 것이다.

"왜 이렇게 조용하지요? 모두들 집안에서 무얼 하고 있지요?"

아르박삿 왕궁에 처음 와보는 하노스가 신기한 듯 묻고 있었다. 셀라가 빙그레 웃고 있는데 앗산이 먼저 대답했다.

"아마 지금쯤 아르박삿 사람들은 여호와 신에게 저녁기도를 드리고 있을 것이다. 그들은 해가 지면 일손을 놓고 모두 집에 돌아와 온 가족이 둘러앉아 가장의 인도로 저녁기도를 드린다."

"무슨 기도를 드리는 거지요?"

"하루동안 일하는 중에 여호와 신이 보살펴주고 도와준 것을 감사드리는 것이다."

"기도를 드린 다음에는 무엇을 하나요?"

"가족 중에서 가장 나이 많은 어른의 이야기가 시작된다."

"무슨 이야기를 하지요?"

"모든 사람의 조상인 노아의 이야기를 가족들에게 들려주는 것이다."

하노스는 갑자기 가슴이 두근거리는 것을 느꼈다. 서슬이 퍼런 하난 대제의 강력한 권유에도 불구하고 아직 이 아르박삿 백성들은 과거의 일들을 입에서 입으로 전해 주고 있었던 것이다.

"그 이야기를 들어보고 싶군요."

하노스가 그렇게 말하자 셀라가 웃으며 말했다.

"하노스, 왕궁에 들어가면 아마도 그것을 들을 수 있을 것이다. 왕궁에도 홍수의 이야기를 기억하고 있는 신관 세마가 있으니까."

왕궁으로 들어선 그들 일행은 곧 마주오고 있는 사람들과 만나게 되었다. 어느새 연락을 받고 그들을 마중나오는 왕비 메루가와 그 시녀들이었던 것이다. 셀라가 몇 걸음 앞서 나가며 모친에게 허리를 굽혀 절했다.

"여행중에 만난 몇 분을 함께 모시고 왔습니다."

그러자 왕비 메루가는 일행에게 공손히 머리를 숙이며 말했다.

"아르박삿 땅에 잘 오셨습니다. 어서 안으로 드십시오."

그들은 앞장서서 걷는 메루가를 따라 넙적한 돌들로 덮인 왕궁의 보도를 걸었다. 보도 양쪽의 나무에는 드문드문 등불이 걸려 있었고 정원의 구석구석마다 향긋한 꽃내음이 서리고 있었다. 그들은 역시 돌로 된 계단을 올라 넓다란 응접실로 안내되었다.

메루가가 상좌에 좌정하고 모두 자리에 앉자 셀라는 우선 앗수르의 왕자 하노스를 소개하였다.

"어머님, 이 소년이 앗수르 하난 대제의 막내아들 하노스입니다."

그러자 메루가의 눈이 반짝 빛나면서 하노스를 바라보았다.

"하노스… 네가 바로 아릿다님의 아들이란 말이냐? 이리 좀 가까이 와 보아라."

하노스는 자리에서 일어나 메루가 왕비에게로 다가갔다. 불빛에 드러난 메루가의 모습은 비록 늙기는 했으나 아직도 우아한 아름다움이 넘치고 있었다. 그녀는 하노스의 손을 잡아당기며 떨리는 목소리로 말했다.

"이 외숙모가 너무 무심해서 너를 이제야 보는구나."

영리한 하노스는 메루가의 말을 날카롭게 분석하고 있었다. 그녀는 하노스의 어머니 아릿다 쪽으로 보면 외삼촌 가이난의 처이니 외숙모가 되지만 아버지 하난 쪽으로 보면 당숙 가이난의 처이니 당숙모가 되는 것이었다. 그런데도 메루가가 친계의 당숙모라는 칭호를 놔두고 모계의 외숙모로 자처하는 것은 자기 남편 가이난의 존재에 대하여 비중을 두지 않고 있는 그녀의 속뜻을 은연중에 나타내고 있었다. 하노스는 다시 머리를 숙이며 말했다.

"당치 않으신 말씀입니다. 오히려 이 하노스가 이제야 찾아뵙는 것을 용서해 주셔야지요."

"저런… 경우 밝은 것까지도 아릿다님을 닮았군. 어디보자… 과연 잘 생겼구나…"

하노스는 다시 머리속으로 앗산이 하던 말까지 기억해 내고 있었다. 그는 하노스를 처음 만났을 때 생기기는 잘 생겼는데… 하면서 혀를 찼던 것이다. 메루가가 아직도 하노스의 손을 잡은 채 감회에 잠기고 있는데 셀라는 더 이상 기다리지 못하고 다음 사람들을 소개하였다.

"여기 계신 이분은 하노스의 사부인 앗산님이고, 저분은 하노스의 경호원인 사완님입니다. 그리고 이 아이는… 두발 땅에서 온 고아인데 이름은 드단이라고 합니다."

"두발…?"

메루가는 눈을 크게 뜨며 소년 드단을 바라보았다. 두발이라면 바로 메루가와 같은 야벳의 후예였던 것이다. 두발은 메루가의 가문 마대와 마찬가지로 야벳의 일곱 아들 중 하나였다. 노아의 세 아들 중에서 산도 들도 차지하지 못하고 바닷가로 밀려난 가엾은 족속들, 목숨을 걸고 푸른 바다를 향해 통나무배를 띄워가야 했던 유랑의 백성들. 어린 소년 드단도 바로 그들의 후예였던 것이다. 메루가는 하노스의 손을 놓고 드단을 가까이 불러 그를 품에 안았다.

"…가엾어라."

셀라는 그런 모친의 모습을 보며 기회를 놓치지 않고 말했다.

"실은 어머님께 이 아이에 대해서 부탁드릴 일이 있습니다."

"......?"

"이 아이는 외조부와 함께 살아왔는데 얼마전 그 외조부가 니느웨 성의 마무리공사에 참가했다가 사고를 당해 그를 잃고 외톨이가 되었습니다."

"니느웨 성?"

"네, 하난 대제는 힛데겔 강변에 새로 세운 도성의 이름을 니느웨라고 붙였습니다. 니눈타의 도성이라는 뜻이지요."

"니눈타란 또 무엇이냐?"

"바벨 땅에서 섬기고 있던 번개와 천둥의 신입니다. 하난 대제는 계산의 신 말둑을 바벨에 주고 니눈타를 새 도성으로 모셔왔습니다."

"그렇다면 그들이 섬기던 앗술 신은?"

"앗술 신은 그대로 옛 도성 앗수르에 남겨두었지요."

"오오… 우리 셈의 가문은 이제 저 함의 가문과 다를 바가 없게 되었구나. 어찌하여 하난 대제께서는 그토록 변하셨는가… 이러다가는 온 세상이 다시 홍수의 징계를 받지 않는다고 누가 보장하리…"

메루가는 드단을 품에 안은 채 눈을 감고 있었다. 그녀의 입술은 달싹거리고 몸은 사시나무 떨듯 떨고 있었다. 셀라가 다시 그의 모친을 위로하는 투로 말했다.

"어머님, 너무 상심 마십시오. 여호와 신께서는 홍수가 지나간 후에 다시는 사람을 물로 쓸어버리지 않으시겠다고 약속했다지 않습니까?"

그러자 어둠 속으로부터 한 노인의 음성이 날아왔다.

"그렇습니다. 우리 여호와 신께서는 무지개를 구름 사이에 두시고 다시는 사람을 홍수로 멸하지 않으시겠다는 언약의 증거로 삼으셨습니다."

방안에 있던 사람들은 일제히 고개를 돌려 그쪽을 바라보았다. 흰 옷자락을 끌며 들어서는 백발의 노인, 그는 바로 아르박삿 왕궁의 신관 세마였다. 감았던 눈을 뜬 메루가가 세마를 향해 말했다.

"세마님, 잘 오셨습니다. 마침 귀한 손님들이 오셨으니 지금부터 저녁 기도회를 시작하는 게 좋겠군요."

드단이 제자리로 돌아가고 세마가 자리에 앉자 셀라는 다시 그 모친에게 했던 것처럼 세마에게 손님들을 소개하였다. 세마는 즉시 두손을 위로 들어올리며 감사의 기도를 시작하였다. 하노스는 세마의 기도를 들으면서 그 내용의 다양함에 놀라고 있었다. 세마의 기도는 오늘 하루의 지난 일들에 대한 감사와 귀한 손님들을 보내주신 데 대한 감사로 시작하더니 집을 떠나 있는 가이난 왕을 보호해 주실 것과 아르박삿 가문을 여호와의 뜻대로 이끌어주실 것을 비롯하여 노아의 후손 세 족속들이 하루속히 여호와에게로 돌아와 아름다운 평화속에 살게 되기를 기원하는 데까지 이르고 있었던 것이다.

그런 기도들은 하노스가 살던 앗수르나 니느웨, 그리고 그가 돌아보았던 가나안 지경이나 미스라임 족속들의 기도에서는 도무지 찾아볼 수 없는 것이었다. 그들이 기도하는 내용이란 한결같이 풍년을 비는 기도요, 건강과 재산을 비는 기도요, 심지어는 음욕과 저주를 위한 기도까지도 예사로 드려지고 있었던 것이다. 그들의 기도는 모두가 손을 벌리고 달라는 기도였다. 그런데 이 아르박삿 사람들의 기도는 오히려 감사의 기도였고 자기가 아닌 남들을 위한 기도였다.

하노스는 갑자기 답답했던 가슴이 뭔가 시원하게 트이는 것을 느끼고 있었다. 그것이 바로 여호와 신의 능력인지도 몰랐다. 세상의 모든 신들 가운데 가장 초라하게 되어버린 여호와 신, 많은 사람들로부터 버림을 받고 산 속으로 쫓겨난 여호와 신에 대하여 하노스는 강렬한 호기심을 갖기 시작했다.

시냇물처럼 서늘한 기도가 끝난 후 세마는 꿈꾸는 듯한 표정으로 그들의 조상 노아에 관한 이야기를 시작했다.

"…여호와께서는 세상이 사람의 죄악으로 가득 차고 사람마다 못된 생각만 하는 것을 보시고 왜 사람을 만들었던가 싶으시어 마음이 아프셨습니다."

아르박삿 왕궁은 쥐죽은 듯이 고요했고 이따금씩 바람 스쳐가는 소리만 창 밖에서 들려올 뿐이었다. 날마다 듣는 이야기인데도 메루가와 셀라는 진지한 표정으로 경청했고 그것을 처음 듣는 사람들은 눈빛을 번쩍이며 귀들을 크게 열고 있었다.

　"그러나 노아만은 올바르고 흠없게 사는 사람이었습니다. 그는 여호와를 모시고 사는 사람이었기 때문입니다. 노아는 셈과 함과 야벳, 이렇게 세 아들을 두고 있었습니다. 여호와께서 보시기에 세상은 너무나 썩어서 땅 위에 냄새를 피우고 있었기 때문에 어느 날 노아에게 말씀하셨습니다…."

　세상이 썩는다는 것이 무슨 뜻인가를 하노스는 생각하고 있었다. 세상은 너무나 썩어서 땅 위에 냄새를 피우고 있었다는 것이었다. 하노스는 지금 이 시대도 그 냄새 속에 있는 것 같았다. 어찌하여 여호와 신은 인간으로 하여금 썩도록 내버려두는 것일까. 여호와는 하난 대제가 생각하듯 그렇게 무능한 신인가.

　"…모든 혈육 있는 자의 강포가 땅에 가득하므로 그 끝날이 내 앞에 이르렀으니 내가 그들을 땅과 함께 멸하리라. 너는 잣나무로 너를 위하여 방주(方舟)를 짓되 그 안에 칸들을 막고 역청으로 그 안팎에 칠하라. 그 방주의 제도는 이러하니 길이가 3백 규빗, 넓이가 50 규빗, 높이가 30 규빗이며 거기 창을 내되 위에서부터 한 규빗에 내고 그 문은 옆으로 내고 상·중·하 3층으로 할지니라. 내가 홍수를 땅에 일으켜 무릇 생명의 기식 있는 육체를 천하에서 멸절하리니 땅에 있는 자가 다 죽으리라. 그러나 너와는 내가 내 언약을 세우리니 너는 네 아들들과 네 아내와 네 자부들과 함께 그 방주로 들어가고 혈육 있는 모든 생물을 너는 각기 암수 한쌍씩 방주로 이끌어들여 너와 함께 생명을 보존케 하되 새가 그 종류대로, 땅에 기는 것이 그 종류대로 각기 둘씩 네게로 나아오리니 그 생명을 보존케 하라. 너는 먹을 모든 식물을 네게로 가져다가 저축하라. 이것이 너와 그들의 식물이 되리라…."

　그것은 참으로 무서운 신탁이었다. 세상을 썩는 대로 내버려두던 여호와 신이 마침내 그 침묵을 깨고 권능을 나타내는 순간이었던 것이다. 그러나 세마는 말했다: 이 두렵고 떨리는 신탁을 들으면서 노아는 여호와의 눈에서 사랑을 발견했다는 것이었다. 그래서 노아는 그 엄청난 규모의 방주를 짓기 시작했다. 그는 평소에 부지런하여 많은 재물을 모아

두었었으므로 인부들을 고용했다. 그리고 그는 방주 공사에 동원된 사람들에게 곧 홍수가 나서 세상이 물에 잠기게 된다고 설명했으나 사람들은 오직 품삯에만 관심이 있었을 뿐 노아의 말에는 귀를 기울이지 않았다.

마침내 방주 짓는 공사가 설계대로 완성되었을 때 다시 여호와의 신탁이 내렸다.

"…너와 네 온 집은 방주로 들어가라. 네가 이 세대에 내 앞에서 의로움을 내가 보았음이니라. 너는 모든 정결한 짐승은 암수 일곱씩, 부정한 것은 암수 둘씩을 네게로 취하며 공중의 새도 암수 일곱씩을 취하여 그 씨를 온 지면에 유전케 하라. 지금부터 7일이면 내가 40 주야를 땅에 비를 내려 나의 지은 모든 생물을 지면에서 쓸어버리리라…"

노아는 여호와가 분부한 대로 모든 것을 다 행하였다.

땅 위에 홍수가 난 것은 노아가 6백세 되던 해였다. 노아는 아들들과 아내와 며느리들을 데리고 홍수를 피하여 배로 들어갔다. 또 깨끗한 짐승과 부정한 짐승, 그리고 새와 땅 위를 기어다니는 길짐승도 암컷과 수컷 두 쌍씩 노아한테로 와서 배에 들어갔다. 노아는 모든 일을 여호와께 분부받은 대로 하였다. 이레가 지나자 폭우가 땅에 쏟아져 홍수가 났다. 노아가 6백세 되던 해 2월 17일, 바로 그날 땅 밑에 있는 큰 물줄기가 모두 터지고 하늘은 구멍이 뚫렸다. 그래서 40일 동안 밤낮으로 땅 위에 폭우가 쏟아졌다.

바로 그날 노아는 자기 아내와 세 아들 셈, 함, 야벳과 세 며느리를 배로 들여보냈다. 그리고 그들과 함께 각종 들짐승과 집짐승, 땅 위를 기는 각종 파충류와 날개를 가지고 날으는 각종 새들을 들여보냈다. 몸을 가지고 호흡하는 모든 것이 한쌍씩 노아와 함께 배에 올랐다.* 그리하여 여호와가 노아에게 지시한 대로 모든 짐승의 암컷과 수컷이 짝을 지어 들어갔다. 그리고 노아가 들어가자 여호와는 방주의 문을 닫았다.

땅 위에 40일 동안이나 폭우가 쏟아져 배를 띄울 만큼 물이 불어났다. 그리하여 배는 땅에서 높이 떠올랐다. 물이 불어나 땅은 온통 물에 잠기고 배는 물위를 떠다녔다. 물은 점점 불어나 하늘 높이 치솟은 산이 다 잠겼다.

산들이 다 물에 잠겼을 때 물은 방주의 15규빗까지 올라와 있었다. 새나 집짐승이나 들짐승이나 땅 위를 기던 벌레나 사람 등 땅 위에서 움직이던 모든 생물이 숨지고 말았다. 마른 땅 위에서 코로 숨 쉬며 살던 것들이 다 죽고 말았던 것이다. 이렇게 여호와는 사람을 비롯하여 모든 길짐승과 새에 이르기까지 땅 위에서 살던 모든 생물을 쓸어버리셨다. 이렇게 땅에 있던 것이 다 쓸려갔지만, 노아와 함께 배에 있던 사람과 짐승만은 살아남았다. 물은 150일 동안이나 땅 위에 괴어 있었다.

여호와가 노아와 배에 있던 모든 들짐승과 집짐승들의 생각이 나서 바람을 일으키니 물이 빠지기 시작하였다. 땅 밑 큰 물줄기와 하늘구멍이 막혀 하늘에서 내리던 비가 멎었다. 그리하여 땅에서 물이 줄어들기 시작한 지 150일이 되던 날인 7월 17일에 배는 마침내 아라랏 산에 머물렀다. 물은 10월이 오기까지 계속 줄어서 마침내 10월 초하루에 산봉우리가 드러났다.

40일 뒤에 노아는 자기가 만든 배의 창을 열고 까마귀 한 마리를 내보내었다. 그 까마귀는 땅에서 물이 다 마를 때까지 이리저리 날아다녔다. 노아가 다시 지면에서 물이 얼마나 빠졌는지 알아보려고 비둘기 한 마리를 내보내었다. 그 비둘기는 발을 붙이고 앉을 곳을 찾지 못하고 그냥 돌아왔다. 물이 아직 온 땅에 뒤덮여 있었던 것이다. 노아는 손을 내밀어 비둘기를 배 안으로 받아들였다. 노아는 이레를 더 기다리다가 그 비둘기를 다시 배에서 내보내었다. 비둘기는 저녁 때가 되어 되돌아왔는데 부리에 금방 딴 올리브 이파리를 물고 있었다.

그제야 노아는 물이 줄었다는 것을 알았다. 노아는 다시 이레를 더 기다려 비둘기를 내어보냈다. 비둘기는 이번에는 끝내 돌아오지 않았다. 노아가 육백한살이 되던 해 정월 초하루, 물이 다 빠져 땅은 말라 있었다. 노아가 배 뚜껑을 열고 내다보니 과연 지면은 말라 있었다.

2월 27일, 땅이 다 마르자 여호와가 노아에게 분부했다.

"너는 아내와 아들들과 며느리들을 데리고 배에서 나오너라. 새나 집짐승이나 땅에서 기어다니는 길짐승까지, 너와 함께 있던 모든 동물을 데리고 나와 땅 위에서 떼지어 살며 새끼를 많이 낳아 땅 위에 두루 번져나게 하여라."

노아는 아내와 아들들과 며느리들을 데리고 배에서 나왔다. 들짐승과 집짐승과 새와 땅 위를 기어다니는 길짐승들도 그 종류별로 모두 배에서 나왔다.

노아는 여호와 앞에 제단을 쌓고 모든 정한 들짐승과 정한 새 가운데서 번제물을 골라 그 제단 위에 바쳤다. 여호와는 그 향긋한 냄새를 맡으시고 속으로 다짐했다.

사람은 어려서부터 악한 마음을 품게 마련,
다시는 사람 때문에 땅을 저주하지 않으리라.
다시는 전처럼
모든 짐승을 없애버리지 않으리라.
땅이 있는 한
뿌리는 때와 거두는 때,
추위와 더위, 여름과 겨울,
밤과 낮이 쉬지 않고 오리라.

여호와는 노아와 그의 아들들에게 복을 내리며 다시 분부했다.

"많이 낳아 온 땅에 가득히 불어나거라. 들짐승과 공중의 새와 땅 위를 기어다니는 길짐승과 바닷고기가 다 두려워 떨며 너희의 지배를 받으리라. 살아 움직이는 모든 짐승이 너희의 양식이 되리라. 내가 전에 풀과 곡식을 양식으로 주었듯이 이제 이 모든 것을 너희에게 준다. 그러나 피가 있는 고기를 그대로 먹어서는 안된다. 피는 곧 그 생명이다. 너희 생명인 피를 흘리게 하는 자에게 나는 앙갚음을 하리라. 사람이 같은 사람의 피를 흘리면 그에게도 앙갚음을 하리라. 사람은 여호와의 모습으로 만들어졌으니 남의 피를 흘리는 사람은 제 피도 흘리게 되리라. 너희는 많이 낳고 불어나거라. 땅 가득히 퍼져 땅을 정복하여라."

여호와는 노아와 그의 아들들에게 또 신탁을 내렸다.

"이제 나는 너희와 너희 후손과 계약을 세운다. 배 밖으로 나와 너와 함께 있는 새와 집짐승과 들짐승과 그 밖의 땅에 있는 모든 짐승과도 나는 계약을 세운다. 나는 너희와 계약을 세워 다시는 홍수로 모든 동물을 없애버리지 않을 것이요, 다시는 홍수로 땅을 멸하지 않으리라."

여호와의 신탁은 계속되었다.

"너뿐 아니라 너와 함께 지내며 숨쉬는 모든 짐승과 나 사이에 대대로 세우는 계약의 표는 이것이다. 내가 구름 사이에 무지개를 둘 터이니 이것이 나와 땅 사이에 세워진 계약의 표가 될 것이다. 내가 구름으로 땅을 덮을 때 구름 사이에 무지개가 나타나면 나는 너뿐 아니라 숨쉬는 모든 짐승과 나 사이에 세워진 내 계약을 기억하고 다시는 물이 홍수가 되어 모든 동물을 쓸어버리지 못하게 하리라. 무지개가 구름 사이에 나타나면, 나는 그것을 보고 여호와와 땅에 살고 있는 모든 동물 사이에 세워진 영원한 계약을 기억하리라."

여호와는 노아에게 다시 다짐하였다.

"이것이 땅 위에 있는 모든 짐승과 나 사이에 세워진 계약의 표이니라."

늙은 신관 세마의 이야기는 거기서 끝나고 있었다. 실로 놀라운 기억력이었다. 그는 늘 똑같은 이야기들을 저녁기도가 끝날 때마다 반복하였던 것이다. 그의 이야기들은 언제나 단 한마디의 틀림도 없이 똑같았다고 셀라는 하노스에게 설명하였다.

세마의 이야기가 끝난 다음 그와 메루가 왕비, 그리고 왕비의 시녀들은 함께 은은한 음성으로 노래를 부르기 시작했고 셀라도 그것을 따라 불렀다. 여호와 신의 위대하심과 그 은총을 찬양하는 노래였다. 매우 느리기는 하나 온 방안을 가득히 채우는 청아한 선율이 서늘한 시냇물처럼 굽이치고 있었다.

하노스는 메소포타미아의 평원에서 한번도 접해 보지 못했던 거룩한 분위기에 젖어들면서 기이한 감동에 사로잡히고 있었다. 물론 어느 백성에게나 그들의 신이 있었고 나름대로 신비한 제사 의식이 있었다. 그러나 가나안 지방의 자연신도, 그리고 미스라임 지방의 태양신 제사도 하노스에게 이런 감동을 주지는 못했던 것이다. 오히려 그들의 제사의식들은 인간의 욕망을 끝없이 채우려는 몸부림이었고 탐욕을 합리화하기 위한 행사처럼 느껴져서 역겨움을 느끼게 하는 것이 대부분이었다.

더군다나 그것은 초월적 괴력으로 위장되어서 사람을 위협하고 압박하는 것이었다.

물론 세마가 전하는 홍수의 이야기에도 그런 두려움의 내용이 포함되어 있기는 했다. 모든 땅 위의 생물을 홍수로 쓸어버린다는 것은 실로 무서운 위협이었던 것이다. 그러나 그 무시무시한 이야기 속에는 어딘가 따스한 정이 흐르고 있는 것 같았다. 풀과 곡식을 먹던 사람은 홍수가 지나고 양식이 떨어지자 여호와 신의 허락을 받아 육식을 하기 시작했다. 그러나 공의(公義)의 신인 여호와는 사람에게만 육식을 허락할 수는 없었다. 그리하여 땅 위의 모든 동물에게 육식이 시작되었고 마침내 강한 자가 약한 자를 잡아먹는 살벌한 시대가 시작된 것이었다.

그러나 여호와 신은 사람들에게 동물의 피를 먹지 말도록 권고했다. 피에는 생명이 있다고 말했다. 그리고 사람이 사람의 피를 흘리면 반드시 자기의 피도 흘리게 되리라고 경고하였던 것이다.

"그렇다면…"

기도회의 의식이 끝나고 나자 하노스는 입을 열었다.

"여호와 신의 신탁에는 사람의 피를 흘리지 말라고 했는데 지금 각 백성들 사이에 행해지고 있는 인신 희생의 제사는 잘못된 것입니까?"

신관 세마가 흰 수염을 쓰다듬으며 무거운 목소리로 말했다.

"그렇습니다. 우리 조상 노아님께서는 홍수가 끝났을 때 정결한 짐승과 새로 제사를 드렸다고 했습니다. 사람이 사람을 죽여서 제사 드리는 것은 신의 뜻에 어긋나는 것입니다. 여호와께서는 사람을 자기와 닮게 지으셨고 만물을 다스리게 하셨습니다. 그런데 사람이 사람의 피를 흘리게 한다면 이는 여호와 신에게 피를 흘리게 하는 것이나 다름없는 것입니다."

"다른 족속들도 그들의 신이 세상을 창조했다고 하는데… 아르박삿 가문의 여호와 신은 어떻게 세상을 창조했습니까? 홍수 이전에는 어떤 일들이 일어났습니까?"

"…우리 아르박삿 가문에서도 역시 세상을 창조한 신은 여호와라고 믿고 있습니다. 그러나… 홍수 이전의 일들은 정확히 전해내려오고 있지 않습니다. 다만 사람들이 여호와께 죄를 범해서 홍수의 징벌을 받았다는 것만 알고 있을 뿐입니다."

"그 죄란 어떤 것이었습니까? 살인입니까? 도둑질입니까? 어째서 지금도 사람들이 그런 죄를 범하고 있는데 세상은 무사한 것입니까?"

"바로 여호와의 약속 때문이지요. 여호와께서는 홍수 이후에 다시는 죄 때문에 홍수로 모든 생물을 쓸어버리는 일을 하시지 않겠다고 약속하셨던 것입니다."

"그렇다면… 인간이 어떤 악행을 하든 여호와 신은 그냥 내버려두시겠다는 뜻입니까?"

"…그렇지는 않겠지요."

"그렇다면…?"

"그 이후의 일에 대해서는 아직 여호와 신의 신탁이 내리지 않았습니다. 다만 다른 사람의 피를 흘리는 사람은 자기의 피도 흘리게 되리라는 것뿐입니다."

"……"

하노스는 아르박샷 사람들이 순수함에 놀라고 있었다. 그들은 여호와 신의 침묵에 대하여 조금도 의아하지 않게 생각하고 있을 뿐만 아니라 그냥 신의 계시가 있을 때까지 기다리고 있는 모양이었던 것이다. 어쨌든 아르박샷 가문의 여호와 신은 다른 세상의 신들처럼 멋은 없지만 상당한 정이 있는 신으로 여겨졌다. 그는 땅 위의 생물들을 멸할 때 그들의 씨앗을 살려놓았을 뿐만 아니라 그들이 방주에서 나왔을 때 식량이 떨어진 것을 염려하여 육식을 허락하여 주었고 살인을 금지시킨 일들은 그런대로 하노스에게 감동을 주고 있었다.

하노스는 곁에 앉아 있는 드단 소년을 바라보면서 미소를 머금었다. 하마터면 황후 아릿다에게 걸려서 제물이 될 뻔했던 그 아이를 셀라와 하노스가 구출해 내었기 때문이었다. 그만하면 셀라와 하노스도 여호와 신의 명령에 잘 따른 것이라고 볼 수 있었다. 하노스는 다시 세마를 바라보았다.

"세마님, 홍수 이전의 이야기들에 대해서는 아무것도 전해 내려오는 것이 없습니까? 어디서도 찾아볼 수가 없을까요?"

"우리들의 조상 노아님께서는 홍수 이전의 이야기들을 그 장자의 집안에 전해 주셨습니다. 그러므로 그 홍수 이전의 비밀들은 노아님의 장자였던 엘람 백성들에게 전해졌을 것입니다. 그러나 엘람은 그 장자권을 앗수르에게 빼앗겼고 엘람의 신관들은 앗수르로 잡혀갔습니다. 제가 알기로 엘람의 신관들은 이미 문자를 만들어서 홍수 이전의 일들을 기록해 놓았고 그것은 다시 앗수르의 신정원으로 옮겨졌을 것입니다. 신정원의 풍부(風府)를 관장하시던 루악님이 지금 살아계시다면 그 모든 것을 알고 계실지 모릅니다."

"루악…"

"그렇습니다. 앗수르의 신정원에는 본래 세 분의 지도자가 계셨습니다. 루악님은 여호와께 드리는 제사를 관장하는 신관이었고 문자연구를 담당하던 운부의 책임자는 마달님이었지요. 그리고 수리와 농경을 맡은 우부(雨府)는 아난님이 관장하고 계셨습니다."

하노스는 운부에서 일하고 있다는 사완의 아들 신지를 생각하고 있었다. 그렇다면 신지가 모시고 있는 문자연구관 잔시에의 옛 상관은 마달이었던 것이다.

"문자의 연구와 역사의 기록은 운부에서 하고 있지 않습니까?"

"그렇습니다. 그러므로 홍수 이전의 역사들은 엘람의 신관들로부터 앗수르로 전수되었을 것이고 앗수르 신정원의 풍부와 운부는 그 내용을 파악하고 있었던 것이 거의 확실합니다."

"그… 세 분의 책임자는 지금도 살아계실까요?"

"글쎄요… 아무도 그분들의 연세가 어느 정도였는지 기억하고 있는 사람이 없습니다. 그들은 거의 동시에 신정원에서 모습을 감추었으니까요."

"그것은 언제쯤이었습니까?"

"자세히 알 수는 없지만… 아마도 여호와께서 앗수르로부터 밀려난 때쯤일 것으로 추측됩니다."

"……?"

"아시다시피 앗수르의 하난 대제께서는 여호와 신에 대한 제사를 저회 아르박샷 가문에 물려주시고 그들의 앗술 신을 섬기기 시작했습니다. 그러면서 앗수르 신정원은 일체의 지나간 일들을 캐내거나 기록하지 못하게 하였지요. 신정원 3부의 책임자들이 바뀐 것은 아마도 그때 쯤이 아닐까 생각되는 것입니다."

결국 모든 지나간 일에 대한 수수께끼를 풀려면 그들 세 사람을 찾아야 되는 것 같았다. 그러나 그들은 이미 세상에서 사라진 자들이었고 아무도 그들을 기억하는 자는 없었던 것이다. 하노스는 좀더 질문을 하고 싶었으나 여러 어른들이 있는 자리에서 혼자 너무 많은 것을 말하고 있는 것 같아서 입을 다물었다. 그러나 잠시 사이를 두었다가 애꾸눈의 앗산이 못 참겠다는 듯 입을 열었다.

"저… 메루가님께선 요즘 건강이 어떠십니까?"

"늘 이렇게 하는 일 없이 편안하게 살고 있지요."

메루가는 입가에 부드러운 미소를 띠며 앗산을 바라보고 있었다.

"제가 알기로는… 메루가님은 야벳의 후예인 마대 집안의 따님이라고 들었습니다만, 어떻게 아르박삿 가문으로 시집을 오시게 되셨습니까?"

앗산은 시치미를 떼고 조금 염치없는 질문을 꺼내고 있었다. 그러나 메루가는 여전히 미소를 띠면서 차분하게 대답했다.

"앗산님께서는 제 인생의 전부를 묻고 계시는군요."

앗산은 그렇게 말하는 메루가의 눈가에 얼핏 아련한 추억이 지나가는 것을 놓치지 않고 읽어냈다. 그녀에게 당돌한 질문을 한 것도 바로 여인의 약점인 과거에의 향수를 노린 것이었다.

"제가 잘못 여쭈었다면 용서하여 주십시오. 그러나 대개 어른들의 지난 시절 이야기는 사람들의 자리를 빛나게 해주고 따스하게 해주는 것 같습니다."

메루가는 다시 그 우아한 얼굴에 홍조를 띠었다.

"앗산님께서는 이 노파에게 다시 제 나이를 실감하게 하시는군요. 하지만 역시… 늙은 여자는 지난 이야기를 좋아하게 마련인가 봅니다."

그녀는 가만히 고개를 돌려 아들 셀라를 바라보았다.

"제 아들 셀라가 장가들 생각을 않고 있어서 아직 며느리를 못 얻었습니다만 그래서 그런지 전 아직도 노파가 된 것을 이따금씩 잊어버린답니다. 어쨌든 전 이야기하고 싶은 것을 참아서 앗산님을 갑갑하게 해드리고 싶지는 않군요… 말씀하신 대로 전 셈의 후예가 아닌 야벳의 혈통입니다만 처녀 때부터 여호와 신을 섬기는 셈의 집안에 시집을 오고 싶어했습니다…"

이윽고 메루가의 이야기가 시작된 것이었다. 저 '불의 나라' 마대의 딸로서 아르박삿 가문에 시집 와서 바람난 남편을 섬기며 외로운 일생을 보낸 메루가의 희미한 추억들이 드디어 그 실마리를 풀어내기 시작하고 있었다.

사람들은 모두 숨을 죽이며 그녀의 입술을 바라보았다. 그녀의 장성한 아들 셀라까지도 아직 들어본 적이 없는 모친의 이야기를 호기심 가득한 표정을 지으며 듣고 있었다.

"우리가 모두 아는 바와 같이 우리 조상 노아님의 세 아들은 모두가 착하고 화목한 형제들이었습니다. 큰아들 셈은 점잖았고 둘째 아들 함은 부지런했으며 막내아들 야벳은 영리했다더군요. 그러나 세월이 흐르면서 그들의 후손들은 모두가 거칠고 위험한 환경 속에서 살아가야 했습니다. 여호와의 허락을 따라 사람들이 육식을 시작하면서 땅 위의 모든 생물들이 약육강식을 했기 때문이지요. 사람들이 살아가는 환경은 날이 갈수록 거칠어져 갔고 각박해져 갔습니다. 그들은 제각기 좋은 땅을 찾아 흩어졌고… 때로는 땅을 선점하기 위하여 부딪치고 소유권을 주장하다가 다투기도 하였을 테지요…. 어쨌든 사람들은 점점 강퍅해지고 나빠져갔습니다."

기둥에 걸린 등불이 가늘게 떨고 있었다. 바람 소리가 바깥쪽에서 길게 꼬리를 끌며 지나갔다.

"땅 뺏기 경쟁에서 제일 먼저 밀려나기 시작한 것은 막내인 야벳의 후손들이었지요. 고멜과 야완, 두발, 메섹, 디라스들은 타우루스 산맥을 넘어 서쪽 바닷가로 밀려났고 마곡은 저 무서운 검은 바다 너머로 사라져 갔던 것입니다. 그리고 우리 집안 마대는… 자그로스 산맥을 넘어 동편 바닷가로 밀려나고 말았지요."

메루가의 말을 듣고 있던 드단 소년이 궁금한 듯 입을 열었다.

"저… 메루가 왕비님, 제가 한가지 여쭈어 보아도 될까요?"

사람들은 모두 그 아이의 당돌한 말에 어처구니 없다는 듯 입을 벌렸다. 그러나 메루가는 따스하게 웃으며 드단을 바라보았다.

"네 이름이 드단이라고 했지? 어서 말해 보렴, 드단."

"다른 야벳의 후손들은 대부분 서쪽으로 옮겨갔는데 어째서 마대 가문만 동쪽으로 넘어갔을까요?"

메루가는 그렇게 물어보는 드단의 얼굴을 바라보며 말했다.

"아주 중요한 질문을 했다, 드단."

사람들은 모두 왜 드단이 그렇게 야벳 후손에 대해서 궁금해 하는지 알고 있었다. 그 아이도 역시 야벳의 아들인 두발 가문의 혈통을 이어받고 있었기 때문이었다.

"사실 변두리로 밀려나는 야벳의 후손들은 그들을 몰아낸 셈이나 함의 자손들에게 원한을 품었었다. 그래서 언젠가는 형들에게 복수하리라 다짐하며 모두들 서쪽 바닷가로 옮겨갔던 거야. 그러나 야벳의 셋째 아들인 마대는 달랐다. 그는 어려서부터 큰아버지인 셈의 귀여움을 받았고 여호와 신을 섬기는 데 열심이었다. 그래서 야벳의 다른 아들들이 모두 서쪽으로 떠날 때 마대는 셈 가문의 장자인 엘람 집안을 따라 서쪽으로 이동했지."

그들은 비로소 왜 엘람 가문과 마대 가문이 자그로스 산맥을 사이에 두고 이웃하여 있는가를 깨달을 수 있었다.

"마대가 그토록 장자권을 지닌 엘람의 집안을 바싹 붙어다닌 이유는 바로 노아님의 예언 때문이었다. 함의 후손은 셈의 종이 되고 야벳은 창대하되 셈의 장막에 거하리라…. 그래서 마대는 여호와를 섬기는 엘람의 장막에 바싹 붙어다니려고 애썼던 거야. 그래서 마대의 자손들은 동쪽으로 밀려난 후에도 엘람에 충성하고 있었다. 마대 사람들은 엘람 사람을 만나면 형님처럼, 아버지처럼, 그리고 주인처럼 섬겼다. 마대의 모든 처녀들은 엘람 집안의 청년에게 시집가는 것이 가장 큰 소원이었다…"

드단이 다시 눈동자를 반짝이며 천진한 목소리로 물었다.

"그런데 어째서 왕비님은 엘람으로 시집가시지 않았나요?"

메루가는 다시 미소를 띠며 좌중의 사람들을 둘러보았다.

"이제 드디어 이야기의 핵심에 들어가게 되었군요. 그러나 여러분, 전 제 이야기 때문에 여러분을 굶겨 드리고 싶지는 않습니다…"

메루가의 기억

메루가는 자리에서 일어서더니 다시 앞장서서 손님들을 안내하였다. 왕비를 따라 걷던 그들은 문득 어디선가 구수한 냄새들이 흘러나와 그들의 코끝에 감겨오는 것을 깨닫고 서로 얼굴을 마주보았다. 좁은 복도를 한번 더 돌아서 그들은 아늑한 식당으로 안내되었다.

이미 식당에는 주방을 담당한 관원들이 풍성한 저녁 식탁을 준비해 놓고 있었다. 메루가 왕비가 손님들에게 자리를 권하며 말했다.

"아시다시피 아르박삿은 산에서 살기 때문에 음식이 기름지지는 못하나 몸을 정결하게 유지하는 데는 매우 좋다고 합니다. 여러분께서 예고 없이 오셨기 때문에 더 잘 준비할 수 있는 시간을 충분히 얻지 못했습니다만 흉보지 마시고 많이 드시기 바랍니다."

과연 아르박삿의 식탁은 매우 정결하고 담백한 것이었다. 산채와 채소가 주종을 이루었고 오래 저장하기 위해 고안된 여러가지 절인 음식들이 제가끔 독특한 맛을 내고 있었다. 그들은 매우 시장해 있었기 때문에 잠시 대화를 중단하고 먹는 일에 열중했다. 어린 드단이 먼저 입을 열었다.

"메루가 왕비님, 재료는 틀리지만 요리하는 법은 저희 두발 땅과 비슷한 데가 많군요."

메루가는 드단의 관찰력에 놀라움을 나타냈고 먹는 데만 열중하던 다른 어른들도 무슨 이야기인가 싶어 드단을 바라보았다.

"저희 두발 땅에서는 농산물이 적기 때문에 주로 사냥한 짐승이나 바다에서 건진 생선으로 음식을 만듭니다만 그래서 굽거나 튀기고 볶아먹는 음식이 많거든요."

그것은 참으로 예리한 관찰이었다. 변두리로 밀려나서 뜨내기 생활을 하는 야벳 족속들의 요리법은 역시 거칠 수밖에 없었던 데 비해 대개 산사람들의 음식은 끓이거나 절이는 것이 아니면 무치는 것이 많은 편이었던 것이다. 메루가는 잔잔한 미소를 띠며 드단을 바라보았다.

"그래요. 저는 본래 야벳의 아들인 마대 가문의 출신이기 때문에 이곳에 시집와서 여러가지 마대식의 조리법을 도입했지요. 그래서 두 가문의 조리법이 섞이게 되니까 요리들이 다양해지고 사람들은 그것을 좋아하더군요."

그제서야 사람들은 어째서 아르박삿 왕궁의 식탁이 풍성한가를 알아내고 새삼스레 감탄을 금치 못하는 것이었다. 다시 그들이 아르박삿의 요리 솜씨를 칭찬하며 먹고 있는데 드단이 또 메루가를 바라보며 말했다.

"메루가 왕비님, 저희 두발 땅에서는 돌이나 나무를 갈아서 그릇으로 사용하는데 여기서 사용하는 그릇은 매우 아름답군요."

"……?"

먹기에만 열중하던 사람들은 드단의 말에 깜짝 놀라서 그릇을 살펴보았다. 과연 그것은 돌도 아니고 나무도 아닌 아름다운 모양의 그릇이었다. 뿐만 아니라 붉은색이 도는 그 그릇의 표면에는 여러가지 모양의 그림도 들어 있었던 것이다. 앗산이 신기한 듯 그릇을 들고 들여다보더니 메루가를 바라보았다.

"이 아이의 관찰력이 정말 놀랍군요. 그런데 이 그릇은 무엇으로 만든 것입니까?"

메루가는 조용히 웃으면서 말했다.

"그것은 흙으로 빚은 것입니다."

"예…?"

사람들은 깜짝 놀랐다. 그렇게 아름다운 그릇이 흙으로 빚어졌다는 데 대해서 놀라지 않을 수 없었던 것이다. 하노스가 말했다.

"정말 놀랍군요, 앗수르나 가나안, 그리고 미스라임에서도 음식을 저장하기 위해 토기를 쓰기는 하지만 이렇게까지 정교하게 빚을 수 있는 줄은 미처 몰랐습니다. 이 그릇을 빚는 기술도 마대 가문에서 전해 내려오는 것입니까?"

"그렇지 않단다, 하노스. 아까도 말했듯이 야벳의 후손들은 바닷가로 쫓겨다니며 거친 생활을 했기 때문에 그릇을 빚는 것처럼 정교한 일은 할 줄 모른다. 서쪽으로 간 사람들이나 동쪽으로 간 마대 가문은 그 대신 있는 그대로의 재료인 돌을 다루는 데 능하지. 그들은 돌을 깎고 다듬는 것은 할 줄 알지만 흙으로 빚는 데는 서툴다. 흙으로 그릇을 빚는 솜씨는 셈의 후손들이 가장 뛰어났다고 한다. 날이 밝은 후에 밖에 나가보면 알 테지만 아르박삿의 지붕들은 모두 흙으로 빚어서 구워낸 기와로 이어져 있다."

"그러면… 그릇을 구워내는 기술은 아르박삿 고유의 것입니까? 제가 살던 앗수르에는 그런 토기장이가 없거든요."

"본래 그릇을 구워내는 기술은 우리 셈 집안의 조상인 노아의 장자 셈 할아버지께서 전해 주셨다고 한다. 그러나 세월이 가면서 점점 토기 만드는 사람이 줄어들고 기술의 대가 끊겼지."

"그렇다면 아르박삿에는 아직도 훌륭한 토기장이들이 남아 있다는 것입니까?"

"토기장이들이 많이 줄어들었으나 아직도 산에 남아 사는 사람들 중에는 흙 다루기를 좋아하는 사람들이 남아 있다. 우리 왕궁에서는 그들에게 곡식이나 채소를 공급해 주고 그 대신 이런 그릇들을 얻어오고 있단다."

하노스는 그릇들을 뚫어질 듯 바라보고 있었다. 흙으로 만들어서 그토록 아름다워질 수 있다는 것이 도저히 믿기지 않는 모양이었다.

"어떻게… 어떻게 만들면 이토록 매혹적인 모양이 나올 수 있을까요? 이것은… 도무지 흙으로 만들어졌다고 믿을 수 없군요."

그것은 사실 하노스가 보았던 가나안이나 미스라임 땅의 토기들과는 비교도 할 수 없는 것이었다. 그들의 토기란 모양도 투박하지만 그것은 조금 단단한 흙덩어리에 지나지 않았던 것이다.

"잘은 모르지만… 이 그릇들이 보통 토기와 다른 것은… 그 굽는 불이 더 뜨겁기 때문이라고 한다."

"더 뜨겁다구요?"

"그렇다… 우리가 알기로는 불이라면 모두 그냥 뜨겁다고만 알고 있는데 그것도 더 뜨겁고 덜 뜨거운 것이 있다는 거야. 그리고 불 외에도 만드는 과정에서 멧물이나 잿물 같은 유약들을 칠한다고 들었는데… 그런데 하노스, 넌 아무래도 당장 토기장이가 되고 싶어하는 표정이로구나."

하노스는 얼굴을 붉히며 들고 있던 그릇을 내려놓았다.

"이상한 일이로군요. 앗수르는 셈의 장자권을 물려받았는데도 모든 것을 잃어가고 있는 느낌입니다. 앗수르는 여호와 신도 잃어버렸고, 홍수 이전의 역사도 잃어버렸고, 문자도 잃어버렸는데… 이제보니 조상 때로부터 물려받은 그릇 굽는 기술도 잃어버렸습니다."

좌중의 모든 사람들이 고개를 끄떡이며 공감을 표시하는데 셀라가 빈정거리는 투로 말했다.

"하지만 하노스, 앗수르는 아직 천하를 지배하고 있으니 그까짓 하찮은 것들을 좀 잃어버렸다고 해서 서운해 하지 않아도 될 거야."

하노스는 셀라의 말을 새겨들으면서 과연 천하를 지배하는 장자권이란 도대체 무엇인가를 생각해 보고 있었다. 하난 대제가 천하를 지배하고 있는 힘은 막강한 앗수르의 물산과 군사력, 그리고 물샐틈없는 정보망을 기반으로 하는 정치력이었다. 그리고 그런 것들을 위해서 앗수르는 지금 하노스가 잃어버렸다고 말한 것들을 포기해 온 셈이었던 것이다.

"형님, 과연 그런 것들이 하찮은 것일까요?"

"적어도 앗수르에서는 그렇게 평가되고 있지. 천하를 다스리는데 있어서 그런 것들은 오히려 장애가 될 수도 있다고…"

아르박삿의 그릇으로부터 시작한 이야기가 너무 심각한 쪽으로 흘러간다고 느꼈는지 애꾸눈의 앗산이 메루가 왕비를 바라보며 화제를 바꾸었다.

"메루가님, 이제 어지간히 허기를 면했으니 메루가님이 아르박삿 가문에 시집오신 이야기를 계속하실 만한 때가 된 것 같습니다."

메루가는 그제야 다시 볼을 붉히며 꿈꾸는 듯한 표정을 지었다.

"아, 그랬었군요. 아까 식사를 시작하기 전에 저 아이가 어째서 엘람 가문에 시집가지 않았느냐고 물었었지요."

그녀는 다시 드단을 바라보며 웃었다.

"애야, 넌 하도 여러가지를 묻기 때문에 일일이 대답을 챙기려면 내가 신경을 좀 써야 될 것 같구나… 그렇습니다. 아까 말씀드린 대로 전 다른 마대의 처녀들과 마찬가지로 엘람 가문에 시집가는 것이 소원이었습니다. 그것은 무엇보다도 셈의 집안이 여호와의 신탁을 받아 모든 아우들을 다스릴 집안이고 엘람은 바로 그 셈 집안의 장자권과 여호와를 섬기는 제사권을 가진 가문이었기 때문입니다. 그래서 저희 마대 가문은 동쪽으로 이동하는 엘람 가문을 따라왔던 것이며 어떻게 하든지 엘람 가문과 인연을 맺으려고 애를 썼던 것입니다…. 마침 엘람 가문에는 장자권을 이어갈 훌륭한 황태자가 있었습니다."

"그게 누구였지요?"

앗산이 그렇게 묻자 메루가의 얼굴은 다시 붉게 달아오르는 것이었다.

"…수멜이라는 이름이었습니다."

"수멜…?"

모두들 그 이름이 낯설었기 때문에 어리둥절한 표정을 짓고 있었다. 메루가가 앗산을 물끄러미 바라보았다.

"아마도… 앗산님께서는 어느 정도 연배이시니 그 이름을 들어보신 적이 있는지 모르겠군요."

앗산은 뒤통수를 긁으며 고개를 갸웃거렸다. 그가 어렸을 때 그 아버지 치우로부터 어렴풋이 그 이름을 들은 적이 있는 것 같았다. 그리고 그가 바벨 땅을 돌아다닐 때에도 그런 이름을 사람들에게 들은 적이 있었다. 그러나 지금 앗산은 자기가 치우의 아들이라는 것을 메루가에게 밝히지 않은 채였고 이야기의 혼선을 가져올 것 같아 그런 이름을 들은 적이 없는 것으로 할 것을 마음먹었다.

"…들어본 적이 없는 것 같습니다."

역시 앗산이 생각한 것처럼 아무도 그 이름을 아는 사람이 없는 것을 확인한 메루가는 자상하고 분명하게 자기 이야기들을 들려주기 시작했다.

"그래서… 마대 가문에서는 엘람의 황태자 수멜님을 마대 땅으로 초청했습니다. 워낙 마대 가문은 엘람을 사모하여 그에게 충성하고 있는 터이었으므로 자못 성대한 잔치를 벌렸지요. 아시다시피 야벳의 후예들은 막내 집안이기 때문에 막내 기질이 있어서 그런지 잔치하고 노는 데는 선수들입니다. 온 나라가 춤과 노래로 가득하고 마대 왕궁에서는 연일 요염한 무희들의 경연이 계속되었습니다. 저는 그 사흘째의 잔칫날에 왕궁에 나아가 수멜 황태자께 인사를 드렸습니다. 저는 점잖은 엘람 가문의 신부감으로 손색이 보이지 않게 하기 위하여 겨우 얼굴만 내놓는 연회복으로 성장하고 나갔었지요. 그런데…"

"그런데…?"

"소문대로 엘람의 황태자 수멜님은 그 체격이 훤칠하고 용모가 수려한 귀공자였습니다. 그런데… 그분은 점잖은 연회복 차림의 저보다 오히려 요염한 자태로 춤을 추고 있는 무희들에게 넋을 빼앗기고 있는 것이었습니다. 본래 야벳의 후예들은 막내 집안답게 옷벗기를 좋아하지요. 그래서 춤추는 아이들은 거의 알몸이 다 보일 정도의 투명한 망사를 걸치고 춤을 추는 것입니다."

눈을 반짝이며 메루가의 말을 듣고 있던 드단이 다시 입을 열었다.

"왕비님의 말씀을 들으니 저도 생각나는 게 있어요. 제가 살던 두발 땅에서도 여름이면 남녀가 함께 알몸으로 목욕하는 일이 예사입니다. 그러나 전 그것이 나쁜 것이라고는 생각하지 않아요. 어린아이들부터 어른들까지 모두가 알몸으로 목욕하는 것은 아주 즐겁고 재미있었어요."

메루가는 미소하며 고개를 끄떡였다.

"그래요. 야벳 집안에서는 그런 일들이 하나도 어색한 것이 아니랍니다. 그러나 계율이 엄격한 셈 집안의 수멜 왕자로서는 충격이 컸을 것으로 생각됩니다. 어쨌든 전 그때 수멜님이 너무 무희들의 모습에 열중해 있는 것을 보고 다소 실망했던 것이 사실이었지요."

하노스는 황궁 안 곳곳에 목욕탕을 만들어놓고 수시로 알몸이 되어 목욕탕에 들어가는 앗수르의 아릿다 황후를 생각해 보았다. 그녀는 분명히 아르박삿 가문 가이난 왕의 누이이며 셈 집안의 혈통인데 어째서 발가벗는 것을 좋아하는 것일까. 그리고 보면 아릿다 황후뿐만이 아니었다. 앗수르 사람들 모두가 목욕을 좋아하여 이번 새 도성 니느웨 공사 때에도 하난 대제는 백성들을 위하여 많은 목욕탕을 만들었던 것이다. 또 그것은 앗수르뿐만이 아니었다.

메소포타미아와 가나안에 퍼져 있는 모든 함 가문의 도성들마다 많은 수의 목욕탕이 설비되어 있었다. 결국 발가벗기 좋아하는 막내 집안의 풍습이 그 형들 집안에까지 도입되어 퍼지고 있었던 것이다.

"그래서…"

알몸 이야기가 나오자 역시 셈 집안에 속하는 앗산이 다소 겸연쩍은 듯 또 뒤통수를 긁으며 말했다.

"…그래서 수멜 황태자가 무희들을 바라보는 바람에 혼담이 깨졌다는 것입니까?"

그 질문은 메루가 왕비의 얼굴을 또 한번 달아오르게 했다.

"앗산님은 정말 짓궂은 질문을 하시는군요. 마대 왕궁에서의 잔치는 제게 어떤 실망의 실마리만 남겼다는 것이지 결정적으로 혼담이 깨진 것은 아니었습니다. 그 사흘간의 잔치가 끝난 후 수멜님은 저를 엘람으로 초청하였고 저는 그 초청에 응하였던 것입니다."

앗산과 사완, 그리고 하노스와 셀라까지도 침을 꿀꺽 삼키며 메루가의 이야기에 귀를 기울이고 있었다. 그러나 사실 그들의 관심은 메루가 왕비의 결혼 이야기가 아니라 바로 그 엘람 가문이 장자권을 잃어버리게 된 경위에 쏠리고 있었던 것이다.

"과연… 엘람의 황궁은 제가 꿈꾸고 있던 것과 똑같은 그런 곳이었습니다. 엘람은 여호와를 섬기는 경건한 분위기로 꽉차 있었고 백성들은 모두가 의젓하고 점잖았습니다. 가는 곳마다 인자와 사랑이 넘쳐 흘렀고 아름다운 담소와 청아한 음악이 충만한 그 엘람 황궁에서 저는 마치 아버지의 품에 안긴 듯 편안함을 느낄 수 있었던 것입니다."

그들은 얼마전 이 아르박삿 왕궁으로 들어올 때의 신비로운 분위기를 기억하면서 고개를 끄떡였다. 메루가는 잠시 쉬었다가 시녀가 가져다 놓은 차를 마시며 이야기를 계속했다.

"그러나 그 엘람 황궁의 분위기에 어울리지 못하는 단 한 사람이 있었습니다."

"그 사람이 바로 수멜 황태자였나요?"

"그렇습니다. 그의 성격은 다소 성급한 편이었고 좋게 말하면 진취적인 성품을 가지고 있었습니다. 그리고 자기에게 지워진 장자권이라는 무거운 굴레를 상당히 부담스러워하고 있었지요."

"왕비님께서는…"

애꾸눈의 앗산은 메루가가 그냥 지나칠 듯한 대목을 짚고 넘어가기 위해서 끼어들었다.

"왕비님께서는 엘람의 황궁을 둘러보면서 그 밖의 또 어떤 것들을 보셨습니까? 가령… 엘람 사람들은 문자를 쓰고 있던가요?"

"일반 백성들이 쓰고 있었는지는 확실히 모르겠지만… 제가 찾아갔던 엘람 신정원의 풍부(風府)에서 불에 구워낸 많은 점토판들을 본 적이 있습니다. 그 점토판 위에는 여러가지 쐐기 모양의 무늬들이 새겨져 있었는데 그것이 홍수 이전 시대의 역사를 기록해 놓은 것이라는 설명을 들었지요."

"그… 홍수 이전 역사의 내용은 어떤 것이었습니까?"

"그냥 마대의 공주에 대한 예우로 구경시켜준 것이기 때문에 자세한 이야기를 들을 시간은 없었습니다. 다만 세상은 여호와 신에 의하여 창조되었다는 것… 여호와 신은 흑암 속에서 천지를 창조했는데 제일 먼저 빛을 만드셨다는 것… 그리고… 그리고 사람을 만드시되 남자와 여자를 지으셨는데 그들이 뱀 때문에 죄를 짓게 되었다는 것… 그런 정도였습니다."

"그들은… 숫자 같은 것도 쓰고 있었나요?"

"쓰고 있었습니다. 그들의 가장 큰 숫자는 7이었습니다. 그래서 7은 여호와를 의미하는 숫자였지요."

"그렇다면… 그것은 요즘 바벨에서 사용하는 계산법과는 좀 다르군요. 그들은 6을 가장 큰 숫자로 사용하고 있지요. 다시 말하면 원을 6

개로 잘라서 1개를 60도로 한다든가 1년을 6개로 잘라서 그것을 다시
60일로 나눈다든가 하는 식으로 말씀입니다."

메루가는 앗산의 말을 들으며 고개를 끄떡였다.

"거기에 대해서는 저도 조금 알고 있습니다. 엘람 숫자의 7을 6으로
바꿔버린 것이 바로 수멜 황태자였거든요."

"예?"

"이제부터 저는 여러분들이 궁금해 하시는 일들에 대해서 말씀드리려
고 합니다. 엘람 황실에서 저에 대한 환영 잔치가 있었던 그날 밤, 잔
치가 끝나고 나서 수멜님은 저를 데리고 궁전의 뜰을 거닐면서 자신의
야망을 이야기해 주었습니다."

메루가는 목이 타는지 다시 붉은 빛깔로 아름답게 빛나는 찻잔을 들
어올려 차로 입술을 축였다.

"그날 저녁… 그분의 말을 듣고 저는 어찌나 놀랐는지 가슴이 마구
두근거렸습니다. 그것은… 수멜님의 구혼 때문이 아니고 그의 무서운
야망 때문이었습니다. 그분은 엘람 집안의 고루한 가풍에 대해서 비판
을 가하고 앞으로 천하를 다스려 나가자면 여호와 신이 가르치는 구태
의연한 계율로는 아무것도 안 될 것이라고 선언했습니다. 그래서 그는
유브라데 강가 지금의 바벨이 있는 자리에 자신의 새 도성을 짓고 자신
의 새로운 신들을 섬길 것이라고 말하는 것이었습니다."

좌중에 있던 모든 사람들은 깜짝 놀라고 있었다. 셈의 장자권을 물려
받고 천하를 다스려야 할 수멜이 무엇 때문에 그런 새 계획을 생각하게
되었는지 알 수 없는 일이었던 것이다.

"어쩐 일이었을까요? 왜 수멜 황태자는 여호와 신을 싫어하게 되었을
까요?"

모두들 가만히 앉아 있었기 때문에 하노스가 다급하게 질문을 했다.
하노스는 하난 대제의 아들이었다. 그는 천둥의 신을 섬기는 하난 대제
의 태도에 뭔가 석연치 않은 것이 있음을 느끼며 그가 밀어낸 여호와
신에게 강한 호기심을 가지고 있는 터였다. 그런데 수멜은 어째서 하노
스와 반대방향의 길을 걸었던 것인지 몹시도 궁금했던 것이다.

"나중에 안 일이지만 수멜님은 가나안 지방을 여행하다가 가나안의

공주 기스를 만나 서로 사랑하게 되었습니다. 그래서 수멜님은 가나안 가문에 청을 넣어 엘람 가문으로 구혼을 해오도록 공작하였던 것입니다. 그러나 이 가나안 가문의 구혼은 뜻밖에도 엘람 신정원 신관들의 강력한 반대에 부딪치게 되었답니다."

"노아님의 예언 때문이로군요?"

"그래요. 노아님은 함의 자손들이 야벳의 종이 되리라고 말씀하셨지요…"

가나안은 함의 넷째 아들이었다. 그러니 신정원의 신관들이 셈의 장자권을 계승할 수멜과 가나안의 딸 기스가 결혼하는 것을 한사코 반대하는 것은 당연한 일이었던 것이다. 심지어 풍부의 한 신관은 노아의 예언을 이렇게 바꾸어 적었다.

셈의 신이신 여호와를 찬송하리로다
가나안은 셈의 종이 되고
여호와께서 야벳을 창대케 하사 셈의 장막에 거하게 하시고
가나안은 그의 종이 되게 하시기를 원하노라…

그는 예언에 나오는 '함의 자손'을 아예 '가나안'으로 의역해서 바꿔 버린 것이었다. 결국 신관들의 강력한 반발 때문에 수멜황태자는 연정(戀情)을 포기하는 수밖에 없게 되었다. 그러나 엘람 황실에서도 문제가 생겼는데, 그것은 가나안 가문의 구혼을 어떻게 거절하느냐 하는 문제였던 것이다.

마침 그때 마대 가문으로부터 수멜 황태자에 대한 초청이 들어왔다. 이미 그 초청의 목적이 통혼에 있음을 안 엘람 황실에서는 수멜 황태자에 대한 마대의 청혼을 받아들이는 한편 가나안 왕실의 구혼은 수멜의 아우 수사에게로 돌리는 방향을 검토하고 있었다.

엉뚱하게 사랑하는 여자를 동생 수사에게 빼앗기게 되어버린 장자 수멜은 마침내 여호와 신의 신탁이라든가 조상 노아의 예언 같은 것에 대해서 심한 거부감을 가질 수밖에 없었다. 그의 천부적으로 총명하고 진취적인 기질은 마침내 그로 하여금 집안 사람들의 고루한 생각을 그 근본부터 뒤집어엎으려는 무서운 생각을 하게 된 것이었다.

　그러나 그가 엘람 황실의 장자요 여호와에 대한 제사권을 가지고 있
었기 때문에 그에게 시집오고 싶어했던 메루가가 장본인의 그런 무서운
고백을 듣고서 더 이상 그 혼담에 끌려갈 수 없는 것은 당연한 것이었
다. 물론 수멜과 가나안의 공주 기스에 관한 이야기는 나중에 들은 것
이었으나 메루가는 수멜이 자기 신을 바꾸겠다는 그 한마디에 그만 질
려서 엘람에서의 일정을 서둘러 끝내고는 돌아와 버렸다는 것이었다.

　"제가 겁에 질려 마대로 돌아온 얼마후… 수멜은 드디어 엘람을 떠났
습니다. 그는 곧 가나안의 딸 기스와 결혼하였고 유브라데 강변에 세운
새 도성의 이름을 그 여인의 이름을 따라 기스라고 불렀지요. 수멜은
조상 때부터 내려오던 여호와 신을 내버리고 새로운 신들을 만들어내기
시작했습니다. 폭풍과 홍수의 신 엔릴, 물의 신 엔키, 풍요의 신 도무
지 등이 있었고 신들의 대표자는 아누라고 하는 우주 최고의 신으로서
그는 엔릴의 아버지였습니다. 그러나 실질적으로 수멜의 총애를 받은
것은 이난나라는 이름의 여신이었지요…"

　"이난나…? 이난나라면 우룩 지방에서 섬기고 있는 이쉬탈처럼 사랑
의 여신이 아닙니까?"

　"그렇습니다. 기스에서는 신년이 되면 아키티라고 하는 축제를 열었
는데 이때 수멜은 이난나 여신을 섬기는 여제관 엔투와 신전에서 결합
함으로써 그 해의 풍요를 다짐하였지요."

　"엘람 황실에서 그러한 수멜의 반역을 용납했습니까?"

　"처음에는 당황했던 엘람 사람들도 마침내 정신을 차리고 수멜을 성
토하기 위해서 군사를 일으켰지요. 그러나 수멜의 군대는 막강했습니
다. 수멜은 도성 기스에 야금소를 만들어서 청동을 비롯한 각종 금속제
무기를 주조하는 한편 그 아내의 친정인 가나안땅에서 바퀴의 제조법을
도입하여 많은 전차를 제작하였기 때문에 수멜 군대의 기동력은 천하무
적이었지요."

　오히려 엘람은 수멜의 군대에 패하여 밀려났고 엘람의 모든 신관들과
학자들은 수멜의 도성으로 잡혀갔으며 야금이나 토기 만드는 기술자들
까지도 모두 다 잡혀갔다. 마침내 수멜의 새 나라는 엘람의 문화와 가
나안의 재력을 결합시켜 천하 제일의 강국으로 등장했던 것이다.

"뿐만 아니라 수멜은 그의 점성술가들을 시켜 연구한 천문학의 지식을 토대로 하여 앞서 앗산님께서 말씀하신 대로 6진법의 계산법을 발전시켰습니다. 그는 모든 계산법에서 여호와의 숫자인 7을 완전히 빼버린 것입니다."

하노스가 어두운 표정을 지으면서 말했다.

"그것은 어떻게 보면… 신에 대한 인간의 저항이며… 인간의 자주성을 주장하는 것이라고 할 수도 있겠군요."

"그렇다, 하노스. 수멜님은 인간의 자유를 구속하는 어떤 사상도 배격한 것이다. 사람의 행복을 책임지는 것은 사람 자신이다. 한 남자와 한 여자가 서로 사랑하여 결혼하는 데 신이 거기에 간섭할 필요가 없는 것이라는 것이 그분의 주장이었지. 그래서 수멜의 신들은 사람의 자유를 간섭하지 않는 신이고 사람을 위한 신이고 사람의 주장에 동조하는 신이었다…. 즉 수멜의 신들은 사람이 만들어낸 신들이었던 거야…. 그러나 어쨌든 수멜의 6진법 수학이 기술의 발전을 가져온 것만은 사실이었다…. 바퀴의 각도를 6개로 나누었던 것은 하나의 혁신적 사건이었지."

앗산이 고개를 끄떡였다.

"그렇습니다. 바퀴의 각도를 7개로 구분하였다면 아마도 인간 사회에서 바퀴의 기술은 생겨나지 않았을는지도 모릅니다. 그러고 보니 바퀴를 만들어낸 것은 바벨의 니므롯이 아니라 수멜이었군요. 그런데 문제는… 수멜을 성토하기 위해 출동했다가 패전의 고배를 마신 엘람의 체면이 문제가 되었을 것 같습니다. 노아의 큰아들인 셈의 장자권을 가지고 있는 엘람, 여호와 신에 대한 제사권을 가지고 있는 엘람이 무참히 패전해 버렸으니 여호와 신은 망신을 당한 셈이 아닙니까?"

"앗산님의 말씀이 맞았습니다. 엘람은 하루아침에 천하를 다스리는 장자의 나라로서 체통을 잃어버렸고 여호와 신은 무능한 신으로서 권위가 추락되었던 것입니다. 그 난국을 보다못해 궐기한 분이 바로 셈의 둘째 아들인 앗수르 가문의 하난 대제였습니다."

이야기가 자기 아버지 하난 대제에 이르자 하노스는 눈을 반짝이며 메루가의 입술을 바라보고 있었다.

"셈의 둘째 아들인 앗수르 가문의 하난님은 그 인물이 출중할 뿐만 아니라 지혜와 명철이 충만하여 모든 셈 집안의 화제가 되고 있었습니다. 엘람 황궁에 갔다가 수멜 황태자에게 실망하고 나서 마대로 귀국한 후… 엘람 황실과의 혼담이 무산되어 버리자 저는 다시 셈의 제 2가문인 앗수르의 하난님에게로 관심을 돌리기 시작했지요. 그토록 마대 가문의 셈 집안 장막에 대한 사모가 열렬했던 것입니다."

좌중의 사람들은 메루가의 그 야망에 모두들 혀를 내두르고 있었다. 보기에 수줍은 듯 얌전해 보이는 이 여인이 천하를 주름잡는 신랑감만을 골라서 노렸었다는 것이 도무지 실감나지 않는 것이었다. 천하를 다스리고 있던 장자권을 지닌 엘람의 수멜 황태자를 택했다가 그에게 문제가 생길 듯하니까 다시 앗수르의 하난에게로 목표를 바꾸었다는 것이었다.

"현명한 하난 대제는 우선 엘람 가문에 연락하여 모든 셈 집안의 장로회의를 열도록 했습니다. 물론 그들의 토의 안건은 엘람의 패전에 관한 것이었지요. 여호와의 권능으로 천하를 다스리는 엘람이 반역자요 배교자인 수멜에게 패전했다는 것은 바로 여호와의 뜻이 엘람에게서 떠났음을 의미하는 것이라고 그들은 결론을 내렸습니다. 그토록 셈 집안의 믿음은 대단한 것이었지요. 그들은 그들의 조상 노아의 때로부터 여호와의 뜻에 순종하는 믿음을 지켜왔던 것입니다…."

하노스는 메루가의 설명에서 깊은 감동을 받고 있었다. 엘람의 패전이 과연 여호와의 뜻인가에 대해서는 아직 잘 알 수 없었으나 그렇게 믿고 그것을 인정하는 셈 집안 장로들의 믿음이야말로 아직도 그들의 장자권에 권위를 부여받을 만한 이유가 있다고 느껴지는 것이었다.

"…셈 집안의 장로회의는 결국 여호와의 뜻에 따라 셈의 장자권을 엘람 가문에서 앗수르 가문으로 옮기기로 결정하였습니다. 물론 엘람 가문도 이에 찬성했으며 아르박삿, 룻, 아람 가문까지도 모두 동조했기 때문에 그 결정은 만장일치로 된 것이었습니다. 그래서 앗수르의 하난님은 마침내 셈 집안의 장자권과 여호와에 대한 제사권을 위촉받게 된 것이지요…."

메루가는 조용한 음성으로 장자권이 앗수르로 옮겨지게 된 경위를 설

명하고 나서 그 이후 앗수르의 하난이 어떻게 수멜을 징계했는가에 대
해서 이야기하기 시작했다.

하난은 본래가 무사적인 기질을 타고나지 않은 사람이었다. 그는 앗
수르 가문을 경건하게 이끌었으며 비록 천하를 다스리기 위해 산을 내
려오기는 했으나 그는 천하를 다스리는 힘이 오직 여호와로부터 나온다
고 믿었다.

그의 지식과 지혜는 모든 백성을 감동시켰고 백성들은 그를 존경하고
따랐다. 하난이 장자권을 물려받으면서 제일 먼저 시작한 일은 바로 반
역자 수멜을 설득하는 일이었다. 그는 몇 번이나 수멜을 찾아가서 만났
으며 여호와 신에게로 돌아오라고 간청했다. 그리고 다시 돌아오기만
하면 언제라도 장자권을 반환하겠다고 말했다. 그러나 수멜은 결코 자
기의 노선을 바꾸려고 하지 않았던 것이다.

하난은 늘 여호와의 제사장으로서 제사를 드릴 때마다 장자 수멜을
돌아오게 해달라고 신에게 탄원했다. 그러나 수멜의 문제는 이제 단순
한 반역사건에서 벗어나 점점 더 큰 문제로 번져가기 시작했던 것이다.
그 문제란 바로 들에 나가서 퍼져 살고 있던 함의 백성들 사이에 수멜
식의 종교와 문화가 스며들어가기 시작한 일이었다.

들에서 부지런히 일하며 살던 함의 백성들은 수멜이 만들어낸 것과
같은 수많은 신들에게 그들의 짐을 몽땅 떠맡기려 하였다. 그들은 인생
의 모든 문제마다 그것을 관장하는 신을 만들고 자기들의 책임으로부터
벗어났다. 그러면서 그들은 게을러지기 시작하고 강한 자가 약한 자를
부리기 시작하고 편히 누워서 즐기기 시작한 것이었다. 남을 지배하기
위해서는 무력이 필요했고 무력을 갖추기 위해서는 수멜식의 인본주의
적 문화가 필요했다. 그들은 구리의 제련법을 발전시켜 기계와 무기를
만들었고 전차를 만들었다. 지배당하는 백성들로부터 불만이 높아지면
지배하는 귀족들은 그들의 불만을 무산시키기 위하여 이따금씩 그들에
게 귀족들만 늘 누리던 식의 축제를 허락했다. 그리고 그 축제를 위해
사랑의 신이 만들어지고 포도주의 신이 만들어졌다. 그리하여 사람들은
음란에 마비되고 포도주에 마비되면서 점점 그들이 섬기던 여호와 신으
로부터 멀어져가기 시작했던 것이다. 이제 그들로 볼 때 여호와 신은

귀찮은 잔소리의 신이요 불편한 신이었다. 그리하여 온 세상에는 수멜이 주장하던 자유의 바람이 불기 시작했고· 모든 나라들은 제가끔 자기들의 신을 다투어 만들어내기 시작했다.

그것은 참으로 걷잡을 수 없는 불길과 같은 것이었다. 엘람 집안으로부터 장자권을 인계받아 천하를 다스려야 했던 하난에게 그것은 참으로 난감한 일이었던 것이다. 하난이 수멜을 설득하고 있는 사이에 이제 온 천하에 부는 자유의 바람은 돌이킬 수 없도록 악화되어 가고 있었다.

이런 위기속에서 셈의 가문은 또다시 장로회의를 열어야 했다. 장로회의는 신중한 논의를 거듭했으나 나오는 결론은 오직 수멜에 대한 징계뿐이었다. 수멜은 천하를 다스리는 장자권을 가지고 있던 자였다. 그리고 그의 혁신적인 생각은 아직도 그를 장자라고 생각하는 많은 백성들로부터 지지를 받고 있었다. 그리고 그의 새로운 견해는 그를 추종하는 모든 사람들로부터 추종을 받았기 때문에 그는 이제 여호와를 반역하는 세력의 지도자로 인식되고 있었다. 말하자면 그는 여호와를 떠나기는 했어도 여전히 그가 만들어낸 새로운 세계의 장자권을 거머쥐게 된 셈이었던 것이다.

그러므로 반역 세력의 우두머리격인 수멜을 꺾으려면 천하 백성들 앞에서 그의 죄상을 탄핵하여 여호와의 권위를 다시 세우는 것이 필요하였고 그래서 장로회의의 결론은 수멜에 대한 징계로 몰려간 것이었다.

그러나 막상 수멜에 대한 징계가 결정되자 이번에는 누가 그 매를 드느냐에 문제가 생기게 되었다. 하난은 본래 무력을 가지고 있지 않았던 선비였고 수멜은 그의 지식과 가나안 가문의 기술을 결합시켜서 이루어낸 막강한 무력을 지니고 있었다. 뿐만 아니라 앗수르가 수멜을 공격한다면 수멜의 노선을 지지하는 많은 가문들이 그의 편을 들어 앗수르에 반격해 올는지도 알 수 없는 것이었다.

무력의 문제로 고민하던 셈 집안의 장로들은 결국 하난의 아우 악갓으로 하여금 수멜 징계의 준비를 하도록 결론을 내는 정도로 회의를 끝낼 수밖에 없었다.

하난의 아우 악갓은 그 성품이 충직하고 용병에 능하여 앗수르 가문의 장자권을 호위하는 데 가장 적당한 인물이었다. 더구나 그에게는 어려서부터 함께 무술을 닦으며 자라난 치우라는 친구가 있었다. 치우는 본래 셈의 넷째 아들 가문인 룻의 출신이었는데 본도 산의 한 동굴에서 무술의 달인을 만나 무예를 배웠다는 것이었다. 그 치우의 스승은 그를 찾아오는 청년에게 무예를 가르치라는 여호와의 계시를 받았고 바로 그 때에 치우를 만났다고 했다. 본도 산에서 내려온 치우는 그후 72명의 의형제단(義兄弟團)을 조직하여 스승으로부터 전수받은 무예를 훈련시 켰고 앗수르 가문의 둘째 아들인 악갓으로 그들의 지도자를 삼았다.

악갓은 비록 무예가 치우만큼 출중하지는 않으나 병법의 대가였다. 그는 어려서부터 친구 치우와 함께 천하의 명산과 대천을 두루 돌아다 니며 여호와 신이 창조한 만물의 이치를 공부하였던 것이다. 그는 산의 생김새와 물의 흐름을 보며 그 속에서 여호와의 뜻과 계시를 찾았고 짐 승들의 뛰는 것과 벌레들의 기는 것을 보며 여호와 신이 만물을 다스리 는 이치를 탐구하였다.

그가 공부한 모든 만물의 형상들은 곧 사람의 마음과 역사의 흐름에 도 그대로 이어지고 있는 것을 발견하였고 그로써 천하를 다스리는 마 음과 힘이 움직여가는 이치도 깨닫게 되었던 것이다.

그래서 악갓의 연구와 치우의 72인 의형제단은 장차 장자의 나라 앗 수르를 호위하는 데 믿음직한 세력으로 인식되었고 장로들의 회의는 이 들에게 반역자 수멜에 대한 징계를 위촉하게 된 것이었다.

그러나 악갓이 병법을 연구한 것이나 치우가 무예를 수련한 그 본래 목적이 전쟁에 있는 것은 아니었다. 단지 그들은 여호와 신에 대한 신 앙 때문에 신과의 만남을 위하여 그것을 자기의 길로 택했던 것뿐이었 던 것이다. 그러므로 악갓과 치우가 막강한 무력을 지니고 있는 수멜과 전쟁을 하기 위하여는 엄청난 준비가 필요했다.

무기와 장비를 준비하는 한편 젊은이들을 모아 훈련시켰고 백성들을 보호하기 위해서는 성벽을 쌓아야 했다. 악갓과 치우의 준비에는 실로 10년의 세월이 걸렸던 것이다.

그 10년 동안에도 사태는 자꾸만 나빠지고 있었다. 수멜과 그 추종자 들의 타락은 점점 더 깊어갔고 모든 나라의 도성들마다 다투어 신들을 만들어내어 그 수가 무려 수천에 이르고 있었다. 뿐만 아니라 사람들은 자기네 신들을 핑계하여 이웃 나라들과 전쟁을 벌였고 이긴 나라는 패전한 나라의 백성들을 잡아다가 가축처럼 사슬로 묶어서 노예로 삼았다. 마침내 세상은 사람들의 전쟁터가 되었을 뿐만 아니라 신들의 전쟁터가 되어버린 것이었다.

그러나 하난은 전쟁준비를 하면서도 과연 이래야 하는가 고민하지 않을 수 없었다. 그는 동족간에 끔찍한 일이 일어나는 것을 막기 위하여 수멜 왕궁으로 끈질기게 사자를 보냈으나 허사였다. 그리하여 마침내 저 노아의 홍수 이래로 처음보는 무서운 전쟁이 시작되었던 것이다.

"그야말로 천하의 모든 나라가 전쟁에 참가했겠군요?"

하노스가 당시의 상황을 가늠해 보면서 그렇게 묻자 메루가는 고개를 끄떡였다.

"그렇단다… 수멜을 징벌하기 위하여 궐기한 것은 셈의 집안인 엘람, 앗수르, 아르박삿, 룻, 아람의 연합군이었고 수멜을 편들어 저항군에 가담한 자들은 그의 자유론에 동조하는 함 집안의 구스와 미스라임, 그리고 붓, 가나안 등 모든 족속들이었다."

"야벳 집안에서는 어떠했나요?"

"야벳 집안은 그 전쟁을 방관하고 있었지…. 본래 형들 때문에 바닷가로 밀려난 그들이었기 때문에 그들은 셈 집안과 함 집안이 싸우는 것을 비웃는 마음으로 구경하고 있었던 거다…. 다만 셈의 장자권을 존중하던 마대 집안만이 하난의 연합군을 위하여 장비와 군량을 보급하였지."

메루가의 이야기를 듣고 있던 사람들은 다시 긴장하기 시작했다. 이제 곧 저 끔찍한 전쟁의 이야기가 시작되려 하고 있는 것이었다.

라가스에 지다

우아한 모습의 시녀들이 들어오더니 상 위에 놓여 있는 음식 그릇들을 가져 가기 시작했다. 산에서 살고 있는 아르박삿 사람들의 옷은 평지에 살고 있는 사람들의 자루처럼 생긴 옷과는 다른 모양을 하고 있었다. 남자는 물론이고 여자들의 옷도 모두 아래 입는 옷과 위에 걸치는 옷으로 나뉘어져 있었던 것이다. 여자들은 평상시에 자루와 같이 생긴 아래옷을 입다가 산을 오르내리게 될 때에는 바지로 갈아입을 수 있게 되어 있었다.

시녀들은 다시 찻잔만 남은 빈 상 위에 과일들을 가져다 놓았다. 평지에서는 볼 수 없던 여러가지 산 과일들이 그릇에 탐스럽게 담겨져 있었다. 그러나 사람들의 관심은 그 과일보다도 메루가의 이야기에 더 쏠리는 것이었다. 특히 전쟁이야기에 관심있는 쪽은 역시 무사의 아들인 앗산이었다.

"메루가님, 그래서 전쟁은 어떻게 시작되었습니까?"

"전쟁의 준비가 10년을 넘어서자 셈 집안의 장로회의는 더 기다릴 수가 없어 마침내 수멜을 치기로 결정했습니다. 모든 셈 집안의 장정들이 무기를 들고 궐기했지요. 연합군의 총 도원수는 물론 하난님이었고 그 아우 악갓님이 군사(軍師)가 되었습니다. 주력부대인 앗수르 군이 중앙에 위치하여 곧바로 기스 성을 공격하였고 룻과 아람은 우익에서, 그리고 엘람과 아르박삿은 좌익에서 기스성을 포위하기 위하여 짓쳐들어갔지요."

메루가 왕비는 다시 찻잔을 들어 입술에 대었다. 그토록 지난날의 일들을 소상히 기억하고 있는 메루가를 사람들은 경이에 찬 눈으로 바라보고 있었다. 그만큼 메루가는 수멜과 하난의 전쟁에 관심을 가지고 있었다는 증거였다.

"그러나… 수멜쪽의 연합군도 만만치 않았습니다. 말씀드렸다시피 수멜은 이미 셈 집안의 핵심되는 문화를 모두 가져간 바가 있었습니다. 그러므로 수멜은 실질적인 셈의 주축 세력이었고 모든 진법과 무예의 비기도 그들이 소유하고 있었던 것이지요. 게다가 함의 지원군들은 넓은 평지로 퍼져나가면서 그들 나름대로의 다양한 문화와 기술을 발전시켰고 그 모든 힘들이 메소포타미아 평원으로 모여들었던 것입니다. 윗바다(지금의 지중해) 연안으로부터 올라온 가나안은 함의 장자인 구스와 합류하여 아랫바다(지금의 페르샤만) 쪽으로 포진하였고, 남쪽으로부터 북상한 미스라임과 붓은 기스의 서쪽으로 진군하여 룻과 아람의 군대에 맞섰습니다."

그것은 참으로 엄청난 대결이 아닐 수 없었다. 여호와의 장자권을 수호하기 위하여 궐기한 세력에 맞서서 인간의 자유를 주장하는 수멜과 그 동조자들이 바야흐로 메소포타미아의 대평원에서 결전을 벌이려 하고 있는 것이었다. 아마도 그때 전쟁에 참가한 모든 사람들은 그들 자신의 생사보다도 그 전쟁의 결과에 더 관심이 있었을 것 같았다. 여호와 신이 이기느냐, 아니면 그에게 반역하는 인간들이 이기느냐 하는 커다란 문제가 걸려 있는 전쟁이기 때문이었다. 그것은 또한 이 전쟁을 방관하고 있는 야벳 집안의 백성들에게도 마찬가지였다. 그것은 두 형의 집안인 셈과 함의 대결이었을 뿐만 아니라 어느 세력이 이길 것인가에 따라서 야벳 집안 자신들의 장래에도 큰 영향을 미칠 것이기 때문이었다.

애꾸눈의 앗산이 다시 물었다.

"전쟁은 오래 걸렸습니까?"

메루가는 천천히 고개를 끄떡였다.

"말씀드린 바와 같이 그 전쟁은 서로 그 힘이 백중한 두 세력간의 전쟁이었기 때문에 쉽사리 승부가 나지 않는 것은 당연한 일이었지요….
전쟁은 매우 오래 걸렸습니다. 거의 그 전쟁을 준비하기 위해 필요했던
만큼의 시간이 걸렸던 것입니다. 양쪽 세력의 백성들이 엄청나게 살상
되었고 그들이 쌓아 놓았던 재산은 잿더미가 되고 양곡이 가득했던 창
고들은 텅텅 비게 되었지요."

그때였다. 꼼짝않고 앉아서 메루가의 이야기를 듣고 있던 앗산이 갑
자기 벌떡 일어서더니 문쪽을 향하여 비호같이 날아가는 것이었다. 모
두들 깜짝 놀라서 일어서는데 벌컥 열렸던 문짝은 아직도 열려진 채 바
람만 몰려들어오고 있었다.

셀라와 하노스가 문쪽으로 달려갔고 사완도 그 뒤를 따랐다. 그러나
앗산은 이미 씨근거리며 들어서고 있었다. 그는 잠시 호흡을 가누더니
사람들에게 말했다.

"여러분, 미안합니다. 자리에들 앉으시지요."

모두들 어리둥절하며 자리에 앉자 앗산은 하노스를 돌아보며 말했다.

"하노스, 저 하루하 영감의 통나무집에서 나를 처음 만났을 때, 넌
누군가가 너를 미행하고 있는 것 같다고 말했었지?"

"그렇습니다. 니느웨 성의 황궁에서도 그런 일이 있었고 힛데겔 강변
의 마을에서 하루하님의 통나무집까지 오는 사이에 감람나무 숲 사이로
사라지는 검은 그림자를 보았습니다."

"음…"

앗산은 잠시 미간을 찌푸리며 생각에 잠기고 있었다. 하노스가 물었
다.

"아저씨, 뭔가 인기척을 느끼셨습니까?"

"……"

앗산은 무겁게 고개를 끄떡였다. 하노스는 비록 겉으로 태연한 표정
을 짓고 있었지만 내심 적잖게 놀라고 있었다. 무예의 고수인 앗산이
그렇게 느꼈었다면 그것은 거의 틀림없을 만큼 확실한 것이었다. 그렇
다면 그들을 미행해 온 그림자는 아르박삿 경비병들의 감시망을 뚫고
들어왔다는 결론이 되는 것이었다. 아르박삿 왕궁은 사방이 절벽으로
둘러싸인 산봉우리 위에 있었고 그 산봉우리와 외계는 겨우 몇 개의 가

교(架橋)로 이어지고 있을 뿐인데 그렇다면 그 미행자는 어떻게 스며들어 온 것인지 알 수가 없는 것이었다.

앗산은 아직도 바깥의 기척에 신경을 쓰는 표정이었으나 너털 웃음을 웃으며 말했다.

"이거… 죄송합니다. 아무것도 아닌 일을 가지고 소란을 떨어서… 메루가님, 말씀을 계속해 주시지요. 전쟁의 이야기를 듣다보니까 제가 공연히 긴장했던 것 같습니다."

그러나 사람들은 아직도 긴장을 풀 때가 아닌 것을 느끼고 있었다. 메루가는 앗산을 안심시키려는 듯 다시 찻잔을 들어 입술로 가져갔다.

"제가… 어디까지 얘기했었지요?"

"전쟁이 너무 오래 걸려서 식량과 재산이 고갈될 지경에 이르렀었다는 대목까지 말씀하셨지요."

"그렇군요. 그토록 오래가는 전쟁 때문에 모두들 지쳐 있을 때 마침내 군사 악갓은 하난님에게 전쟁을 속히 끝내기 위한 계책을 건의하였습니다."

본래 전쟁이 길어지게 된 것은 하난의 방침과도 관계가 있었다. 하난은 셈의 장자권을 계승한 통치자로서 천하의 백성들을 선도해야 하는 책임을 지니고 있었다. 그런 하난이 함부로 형제의 나라들을 짓밟고 그들을 살상할 수가 없었던 것이다. 그러므로 이번 전쟁은 하난에게 있어서 어디까지나 징계의 의미만을 가지고 있었다. 그러나 그 회초리 맞을 아우들이 너무나 거세었기 때문에 전쟁은 길어지고 피해만 늘어가게 되었던 것이다.

악갓이 건의한 전략은 바로 수멜 연합군의 군량 수송로를 끊어 차단하고 그들을 아랫바다에 위치한 라가스 성으로 몰아서 그 목을 조르자는 것이었다. 말하자면 그들을 막다른 골목에 몰아넣고 섬멸하겠다는 것이나 마찬가지였다.

"하난 대제는 그 전략에 찬성했나요?"

"천만에요. 하난님께선 그 문제 때문에 상당히 고심하셨던 것 같습니다. 그러나 전쟁을 오래 끌수록 불리한 것은 군량이 부족한 셈 집안 쪽이었고 셈 집안이 이 결전에 지게 되면 여호와 신의 권위 회복은 **영원**

히 불가능할 것이라는 악갓과 장로회의의 권고 때문에 하난님은 그 건의를 받아들이지 않을 수 없었지요."

"하지만…"

앗산은 다시 고개를 갸웃거리며 물었다.

"양쪽 군대는 이미 백중지세로 대치하고 있는데 어떤 방법으로 반역군을 몰 수가 있었을까요?"

메루가는 앗산의 질문이 당연하다는 듯 고개를 끄떡였다.

"그렇습니다. 대치하고 있는 셈 집안의 군대만으로는 반역군을 공격하여 몰 수 없었기 때문에 장로회의는 그때까지 전쟁을 방관만 하고 있던 야벳 집안에 특사를 파견하기로 하였습니다."

"특사로는 누가 뽑혔습니까?"

"장로회의에서는 여러 사람의 이름이 거론되었지만 바닷가로 몰려나가 망나니가 되어버린 야벳 집안 사람들을 설득하려면 엘람 신정원의 풍부(風府)를 맡았던 루악님밖에는 그 일을 감당할 사람이 없다는 결론이었습니다."

하노스가 눈을 반짝거리며 메루가를 바라보았다.

"그러나… 엘람 신정원의 모든 신관들은 수멜과의 전쟁 때 다 잡혀갔다고 말씀하셨지 않습니까?"

메루가는 고개를 끄떡였다.

"그랬었지… 그후 수멜이 다른 신들을 만들어내자 대부분의 신관들은 새로 만들어낸 신에게 제사드리기를 거부하여 감옥에 갇혔다는 풍문이 들려오고 있던 때였다. 그래서 결국 군사 악갓은 치우와 그의 72인 의형제단을 특공대로 삼아 포로로 잡혀간 신관들의 구출작전을 개시하였던 것입니다."

그것은 참으로 흥미진진한 이야기였다. 이미 그들의 뇌리에는 변장을 하고 적의 도성 기스로 잠입하는 72인 의형제단의 모습이 떠오르고 있는 것이었다.

"…72인 의형제단의 신관 구출작전은 대성공이었습니다. 그들은 기스 성내의 무기 만드는 제련소에서 중노동을 하고 있었는데 치우님의 특공대가 그분들을 감쪽같이 구출해낸 것이었습니다. 그때 구출된 분들은 풍부의 루악님, 운부의 아난님과 문자연구관인 잔시에님, 우부의 마달님을 비롯해서 여러분이 몽땅 구출되었지요. 특히 그때에 구출된 우부 소속의 반님은 수멜의 제련소에서 일하면서 살촉 만드는 법을 연구하여 그분이 전부터 고안하던 새로운 무기… 활 만드는 법을 완성하였던 것입니다."

하노스는 곁에 앉아 있던 사완의 옆얼굴을 흘낏 바라보았다. 반은 바로 사완의 부친인 이에의 사부였던 것이다. 그러나 그들은 메루가 앞에서도 아직 그들의 신분을 밝히지 않은 처지였기 때문에 아무도 입을 열지 않았다.

"루악님의 설득은 효과가 있었나요?"

"물론이지요. 이미 마대 가문은 셈 집안을 하늘같이 여기고 있는 처지였고 루악님은 사라져버린 마곡 가문을 뺀 나머지 다섯 가문, 즉 고멜, 야완, 두발, 메섹, 디라스 가문들의 협력 약속을 얻어 낼 수 있었던 것입니다…"

"루악님은 어떻게 그 거칠고 사나운 야벳 집안 사람들을 설득했을까요?"

"우선… 무엇보다도 루악님은 여호와 신에 대한 제사권을 가진 제사장이었습니다. 아무리 사나운 야벳 집안 사람들도 그에게는 함부로 대할 수가 없었을 테지요. 그리고 아마도 루악님은 그들을 설득하는데…"

두손으로 턱을 고인 채 어른들의 이야기를 듣고 있던 드단 소년이 끼어들었다.

"메루가 왕비님… 전 그분이 어떤 말씀을 하셨을까 짐작할 수 있어요"

"……?"

사람들은 다시 놀라는 표정으로 이 당돌한 아이를 바라보는 것이었다.

"그래…? 그럼 어디 한번 네가 말해 보려무나."

"아마도 루악님은… 그 노아님의 예언을 가지고 말씀하셨을 것 같아요."

그제서야 사람들은 모두가 고개를 끄떡이고 있었다. 그리고 한결같이

소년 드단의 총명에 감탄하고 있었던 것이다. 틀림없이 루악은 그 노아
의 예언을 인용했을 것이었다.

셈의 신이신 여호와를 찬송하리로다
함의 아들은 셈의 종이 되고
여호와께서 야벳을 창대케 하사 셈의 장막에 거하게 하시고
함의 아들은 그의 종이 되게 하시기를 원하노라…

그 예언이 적중하든 안하든 간에 야벳 집안을 두고 여호와가 그들을
창대케 한다고 했으니 그들의 기분이 나쁠 리 없는 것이었다. 그런데
더구나 그 예언은 셈과 야벳의 협력을 강조하고 있었던 것이다. 메루가
는 다시 이야기를 계속했다.

"…그래서 셈의 우익인 룻과 아람이 그 꼬리를 틀어 반역군의 군량수
송로를 차단하는 동안 이들 야벳 집안의 야생마들은 반역군의 좌익인
붓과 미스라임을 유린하기 시작했습니다. 결국 자기들의 힘을 과신한
나머지 야벳 군대를 자기들 편으로 이끌어들이지 못했던 것이 수멜쪽의
결정적인 실수가 된 셈이었지요. 드디어 붓과 미스라임은 밀리기 시작
하고 동쪽을 향하여 그 날개를 움츠리기 시작했습니다. 게다가…"

메루가는 다시 차를 한모금 마시고 나서 이야기를 계속했다.

"게다가 반님이 제작해 내신 새로운 무기가 위력을 발휘했습니다. 적
군들은 어디서부터 날아오는 것인지도 모르는 화살을 맞고 쓰러져갔지
요. 마침내 수멜군은 더 이상 견디지 못하고 그들이 난공불락을 자랑하
던 기스 성마저도 포기한 채 아랫바다쪽의 라가스 성으로 몰리기 시작
했던 것입니다."

"반역자들을 그대로 바다 속으로 몰아넣으려는 작전이었군요."

"그런 기세였지요. 그러나 하난님은 어디까지나 이 전쟁의 의미가 징
계에 있는 것이지 증오에 있는 것이 아님을 잊지 않고 있었습니다. 그
렇기 때문에 적들이 막판에 몰리고 있을 때쯤해서 하난님은 수멜의 아
우 수사에게 라가스 성을 공격할 선봉장을 맡게 했던 것이지요."

앗산이 고개를 갸웃거리면서 물었다.

"그것은… 무슨 까닭이었습니까?"

"수멜과 그를 따르는 모든 사람들을 살려내고 싶었기 때문이었습니다."

사람들은 서로 오래 싸우면 그 마음속에 인정이 사라지게 마련이었다. 누구나 사람이 전쟁터에서 오래 지내면 그 마음이 잔혹해지지 않을 수가 없었던 것이다. 그래서 하난은 수멜의 아우 수사로 이 막바지 전쟁의 선봉장을 삼은 것이었다. 그것은 곧 잔혹한 섬멸전을 피하려는 의도였던 것이다.

"그래서… 전쟁의 결말은 어찌 되었습니까?"

"수멜군은 라가스에 몰리면서도 치열한 저항을 했습니다만… 수멜이 죽는 바람에 의외로 일찍 결말이 나게 되었지요."

"그렇게 하난님께서 배려를 했는데도 수멜이 죽었단 말입니까? 누가 그를 죽였지요?"

메루가의 표정이 어느새 긴장하고 있었다.

"그렇습니다… 수멜님은 죽었습니다. 라가스 성에 몰려 있던 수멜의 군대가 항복하고 셈과 야벳의 연합군이 그 성에 입성했을 때 수멜님은 시체로 발견되었지요. 그의 오른쪽 옆구리에는 청동의 단검이 깊숙이 꽂혀 있었습니다. 누가 수멜님을 죽였는가… 그것은 영원한 수수께끼입니다. 그분 자신이 자기 몸을 찔렀을 수도 있습니다. 그러나 수멜님의 단검은 그대로 자기 칼집에 꽂혀 있었습니다. 그의 옆구리에 꽂혀 있는 단검은 수멜님의 것이 아니었다고 합니다…."

사람들은 모두 고개를 갸웃거렸다. 사람이 자살을 하려고 결심했을 때 자기 단검을 쓰지 않고 남의 것을 빌어서 사용했을 것인가 하는 의문이 그들에게도 떠올랐던 것이다. 앗산이 다시 물었다.

"다른 반란군들은 어떻게 되었습니까?"

"하난님은 수멜이 장악하고 있던 신정원을 접수하여 앗수르 가문으로 귀속시키고 인간이 만들어낸 아누 신과 이난나 신을 섬기던 가짜 신관들을 모두 체포해서 수감했지요. 수멜에 속해 있던 많은 백성들은 다시 엘람으로 귀환하였고 그들 중의 일부는 귀환을 거부하고 함 집안의 여러 나라로 흩어져 갔습니다."

"함 집안 백성들은 앗수르에 항복하지를 않았던가요?"

"본래 하난님과 셈의 연합군이 출동했던 목적은 다만 수멜을 징계하는 데 있었기 때문에 수멜이 죽고 그들의 성이 함락되자 곧 전쟁은 종결되었지요. 하난님께선 함 집안의 왕들과 회의를 열고 형제의 우의를 회복할 것과 그들이 만든 신을 버리고 여호와 신에게로 돌아올 것을 권했으나 그들의 태도는 분명치 않았습니다. 그들은 형제의 우의를 회복하자는 데는 일단 찬성했지만 그들이 만든 신을 버리는 문제는 그리 간단치가 않았던 것입니다. 어쨌든 앗수르와 화해한 뒤 그들은 모두 자기들의 나라로 돌아갔고 오직 구스 가문의 한 족장만이 여호와 신에게로 돌아올 것을 선언하고 남았습니다."

"그것은 누구였습니까?"

사실 오랫동안 섬겨오던 신을 버리고 여호와 신에게로 돌아온다는 것은 그리 간단한 문제가 아닌 줄은 그들도 알고 있었다. 우선 백성들의 생활이 그 새로운 신들에게 맞추어져 있을 것이고 모든 기술과 문화가 그것을 토대로 변모하여 있을 것이기 때문이었다. 게다가 그들의 질서는 그들의 신이 내리는 쾌락과 위안에 맞추어져 있을 것이고 그들의 생각은 이미 보이지 않는 신보다는 눈에 보이는 우상에 박혀져 있을 것이었다. 이미 뿌리가 깊어진 그 신들의 영향력 때문에 아무리 그들의 왕이나 족장들이라 하더라도 그것을 쉽사리 바꾸라고 명령하기는 어려운 것이었다. 그런데 그들 중 어느 하나가 용감하게 돌아설 것을 선언했다는 것이었다.

"누구였습니까, 그렇게 결단한 족장은?"

"그것은… 구스 가문의 족장 니므롯이었습니다."

"니므롯…?"

본래 함의 장자인 구스에게는 다섯 아들이 있었다. 즉 스바, 하윌라, 삽다, 라아마, 삽드가가 그들이었던 것이다. 이들은 모두가 구스 가문의 실력 있는 족장들이고 막강한 재력을 지니고 있었다. 그러나 언제부터인가 구스 가문에는 니므롯이라는 족장이 새로 나타났다. 그는 사냥과 무술의 명수였고 또 여러가지 새로운 무기들을 고안하여 자기 부하들을 무장시켰으며 유브라데강에 출몰하는 거대한 파충류의 괴물들을 섬멸하여 영웅적인 존재가 되어가고 있는 중이었다. 그의 인기는 이미 구스 가문의 다른 족장들을 제압하였고 그가 구스의 가문이라는 것을 주장하는 것에 대해서 아무도 이의를 제기하지 않는 것이었다.

어쨌든 그 대표적인 영걸 니므롯이 우상의 신들을 버리고 여호와 신에게로 돌아왔다는 것에 대해서 사람들은 다소 놀랄 수밖에 없는 것이었다.

"그렇습니다. 니므롯은 여호와 신에게로 돌아올 것을 선언했고 하난님은 그를 기꺼이 받아들여서 멸망한 수멜의 도성 기스에 살게 했을 뿐만 아니라 아랫바다쪽에서 앗수르가 접수했던 라가스 성까지도 니므롯에게 주었지요. 그리하여 니므롯은 앗수르의 중요한 임무 중의 하나를 감당하게 되었습니다. 물론 여호와 신에 대한 제사는 신정원이 맡았지만 앗수르의 천하 통치권을 상징하는 군사력은 치우와 니므롯이 분담하게 되었던 것입니다. 즉, 하난님은 신정원의 대제사장과 셈 집안의 장자로서 천하를 다스리는 황제의 지위를 겸임하였고 그의 아우 악갓은 황제를 섬기는 재상이 되었으나 대외적인 국방의 임무는 치우가 맡았고 국내의 치안과 황실의 경호는 니므롯이 맡게 되었지요."

그들이 듣기에 하난 대제의 조치는 매우 현명한 것이었다. 그는 함의 장자인 구스 가문의 영웅 니므롯을 중직에 등용함으로써 함 집안 백성들과의 화해를 도모하려고 했던 것 같았다. 그러면서도 바깥의 일을 치우에게 맡기고 니므롯으로 하여금 치안을 맡게 한 것도 역시 세심한 배려였다. 그것은 하난이 니므롯과 계속해서 가까이 지내겠다는 의지의 표현이었고, 그를 곁에 둠으로써 셈의 집안이 함의 집안과 형제간인 것을 강조하려 했던 것이었다.

"야벳 집안에 대해서 하난 대제는 어떤 조치를 취하셨습니까?"

"수멜의 반역세력을 징계하는 데 있어서 야벳 집안의 공로는 매우 컸습니다. 셈 연합군의 군량을 조달하였던 마대는 물론이요, 야벳 집안의 장자인 고멜을 비롯하여 야완, 두발, 메섹, 디라스들의 협력으로 오래 끌던 전쟁을 끝낼 수 있었으니까요. 하난님께서는 이번 전쟁을 계기로 하여 형제들간의 대화합을 이룩하려고 계획하셨습니다. 그래서 우선 취한 조치가… 야벳 집안의 장자인 고멜 가문을 품안으로 끌어들여서 앗수르의 오른쪽 날개인 아마누스 산맥의 기슭에 살도록 허락하였고 두발과 메섹도 내륙지방으로 이주할 수 있도록 하였습니다. 다만 야완과 디라스는 이미 해안 지방에서 터전을 잡았고 바다생활과 고기잡이가 그 생업이 되어 있었기 때문에 자기네들의 희망에 따라 바닷가에 남게 하였지요."

사람들은 메루가의 말을 들으면서 하난 대제의 명철에 감동하고 있었다. 그러나 그럴수록 하노스의 마음속에는 자꾸만 의문의 뭉게구름이 피어오르는 것이었다. 그토록 여호와 신에게 충성하였고 지혜와 덕을 겸비하였던 하난 대제가 어떻게 하여 니눈타를 비롯한 수천의 잡신을 섬기는 통치자로 돌변하였단 말인가. 그토록 열렬하게 반역자 수멜을 설득하였고 끝내는 그를 징계해야 했던 그 하난이 어째서 수멜이 걷던 길과 똑같은 길로 걸어가고 있는 것인가.

그때 어린 소년 드단이 다시 초롱초롱한 눈으로 메루가를 바라보며 물었다.

"그런데… 왕비님께서는 아직도 어째서 하난 대제와 결혼하지 못하셨는가에 대해서 설명해 주시지 않으시는군요. 혹시 실연을 당하신 것은 아닌가요?"

너무나 당돌한 드단 소년의 질문 때문에 좌중은 웃음바다가 되었다. 메루가는 더욱 두볼을 붉게 물들이며 말했다.

"사실은… 이 아이의 말이 맞았어요."

"예?"

사람들은 모두 그 뜻밖의 말에 놀라서 눈을 둥그렇게 뜨고 있었다.

"엘람의 장자 수멜님이 가나안 가문의 기스와 결혼하기 위해서 반역의 깃발을 들자 면구스러워진 엘람 가문은 마대 가문에 새로운 혼담을 제의해 왔습니다. 즉 수멜의 아우인 수사와 제가 결혼할 것을 제의해 왔던 것이지요. 그러나 그때 제 자존심은 몹시 상해 있었고 수사라는 신랑감이 마치 꿩대신 닭인가 싶어서 엘람가문의 새로운 청혼을 딱지 놓아버렸던 것입니다. 그리고 이내 엘람은 자기 가문의 장자권을 앗수르에 인계하였고 훌륭한 인물로 소문나 있었던 하난님에게 대권이 돌아가게 되었지요…"

메루가는 이따금씩 달아오른 볼을 손바닥으로 눌러가면서 그녀와 하난과의 관계를 설명하기 시작하였다.

하난에게 접근하기로 마음먹은 메루가는 그의 장자권 인수를 축하하기 위하여 마대 집안의 특사 자격으로 앗수르를 방문하였다. 하난은 야벳 집안 중에서도 가장 셈 집안과 가까운 마대 가문으로부터 찾아온 미모의 특사를 반갑게 맞아주었고 그들의 사이는 급속하게 가까워지기 시작하였다.

그러나 그들의 사이에도 어느새 또 하나의 장애가 준비되고 있었다. 그것은 바로 수멜의 자유연애를 막으려고 했던 장로회의의 의견이었던 것이다. 아직 하난쪽에서 결혼 이야기를 꺼내기도 전인데 장로회의는 장자권의 소유자가 독신이어서는 안된다며 신부감을 천거해 왔다.

"그것이 누구였지요?"

이야기가 재미있어 진다는 듯 드단이 또 재촉하여 물었다.

"결혼하는 일에 관심이 많은 것을 보니 드단은 장가를 일찍 가고 싶은 모양이로구나?"

이번에는 드단 소년의 얼굴이 빨개졌다. 그는 머리를 긁으면서 말했다.

"전 장가 같은 것 안들래요. 셀라 아저씨처럼 혼자 살 거야."

"그건 어째서지?"

"…여자는 무서워!"

드단 때문에 사람들은 또 한번 웃었다. 이번엔 하노스가 메루가를 바라보며 물었다.

"그… 셈 집안의 장로회의가 천거한 신부감은 바로 저희 어머님이었습니까?"

메루가는 고개를 끄떡였다.

"나중에 안 일이지만… 야심가였던 아르박삿 가문의 가이난 왕자는 새로운 장자로 등장한 하난님과 인연을 맺어두기 위해서 자기 누이 아릿다님을 황후감으로 내세웠던 것입니다. 가이난은 장로들 한사람 한사람을 찾아다니며 하난님의 결혼문제를 거론하였고 시기가 늦기 전에 셈 집안 가운데서 신부감을 골라야 한다고 역설하였지요."

하노스가 다시 심각한 표정을 지으며 입을 열었다.

"그래서 하난 대제는… 메루가님을 버리고 아르박삿 집안과 결혼하기로 결정하였습니까?"

메루가는 가만히 고개를 저었다.

"…그분이 결정한 것이 아니라 내가 결정했단다."

"……?"

"그때는 마침 장로회의에서 수멜의 징계가 가결되고 전쟁준비를 시작하고 있을 때였지요. 그런데 그 수멜의 문제가 바로 결혼문제 때문에 시작되었던 것인데 새로운 지도자로 뽑힌 하난님께서 또 결혼 문제에 휘말리게 된다면 세상은 어떻게 되고 하난님의 입장은 어떻게 되겠습니까? 더구나 아릿다님은 보기드문 요조숙녀였고 여호와 신에 대한 신앙이 깊은 규수였습니다. 저는 기꺼이 하난님의 곁을 떠났어요."

메루가가 그렇게 이야기하고 있을 때, 셀라와 하노스, 그리고 드단 소년은 서로를 바라보고 있었다. 그리고 그들의 시선이 서로 마주쳤다. 그들은 무엇인가 같은 생각을 하고 있었음에 틀림 없었다. 그것은 바로 저 닌릴 여신의 우상을 손질하다가 추락하여 죽은 드단의 외조부 젠바오의 시체 옆에서 일어났던 일이었다. 외조부의 시체를 붙잡고 슬퍼 울고 있던 드단 소년을 쏘아보며 그녀는 호위병들에게 명령했었다.

"닌릴 여신의 진노를 풀기 위해서 이 사내아이는 만국회의가 열리는 날 여신께 제물로 드려야 한다. 아이를 잡아다 가두어라."

아릿다 황후의 그 싸늘한 모습이 지금 그 세 사람의 뇌리에 떠오르고 있는 것이었다. 그런데도 메루가는 그 아릿다가 보기드문 요조숙녀였고 여호와 신에 대한 신앙이 깊은 규수였다고 말하고 있는 것이었다. 더구나 하노스에게는 한가지 더 떠오르는 게 있었다. 저 황제궁의 목욕탕에서 알몸인 채로 아들을 불렀던 황후의 단정치 못한 모습이었다. 그러나 이제 그 결혼 이야기에 대해서 슬며시 관심이 생기기 시작한 것은 오히려 바로 메루가의 아들인 셀라였다.

"그런데 어머님, 어째서 어머님은 다시 아르박삿 가문의 가이난 왕과 결혼하시게 되었습니까?"

"……"

메루가는 아들의 얼굴을 물끄러미 바라보면서 한동안 말이 없었다.

그것은 더욱 사람들의 마음을 궁금하게 하고 있었다. 말하자면 메루가는 아릿다에게 사랑하는 사람을 빼앗긴 셈이었다. 그런데 그 메루가는 마대로 돌아가지 않고 오히려 그 아릿다의 오라비인 가이난과 결혼을 했던 것이다. 메루가는 한참동안 그렇게 입을 다물고 있다가 결심한 듯이 말했다.

"전… 평생동안 이런 이야기들을 아무에게도 이야기한 적이 없었습니다. 그런데 오늘은 이상하군요. 아들 앞에서 이토록 많은 이야기를 늘어놓다니… 그것은 아마도 제가 하난님과 아릿다님 사이에 태어난 잘생긴 아들 하노스를 만난 감회 때문인지도 모릅니다…."

갑자기 메루가 왕비가 하노스를 잘 생겼다고 표현하는 바람에 이번에는 하노스의 얼굴이 붉어지고 있었다.

"이제 저는 그 일을 이야기하지 않을 수가 없게 되었군요. 제가 장로회의의 결정 때문에 실연의 상처를 안고 마대로 돌아온 지 얼마 안되어서 하난님과 아릿다님의 결혼은 공식적으로 발표되었습니다. 온 천하는 너무도 잘 어울리는 두사람의 결혼을 축하했고 부러워했지요. 그런데 그 발표가 있은 지 얼마 안되어서 아르박삿 가문의 아릿다님이 마대로 저를 찾아왔던 것입니다."

참으로 기이한 두 여인의 만남이었다. 너무나 그 모습이 아름답기로 소문났던 두 여인의 만남을 상상하며 좌중의 남자들은 섬뜩한 느낌까지 받고 있었던 것이다.

"…마대로 저를 찾아왔던 아릿다님의 모습은 정말 너무나 아름다워서 저는 마치 꿈을 꾸는 것 같았습니다. 그러나 그 황홀한 모습보다도 더 아름다운 것은 그녀의 영혼이었지요. 얼마나 그녀의 믿음이 깊고 얼마나 그 마음씨가 고왔던지 저는 그녀가 저의 연인을 빼앗아간 사람이라는 것마저 까마득하게 잊어버리고 그녀에게 홀딱 반해 버렸을 정도였습니다."

하노스는 다시 그 목욕탕에서의 아릿다를 생각하고 있었다. 물론 하노스도 그 어머니 아릿다가 만만치 않은 미인임은 인정하고 있었다. 그러나 그 영혼이 너무나 아름다워서 메루가 왕비가 반했을 정도였다는 데는 도저히 동의하기가 어려운 것이었다.

"…아릿다님은 저를 만나서 위로의 말부터 시작했습니다. 제가 어째서 하난님의 곁을 떠났는지, 그 이유를 아릿다님은 벌써 모두 알아채고 있었던 것입니다."

잠자코 이야기를 듣던 애꾸눈의 앗산이 고개를 들었다.

"아릿다 황후는… 오직 메루가님을 위로하기 위해서 마대로 찾아왔었습니까?"

메루가는 잠시 사이를 두었다가 입을 열었다.

"…또 한가지의 목적이 있었습니다."

"또 한가지의 목적…?"

"아릿다님은 자기의 두 오라비에 관하여 제게 이야기했었습니다."

"두 오라비…?"

셀라가 어리둥절한 표정을 짓고 있었다.

"어머님, 부왕께선 혼자이신 줄 알았는데 형제가 있었습니까?"

메루가는 천천히 고개를 끄떡였다.

"…아릿다님의 이야기를 계속하지요. 그분은 자기에게 두 오라비가 있다고 말하였습니다. 하나는 가이난이라는 이름으로 아르박샷 가문의 장자이며 둘째는 게세대라는 이름이라고 하였습니다."

"게세대…"

사람들은 약속이라도 한 듯 일제히 그 이름을 입 속으로 되뇌어보았다. 도무지 들어보지 못한 이름이었던 것이다. 아무도 그 이름에 대해서 아는 척하는 사람이 없었다.

"아릿다님은 말하기를 큰오라비 가이난은 그 성품이 사내답고 성실하기는 하나 여호와 신에 대한 신앙이 깊지 못하여 흠이며 그 아우 게세대는 아직 나이가 어려서 자신이 돌보아주고 있었다고 했습니다. 그 모든 이야기를 한 다음에 아릿다님은 제게 엉뚱한 부탁을 했던 것이지요."

성미 급한 앗산이 더 참지 못하고 물었다.

"그분의 부탁은… 자기 오라비 가이난과 결혼해 달라는 것이었군요?"

메루가는 또 조용히 고개를 끄떡였다.

"그렇습니다. 그분은 제게 아르박샷 가문으로 시집와서 믿음이 연약한 가이난 왕을 잘 내조할 것과 가엾은 어린 아우 게세대를 돌보아 달라고 부탁했던 것입니다. 지금 생각해도… 제가 왜 그 부탁을 거절하지 못했는지 이상스럽기만 합니다. 아마도 그때 저는 아릿다님의 아름다운 모습과 성품에 너무 반해 있었기 때문에 도저히 그것을 거절할 수가 없었던 것 같습니다."

좌중의 모든 사람들은 메루가 왕비의 기구한 운명을 생각하며 모두 심각한 표정이 되고 있었다. 셈 집안을 사모하여 엘람 가문의 수멜 황태자와 결혼하려다가 좌절되고 다시 그의 아우 수사와 혼담이 있더니 다시 앗수르 가문의 하난을 택했다가 그도 역시 아릿다에게 빼앗기고 이번에는 그 아릿다로부터 아르박삿 가문의 가이난 왕자와 결혼을 하라고 부탁받은 것이었다.

"어쨌든 아르박삿 가문의 가이난 왕자와 결혼함으로써 셈 집안에 시집가고 싶어했던 제 소원은 이루어진 셈이 되었습니다…"

겨우 이루어진 그 결혼이 결코 다복하지 못했던 것은 좌중의 모든 사람들이 알고 있는 터이어서 아무도 그후의 이야기를 묻지 않고 있었다. 그러나 셀라에게는 아직도 궁금한 것이 있었다. 생전 처음 들어보는 게세대란 이름의 삼촌이 어떻게 되었는가 하는 것이었다.

"어머님, 그… 게세대라는 이름의 삼촌은 그후 어떻게 되었습니까?"

메루가는 별로 말할 기분이 내키지 않는 듯 셀라를 바라보고 있었다. 그러나 결국 메루가는 더 이상 숨겨둘 필요가 없다고 생각했는지 입을 열었다.

"무슨 까닭인지 모르지만… 제 남편 가이난은 자기 아우 게세대를 몹시 싫어했습니다. 어머니를 일찍 여의어서 누이 아릿다의 보살핌을 받으며 자라난 게세대를 가이난은 툭하면 몰아세우고 꾸짖기가 일쑤였지요. 그럴 때마다 저는 시동생을 위로하고 달래었으나 아무래도 그것이 자기 누이 아릿다님만은 못했던 모양입니다. 그러던 어느 날… 도련님은 형님의 허락없이 여호와의 신전에 들어갔다가 호된 꾸지람을 듣고 왕궁을 나가버렸습니다."

"아주 사라져버렸단 말씀입니까?"

"그렇단다, 셀라. 그 이후로 이 어미는 도련님을 찾기 위해 천하 모든 곳으로 사람들을 보내서 수소문했지만 결국 못찾고 말았단다."

"만일… 제가 다시 게세대 삼촌을 찾아서 만난다면 그분을 어떻게 알아볼 수 있을까요? 가령… 어떤 신체적 특징이 있다든가…"

메루가는 고개를 가로저었다.

"별다른 신체적 특징은 없고… 얼굴도 그냥 평범한 얼굴이셨지."

"가령… 그가 삼촌인 것을 증명할 수 있는 어떤 신표 같은 것은 없겠습니까?"

"……"

메루가는 무언가 골똘히 생각하더니 갑자기 그 눈에 광채를 내면서 셀라를 바라보았다.

"그렇다, 이제야 생각이 나는구나. 게세대 도련님은 아르박삿 왕궁을 나가실 때 노아님의 지팡이와 칼을 가지고 가셨다."

메루가의 그 말을 듣고 다시 좌중의 모든 사람이 소스라쳐 놀랐다.

"노아님의 지팡이와 칼…?"

"그렇다. 노아님이 이 세상에 계실 때 쓰시던 지팡이와 양을 잡을 때 쓰시던 칼을 장자인 셈님이 보관하고 계셨는데 어찌된 일인지 그 지팡이와 칼을 아르박삿님에게 주셨다고 한다. 그 지팡이와 칼은 내가 이곳으로 시집올 때까지만 해도 여호와의 신전에 보관되어 있었던 것이다. 그런데… 게세대 도련님이 왕궁을 나가버린 후… 신관의 보고로 그 지팡이와 칼이 없어진 것을 알게 되었던 거야."

"왕궁에서는 또 소동이 일어났겠군요?"

"…아무 일도 없었다. 워낙 가이난 왕은 여호와 신전이라든가 노아님의 유물 같은 것에 대해서는 별로 관심이 없는 분이었으니까. 그분은 오히려 아우 게세대가 눈에 보이지 않게 된 것만 후련해 하고 계셨어."

이로써 아르박삿 집안의 길고 긴 이야기는 끝나가고 있었다. 또 한줄기 바람이 아르박삿 왕궁의 기와지붕 밑으로 지나갔다. 어린 소년 드단이 또 엉뚱한 질문을 했다.

"메루가 왕비님, 그 라가스의 큰 전쟁에서 수멜님은 자살했다고 하셨는데 그분과 결혼했다는 가나안 가문의 공주 기스는 함께 죽었나요?"

드단은 어른들이 빠뜨린 것을 놓치지 않고 물었던 것이다. 사람들은 다시 그 아이의 총명함에 감탄하면서 메루가 왕비를 바라보았다.

"셈과 야벳의 연합군이 라가스 성을 깨뜨리고 입성했을 때… 수멜님의 시체는 발견했으나 기스의 시체는 아무도 찾지 못했다. 아마도 전쟁 중에 죽었을 것이라고 추측되기는 하지만… 그것을 확인할 수는 없었지."

그제서야 사람들은 들을 만한 것을 다 들었다는 듯 허리를 펴고 있었다. 너무나 오랫동안 붙잡아 두었던 노 왕비를 이제는 더 이상 피곤하게 해드리기가 송구스럽다는 생각으로 모두들 더 이상 이야기를 꺼내지 못하고 있었다.

온 천하에 흩어져 살고 있는 뭇 백성들 가운데서 여호와 신을 섬기고 있는 유일한 가문, 이제 그 아르박삿 왕궁에 숱한 비밀과 사연들을 묻으면서 밤은 깊어가고 있는 것이었다. 죄악에 빠진 인류를 징계하기 위하여 그 엄청난 홍수로 땅을 쓸어버렸던 무섭고 두려운 신 여호와가 어쩌다가 인간들에게 버림받고 이리저리 밀려다니더니 이제 이 명맥만 남은 아르박삿 왕궁에서 외로운 밤을 보내고 있는 것이었다.

호반(湖畔)의 만남

"자세를 더 낮춰! 몸의 중심을 배꼽 아래로 모으고!"

두다리를 거의 주저앉다시피 구부리고 두팔을 치켜올린 하노스가 견디기 어려운 듯 헐떡거리는데도 앗산의 구령은 사정없이 떨어지고 있었다.

"왼발 앞으로! 오른쪽 다리 더 꾸부려! 오른손 올려치고, 다시 팔꿈치로 누르고! 좋아, 왼손으로 감아서 오른발로 후리고, 오른손 내려치고 올려차기! 상체를 낮추고 발을 더 올려! 이봐, 사완. 그 자세를 정확히 잡아주게."

"알겠습니다."

하노스가 자세를 바꿀 때마다 사완의 발은 사정없이 하노스의 팔과 다리를 휘감거나 걸어차고 있었다. 그것은 하노스의 틀린 자세를 바로 잡아 주기 위하여 벗어난 부분을 교정해 주는 것인데 하노스에게는 그것마저 마치 몽둥이로 얻어맞는 듯 감당하기 어려운 것이었다.

올려차기 자세에서 걸려버린 하노스는 사완이 자세를 바로잡아 주는 동안 왼쪽 다리로 버틴 채 오른발을 하늘 높이 치켜들고 있어야 했다. 밑으로 향한 머리로 온 몸의 피가 역류하는 듯했고 허리는 아픔으로 인하여 금방이라도 부러져 버릴 것 같았다.

"방어자세가 부정확하다. 내가 공격하는 중이라고 상대방의 공격이 쉬는 법은 없다. 공격할 때엔 방어에도 헛점이 없어야 하는 거야. 방어하고 있는 네 두손은 그게 뭐냐? 바람만 불어도 흔들거리는구나."

몸을 버티고 있는 왼쪽 다리가 후들거리고 있는데도 앗산의 잔소리는 끝이 없었다. 그리고 그럴 때마다 사완의 발길이 틀린 부분을 향해 날아왔다.

"좋아, 발 내려."

하노스가 긴 한숨을 쉬며 발을 내리는데 다시 구령이 떨어진다.

"오른손 내려치면서 올려차기!"

하노스의 발이 다시 울부짖듯 하늘로 올라갔다. 앗산의 구령은 수십 번 반복되었고 그때마다 하노스의 오른발은 하늘을 향하여 들려졌다. 하노스의 입에서 헉헉대며 단내가 쏟아져나오고 있었다.

"자세를 낮추듯이 네 마음도 낮추어야 한다. 받을 때는 부드럽게, 그리고 찌를 때는 신속하게… 네 몸을 짐승처럼 기게 하고 네 혼을 새처럼 날게 해야 한다."

앗산의 구령보다는 사완의 발길질이 더 매서운 것이었다. 조금만 자세가 틀려도 그의 몽둥이같은 발길질이 어깨와 허리, 그리고 팔과 다리에 어김없이 날아오는 것이었다.

(아아… 이건 정말 못 해먹을 노릇이로구나…)

너무나 힘이 들어서 몇 번이고 포기하려 했으나 하노스는 이를 악물었다. 앗산을 무예의 사부로 섬기겠다고 자청해 놓고서 이제와서 바보처럼 물러설 수도 없는 노릇이었던 것이다.

하노스는 헐떡거리면서도 들판을 달리는 사자나 산을 뛰어넘는 사슴을 생각해 보았다. 그리고 힘들지 않게 산을 오르던 어린 소년 드단의 일도 생각났다. 결국 그들은 모두 신의 품속에 자기를 맡기고 살기 때문에 헐떡거리지 않을 수 있었던 것이다. 그런데 하노스는 지금 버티기 어려울 정도로 쩔쩔매고 있었다. 이미 하노스도 그만큼 신에게서 멀어지고 있었다는 증거였던 것이다. 그는 정신이 혼미해 올 정도로 비틀거리면서도 신을 떠난 사람의 고난이 어떤 것인가를 실감하고 있었다.

땀방울이 이마에서 눈으로 사정없이 흘러내렸다. 눈으로 땀방울이 들어가자 앞이 흐려져서 잘 볼 수가 없었다. 하노스는 입술을 깨물었다. 저주받은 사람의 운명에 항거하기라도 하듯 그는 온 몸의 힘을 쥐어 짜

내며 움직이고 있었다. 다시 앗산이 소리쳤다.

"왼발 앞으로! 오른쪽 다리 더 꾸부려! 오른손 올려치고 다시 팔꿈치로 누르고! 왼손으로 감아서 오른발로 후리고, 오른손 내려치고 올려차기! 발이 낮아! 더 올려!"

또 사완의 발길질이 날아왔다.

"발 내려! 다시 올려차기! 자신을 버려라! 인간은 지렁이 만도 못한 것이다. 버려라, 모두 버려라!"

눈앞이 캄캄해지고 있었다. 갑자기 아무것도 보이지를 않는 것이었다. 마치 끝없는 나락으로 떨어져 내려가는 것 같았다. 하노스는 칠흑 같은 어두움 속에서 절망하고 있었다. 그 흑암 속에서 꿈결처럼 한 음성이 들려왔다.

"하노스!"

그는 부르는 음성에 대답하기 위하여 입을 열었다. 그러나 그의 입에서는 아무 소리도 나오지 않고 있었다. 그러자 그를 부르던 그 음성의 여운이 실끝처럼 날아오더니 갑자기 한줄기 섬광이 되어 타오르기 시작했다. 어둠이 가시기 시작하면서 다시 앗산의 구령이 들려오는 것이었다.

"중심을 오른발로. 왼발로 후리고, 다시 오른발로 돌려차기! 좋아, 두 손으로 내려치고 공중에서 돌며 두발 차기! 한번 더!"

이상하게도 몸이 새털처럼 가벼워지는 것을 느끼며 하노스는 앗산의 구령에 따라 마구 공중으로 몸을 날렸다. 하늘을 찢을 듯 상쾌한 기합 소리가 하노스의 입에서 튀어나오고 있었다.

"좋아! 왼쪽으로 돌고, 이번엔 오른쪽으로! 다시 한번 오른쪽으로! 공중에서 발 바꾸기! 좋아, 뛰어오르며 두 번 회전!"

공중에서 몸을 두 번이나 회전시킨 하노스가 땅 위에 내려섰을 때 비로소 앗산의 구령은 끝났다.

"됐어, 좀 쉰 다음에 계속하지. 많이 좋아졌어."

비로소 긴장이 풀리며 다리에 힘이 빠졌으나 하노스는 정신을 가다듬어 앗산에게 예를 올렸다.

"감사합니다."

그는 또 자기의 수련을 도와준 사완에게도 인사를 잊지 않았다.

"수고했어요, 사완."

"너무 강행군인 것 같군요. 힘 드시지요?"

사완은 앗산을 돌아보며 말했다.

"장군님께선 워낙 성미가 급하셔서…"

앗산이 하노스의 어깨를 두드리며 위로했다.

"이 아저씨는 네가 하산하는 날까지 조금이라도 더 가르쳐주고 싶어 욕심을 내고 있는 거다."

"그런데 아저씨…"

하노스는 아직도 숨을 헐떡거리며 앗산에게 물었다.

"제가 무예에 소질이 있기는 있는 걸까요?"

"왜… 그렇지 않다고 느껴지느냐?"

"글쎄요… 너무나 힘이 드는 걸 보니 혹시 무예에 적합하지 않은 것은 아닐까 하는 생각이 드는군요."

"네 체격이나 소질이 무예에 적합하지 않았다면 나는 이미 네가 제자 되기를 원했을 때 거절했을 거다. 하노스, 넌 무엇보다도 가장 중요한 장점을 가지고 있는데 그게 무엇인 줄 알겠느냐?"

하노스는 앗산의 질문을 받고 어리둥절하여 눈알을 굴렸다. 사람이 자기의 장점이 무엇인가 아는 것은 단점을 발견하는 일보다도 더 어려운 것이었다.

"어떤 장점입니까, 아저씨?"

"그것은 바로… 네게 순종하는 마음이 있다는 것이다. 사람은 흔히 어려운 고비에 처할 때 반발하는 마음이 고개를 들게 된다. 그리고 그런 마음은 사람으로 하여금 자기식대로 하고 싶게 만들어서 결국 큰 목표를 이루지 못하게 되는 거지. 그러나 네겐 반발하는 마음보다는 무엇이든 순리대로 받아들여서 해보고자 하는 마음이 되어 있다. 그런 마음은… 앞으로 너의 인생에 중요한 역할을 하게 될 것이다."

"감사합니다, 아저씨. 그 말씀을 명심해 두겠습니다."

하노스는 조금전 수련 도중에 자신도 몇 번이고 포기하려 했던 것을 생각해 내고 있었다. 그 어려웠던 고비에서 쓰러지지 않았던 것이 지금 앗산의 칭찬으로 이어지고 있는 것이었다.

반 호수의 넓고 미끄러운 수면 위로 하얀 새 한마리가 한가롭게 날고 있었다. 활이라는 새 무기를 만들어낸 신궁 반의 이름을 따서 반 호수라고 이름지어진 호수였다. 신궁 반은 바로 이 호수가의 숲 속에 쳐놓은 장막에서 그 활이라는 무기를 만들기 위하여 각종 재료들을 모아놓고 연구했던 것이다. 그리고 이 호숫가는 바로 사완의 부친 이에가 ㄱ 반으로부터 활쏘는 법을 전수받은 곳이기도 하였다.

"사완 형님."

하노스는 잠시 쉬는 틈을 타서 사완을 바라보았다. 사완이 당황하면서 말했다.

"형님이란 말은 빼시지요. 그러시다가 황궁에 돌아가셔서도 말씀이 헷갈리게 되면 사람들이 이상하게 생각하지 않겠습니까?"

"괜찮아요, 사완 형님은 저보다 나이가 한참 위이고 형님의 아들 신지는 저보다 한살 아래이니까 형님이라고 불러서 안될 것이 없지요. 신분의 차이와 친분과는 서로 다른 것이 아닙니까? 황제의 아들이라고 경호원에게 형님 호칭을 못쓴다면 뭔가 잘못된 것입니다. 만일 아들보다 아버지의 지위가 낮다면 아버지에게 반말로 낮춰 써야 할까요?"

하노스의 논리는 지극히 당연한 것이었다. 조직 속에서의 지위가 서로 다르다고 해서 그것 때문에 사람 사이의 관계까지 그것을 따라가고 있는 현실이 그에게는 못마땅했던 것이다. 그는 어려서부터 황제의 아들로 자라났다. 그러나 자기보다 훨씬 나이 많은 어른들이 자기에게 공손하게 허리를 굽히며 경어를 사용하는 것을 그는 몹시 싫어했던 것이다. 그는 모든 어른들에게 사랑받는 소년이 되고 싶었는데 어른들은 마치 자기를 무대 위에 올려놓은 꼭두각시처럼 대하고 있기 때문이었다. 사완은 더 대꾸할 말을 잃고 하노스가 왜 자기를 불렀는가에 대해서 물었다.

"…그런데, 무슨 말씀을 하시려고 부르셨지요?"

"활과 살을 만들어 내신 반님에게서 이에님이 궁술을 전수받은 곳이 이 호수가라고 들었습니다만… 그 두 분은 지금 어디에 계신 것일까요?"

"두 분 다 생사가 확인되지는 않았습니다."

사완은 그렇게 말하며 눈을 감은 채 명상에 잠겨 있는 앗산을 돌아보았다. 앗산은 눈을 감은 채로 고개를 끄떡이고 있었다.

"생사가 확인되지는 않았지만… 필경 두 분 다 돌아가셨을 것이다. 반님께서는 이에님에게 궁술을 전수하신 후에 표연히 이 세상에서 자취를 감추셨고 이에님은 악갓의 왕국이 멸망할 때에 실종되었다. 반님은 그 연세로 미루어보아 이미 사람이 살 수 있는 수명의 한계를 넘으셨을 것 같고 이에님은 악갓의 장군 치우와 그 72인의 의형제단이 몰살당한 것으로 보아 역시 그분도 돌아가셨을 것이라고 추측되는 거다."

하노스는 다시 그 72인 의형제단의 몰살당한 것에 대해서 묻고 싶었으나 참는 수밖에 없었다. 앗산은 이미 사라진 악갓 왕국의 비밀을 밝혀내기 전에는 아무것도 말할 수가 없다고 사양했기 때문이었다.

앗산은 거울과 같은 반 호수의 수면을 바라보고 있었다. 그의 번쩍이는 외눈에 너무나 큰 우수가 고이고 있는 것 같았다. 그는 잡념을 떨쳐 버리려는 듯이 벌떡 일어났다.

"수련을 계속하자, 하노스. 이번에는 무기 쓰는 방법을 일러주겠다."

그는 사완과 함께 깎고 다듬은 두 개의 긴 막대를 들고 일어서더니 그 중의 한개를 하노스에게 건네 주었다. 막대기의 길이는 하노스의 키와 거의 비슷했고 굵기는 손에 쥐기 알맞을 정도로 둥글게 다듬어져 있었다.

"사람이 처음 태어났을 때에는 아무런 무기도 필요없었다. 사람은 여호와 신의 사랑을 받으며 그 사랑 안에서 서로를 사랑하며 살도록 되어 있었을 것이다. 그러나 어찌된 셈인지 인간 세상에는 싸움이란 것이 생기게 되었다. 그것이 어째서 생겼는지는 아무도 모른다. 하노스… 우리 인간에게 가장 먼저 생긴 무기가 무엇일 것 같으냐?"

"……"

"가장 먼저 싸움을 시작한 사람은 어떤 사람이었을 것 같으냐?"

"잘은 모르겠습니다만… 가장 먼저 싸움을 시작한 사람은 우선 공격부터 시작했겠군요."

"그렇다. 누군가가 먼저 공격을 시작했을 것이다. 왜 공격을 했을까.

하노스, 짐승들의 싸움을 생각해 보아라. 그들은 때로 먹이를 놓고 싸우거나 암컷의 소유를 놓고 싸운다. 그렇기 때문에 짐승들의 싸움은… 물론 먹이를 잡을 때의 싸움은 약육강식으로 끝나지만 동류끼리의 싸움은 죽음까지 가지 않는다. 겨루어보아서 약하다고 생각되는 쪽이 먹이나 암컷을 양보하고 물러서면 되는 것이다. 그러나 사람의 경우에는 싸우면 동류를 죽이는 데까지 몰고 간다. 그것을 우리는 살인이라고들 하지. 그러므로 인간사이의 싸움에는 먹이와 암컷의 쟁탈보다 더 심각한 어떤 사유가 있었을 것이다. 인간의 싸움이 애초부터 살인으로 시작되었다면… 최초의 무기는 무엇이었을 것 같으냐?"

하노스는 잠시 생각해 보다가 대답했다.

"그렇군요. 사람의 싸움이 단순한 우위 다툼의 그것이 아니었다면 처음부터 손과 발을 쓰는 싸움이 아니라 무기를 사용했겠군요. 그리고… 그 무기는 방어용 무기가 아니라 공격용 무기였을 게고… 처음부터 타인을 죽이기 위한 공격용 무기였다면, 아마도 그것은 돌멩이 같은 것이 아니었을까요?"

앗산은 고개를 끄떡였다.

"그렇다. 사람이 사람을 단숨에 죽이려면 손과 발의 격투 가지고는 안된다. 결국… 사람을 단숨에 죽여버리는 무기, 그것은 아마도 돌멩이였을 것이다. 누군가가 엄청난 분노 때문에 사람의 머리를 돌로 내리쳐서 단숨에 죽였을 것이다."

"그 최초의 살인자는… 어째서 사람을 죽이게 되었을까요?"

"그것은 아마도 홍수 이전에 있었던 일일 것이다. 그리고 그것 때문에 사람들의 죄악이 가득차게 되고, 그것 때문에 홍수의 징벌을 받았을 것이다. 그러나 홍수 이전에 어떤 사건들이 있었는지는 지금 아무도 모른다. 신정원의 풍백(風伯) 루악님이 나타나기 전에는 아무도 그것을 알 수가 없는 것이다. 어쨌든 그 최초의 살인자는… 먹이나 여자의 문제로 살인한 것은 아니었을 것이다. 그에게는 무엇인가 더 무서운 이유가 있었을 것이다."

앗산은 다시 자기가 쥐고 있는 막대기를 들어보였다.

"이 무기는 공격용 무기가 아니라 방어용 무기이다."

"……?"

"그 최초의 살인자로부터 시작하여 우리 인간세계에는 살인의 악습이 스며들어왔다. 그러므로 이제는 그것으로부터 자기를 보호하기 위하여 방어의 무기가 필요하게 되었던 것이다. 최초의 공격용 무기가 돌멩이였다면 최초의 방어용 무기는 막대기였을 것이다. 공격을 당한 인간은 처음에 손발을 휘두르며 그것을 막다가 힘에 겨우면 손에 잡히는 대로 막대기를 집어들었겠지…. 그래서 막대기의 무예는 방어로부터 시작된다. 자… 내가 하는 것을 잘 보아 두어라."

갑자기 앗산의 막대기가 바람을 가르며 선회하더니 허공으로부터 날아오는 가상의 물체를 막아내고 있었다. 그러나 앗산의 막대기는 그 방어의 동작이 곧 이어 공격으로 연결되는 것이었다. 막대기의 무예 역시 곡선과 직선을 혼합하고 있었다. 막을 때가 감거나 빗겨치는 곡선이면 이어지는 공격은 곧장 날카로운 직선으로 바뀌었고 격렬하게 직선으로 막았을 때는 다시 그 막대기가 뱀처럼 곡선으로 감아들어가는 것이었다.

앗산의 운봉(運棒)은 마치 춤을 추는 것처럼 아름다웠다. 그의 막대기는 때로 부드럽다가 때로 강경하고 품안에 감추듯 움추려드는가 싶으면 어느새 두 길이 넘도록 늘어나서 주위를 바람 소리로 뒤덮는 것이었다. 실로 앗산의 막대기는 그 신축이 자유자재였다. 그 오무리고 벌리는 기묘한 조화를 보며 하노스는 마치 요술에 홀린 듯 넋을 잃을 지경이었다. 막대기가 마치 비로 쓸 듯 땅 위를 쓸어가는가 싶으면 어느새 하늘 위로부터 바위처럼 무서운 기세로 떨어져 내려왔고 버들가지처럼 살랑거리다가는 갑자기 맹수처럼 밀어닥치고 있었다.

(과연 어린아이의 울음도 그치게 한다던 치우의 무술은 허명이 아니었군…)

하노스가 감탄하고 있는 사이에 갑자기 태풍이 불어닥치는 것 같은 소리가 가득히 일어나는가 싶더니 아예 앗산의 몸마저 막대기의 그림자들 속에 가려서 보이지 않게 되었다. 그리고 그 수많은 막대기들 속에서 앗산의 음성이 날아왔다.

"하노스! 사완! 나를 향해서 돌을 던져라!"

하노스가 주춤거리고 있는 사이에 사완은 어느새 돌을 주워들고 앗산

을 향해서 던지기 시작했다. 명궁의 후예답게 사완의 팔매질도 무서운
것이었다. 그러나 사완이 던진 돌은 모두 앗산이 휘두르고 있는 막대기
에 맞아 튕겨져 나오고 있었다. 앗산의 목소리가 또 날아왔다.

"하노스, 넌 뭣하고 있느냐? 빨리 던져라!"

하노스도 사완을 따라 돌을 주워들고 던지기 시작했다. 그러나 그들
이 던진 돌은 하나도 그 막대기의 숲을 뚫지 못하고 있었다.

"이제 알겠느냐, 막대기가 방어무기라는 것을?"

앗산은 그렇게 말하며 막대기의 속도를 늦추었다. 그 두텁던 막대기
의 벽이 사라지면서 앗산의 모습이 보이기 시작하고 있었다.

"자, 하노스. 따라서 움직여 보아라."

앗산은 그 신비한 운봉의 품세를 천천히 보여주었다.

"왼발을 내밀면서 좌단으로 내려쳐서 막고, 오른발 내밀면서 우단으
로 돌려치고, 좋아. 다시 왼발 앞으로, 좌단으로 내려치고! 오른발을
뒤로 빼면서 좌단으로 감아서 왼발 내밀며 앞으로 찔러!"

앗산이 구령을 부르는 동안 다시 사완의 엄격한 자세 교정이 시작되
었다. 팔과 다리의 위치가 잘못될 때마다 사완의 발길질이 사정없이 날
아오고 있었다. 뿐만 아니라 이번에는 앗산의 막대기까지 하노스의 품
세에 따라 마구 밀어닥쳤다. 막대기와 막대기가 부딪칠 때마다 하노스
의 손바닥으로 불처럼 뜨거운 충격이 쏟아져 들어오고 있었다.

앗산과 사완의 엄격한 교습 때문에 쩔쩔매면서도 하노스는 치우 가문
의 무예에 감동하고 있었다. 손발을 쓰든, 무기를 쓰든 그들의 무예는
언제나 방어에서부터 시작하고 있었던 것이다. 모든 무예의 동작은 절
대로 공격부터 시작되는 법이 없었다. 그것은 반드시 방어의 동작에서
부터 시작되었고 그 방어의 동작이 신속하게 공격으로 연결되고 있었
다.

(모든 갈등은 공격으로부터 시작되는 것이다. 누구였을까? 최초로 남
에게 공격을 가한 사람은?)

막대기의 무예는 하노스의 마음을 한결 상쾌하게 해주고 있었다. 무
엇보다도 변화무쌍한 막대기의 쓰임새와 자유자재의 신축성, 그리고 확
대되는 운신의 폭이 그의 마음에 들었다. 기분이 좋아지니까 습득의 속

도도 빨라졌고 어느새 두 사람의 막대기는 제법 장단을 맞추듯 맑은 소리를 내며 부딪치고 있었다.

"좋아! 이번엔 피하는 법이다. 하단을 후려칠 땐 뛰어올라서 피하고 중단을 후려칠 땐 공중에서 재주를 넘어 피한다. 상단을 후려칠 때엔 아래로 몸을 굴려라. 피한 후에는 반드시 공격으로 연결시키도록!"

앗산의 막대기가 갑자기 길어지는가 싶더니 하노스의 종아리를 향하여 후려쳐오고 있었다. 몸을 날려 피하자 다시 허리쪽으로 몰아쳐왔다. 하노스는 공중에서 몸을 선회시키며 막대기 끝으로 앗산의 하복부를 찔렀다. 딱 소리를 내며 앗산의 막대기가 하노스의 공격을 막았다.

"좋았어! 다음은 장중에서 몸을 빼내는 방법이다. 몸을 빼낼 때는 반드시 회전법을 쓰도록. 회전거리는 직선거리의 3배이다."

하노스는 그제서야 치우 무술의 묘미를 알 것 같았다. 그만큼 치우 무술에는 몸을 굴리든가 재주를 넘는 선회가 많았고 그것은 모두가 원형을 이용하는 운신법이었던 것이다. 직선과 곡선의 기묘한 조화가 바로 치우 무술의 열쇠인 것 같았다.

앗산의 교습이 끝나고 나서도 하노스는 오랫동안 그가 전수해 준 행보법을 되풀이하여 익혔다.

"그만 쉬어라, 하노스."

앗산이 그렇게 말하자 하노스는 동작을 멈추고 호흡을 가누었다.

"참으로 신기한 무예입니다, 아저씨."

"무엇보다도 중요한 것은… 어느 곳에서나 길을 찾는 구도자(求道者)의 마음이다. 무예도 역시 그렇다. 사람과 싸우기 위한 기술을 익히는 것이 아니고 그 동작 하나하나에서 천지의 조화와 신의 섭리를 발견하는 것이다. 천지에 숨쉬고 있는 신의 섭리, 그리고 변화와 갈등, 투쟁과 화해… 그 모든 것들 가운데서 자기의 길을 발견하는 것이다. 흙으로 토기를 빚어내는 토기장이도, 막대기로 무예를 수련하는 무사도 모두 자기 일들 속에서 길을 발견해야 하는 것이다…"

하노스는 고개를 끄덕이며 말했다.

"…저도 수련중에 바로 그것을 생각하고 있었습니다. 어려운 고비를 넘길 때마다 새로운 길이 열리는 것을 느꼈고 그럴 때마다 새로운 힘이

솟아나는 것을 체험했습니다. 그것이 어째서인지는 모르지만 길은 고난
을 통해서 열리는 것 같더군요."

"그것이 바로 너의 자질이다, 하노스."

앗산은 대견한 듯이 하노스를 바라보았다.

"바로 그런 마음 때문에 너의 진보가 빠른 것이다. 비록 한달이란 기
간이 길진 않으나 그 정도로 나가면 만국회의의 무술대회를 석권할 수
있을 것이다."

"하지만 아저씨, 전 그런 대회에 나가고 싶지 않습니다. 구도자는 자
기의 성취를 남들에게 자랑하지 않는 법이지요."

"옳은 말이다. 그러나 하찮은 재주를 가지고 으쓱거리는 자들에게 한
번쯤 본때를 보여주는 것도 과히 나쁜 일은 아니지."

거기까지 말한 앗산은 갑자기 긴장하며 고개를 돌렸다. 하노스와 사
완도 본능적으로 그가 바라보는 쪽을 향하여 시선을 모았으나 아직 그
들의 시야에는 아무것도 나타나지 않고 있었다.

잠시 그렇게 꼼짝않고 있던 앗산은 들고 있던 막대기를 꼬나잡으며
천천히 걸음을 옮겨 딛기 시작했다. 몇 발짝 걷던 앗산은 다시 걸음을
멈추었다. 하노스와 사완도 따라서 걸음을 멈추는데 갈대 사이를 헤치
며 누런 물체 하나가 굴러나오는 것이었다.

그것은 한 마리의 짐승이었다. 갈대밭에서 나온 그 누런 짐승은 어쩐
일인지 꼼짝을 않은 채 서 있더니 그 자리에 푹 쓰러져버리는 것이었
다. 세 사람은 다시 걸음을 옮겨 짐승에게로 가까이 다가갔다. 그것은
한 마리의 사슴이었다.

그러나 죽어 있는 짐승이 사슴인 것을 알고서도 세 사람의 표정은 한
결같이 질려 있었고 그들의 시선은 한 곳에 집중되고 있었다.

그들이 똑같이 응시하고 있는 곳은 바로 사슴의 이마였다. 사슴의 미
간 한가운데에는 화살 하나가 깊숙이 박혀 있었던 것이다. 누군가 이
달리는 사슴을 쏘았음에 틀림이 없었고, 그 활 솜씨는 무서울 정도로
정확하게 미간을 명중하고 있었다.

그러나 누구보다도 놀란 것은 사완이었다. 그는 굳은 표정으로 짐승
앞에 가까이 다가가더니 가늘게 떨리는 손가락으로 사슴의 미간에 박힌

화살을 쓰다듬어보고 있었다. 그리고 신음하듯 중얼거렸다.

"…아버님의 화살입니다!"

앗산도 무겁게 고개를 끄덕였다.

"단궁(檀弓)이로군."

싸릿대로 다듬어진 화살에는 청동의 살촉이 박혀 있었고 오늬쪽에는 세 개의 깃털이 달려 있었다. 비록 화살은 싸릿대였지만 박달나무로 만든 단궁이 아니면 대나무나 뼈로 만든 활로는 이런 정도의 명중이 어림도 없는 일이었던 것이다.

"누구일까요, 아버님의 단궁을 쏜 사람은?"

앗산은 잠시 고개를 숙인 채 무엇인가 생각하는 듯하더니 갑자기 껄껄 웃는 것이었다.

"이봐, 마침 배가 고프던 참인데 잘됐지 뭔가. 오늘은 사슴고기로 포식하겠구먼. 자… 어서 이놈을 둘러메게. 그리고 하노스, 넌 고기 구울 나무를 마련해야겠구나."

사완은 잠시 망설였다. 누군가가 이 짐승을 단궁으로 쏘았으니 어딘가 있을 그는 분명 죽은 짐승의 임자가 되는 것이었다. 그러나 앗산이 자꾸만 재촉을 하기 때문에 별수 없이 그는 아직도 꿈틀거리는 사슴의 몸뚱이를 짊어졌다. 앗산은 계속해서 기분 좋은 듯이 웃었다.

"가세… 오늘은 여호와 신께서 배고픈 우리를 불쌍히 여기사 맛있는 사슴고기를 보내주셨네 그려… 헛헛헛…"

그러나 그들이 채 열 걸음도 옮기지 못해서 갈대숲 속으로부터 날아온 한 날카로운 소리가 그들의 덜미를 잡았다.

"그 짐승을 돌려주세요!"

그것은 뜻밖에도 어린 소녀의 목소리였기 때문에 세 사람은 깜짝 놀라며 갈대숲을 바라보았다. 어깨에는 화살통을 비스듬히 둘러메고 단궁을 손에 잡은 한 소녀가 갈대숲 사이에서 팔랑팔랑 뛰어나오고 있었다.

"그 짐승을 돌려주세요!"

햇볕에 그을기는 했어도 소녀는 초롱초롱한 눈매와 아름다운 자태를 지니고 있었다. 그녀의 눈썹은 그린 듯이 고왔고 검은 머리는 단정하게 빗겨져서 뒤쪽으로 묶여져 있었다.

앗산은 다소 얼떨떨한 표정으로 소녀를 바라보았다.

"네가… 이 짐승을 활로 쏘았느냐?"

다부지게 다물어져 있던 소녀의 입술이 방시레 열렸다.

"네"

앗산은 무슨 생각을 했는지 다시 입가에 웃음을 띠었다.

"어린 네가 이 짐승을 명중시켰다니 도저히 믿어지지가 않는구나. 네 솜씨를 한번 더 내게 보여줄 수 있겠니?"

"…분부대로 받들겠습니다."

소녀의 태도는 매우 의젓한 데가 있어 보였다. 앗산은 잠시 주위를 둘러보다가 문뜩 머리 위로 날아가는 하얀 새를 발견하고 말했다.

"너… 저 새를 맞출 수 있겠니?"

"필요 없는 살생은 하고 싶지 않습니다. 그 대신 제 살을 하나 띄우지요."

소녀는 화살 하나를 시위에 멕이더니 이내 활을 당겼다. 박달나무의 활이 거뜬하게 휘어지고 있었다. 날카로운 소리를 내며 화살이 시위를 떠나자 소녀는 재빨리 또 한 개의 살을 멕여서 쏘았다. 하늘이 찢어지는 듯한 소리가 공중으로부터 들리고 두 개의 화살은 펄럭거리며 떨어져 내려오고 있었다. 화살들이 땅에 떨어지기를 기다려 앗산은 달려가 그것을 집어들었다. 한 개의 화살이 다른 화살에게 꽁무니를 맞아서 오늬에서부터 두 개로 찢어져 있었다. 세 사람이 너무 기가 막혀서 아무 말도 못하자, 소녀는 비로소 방그레 웃으며 말했다.

"이젠 이 짐승을 가져가도 될까요?"

"잠깐… 아가씨는 누구에게서 궁술을 배웠지?"

"……?"

"아가씨가 지금 쓰고 있는 그 활은 명궁 이에님이 아니면 쓰지 못하는 활이다. 아가씨는 이에님으로부터 배웠나?"

"그것은… 지금 말씀드릴 수 없는 것을 용서해 주십시오."

"아가씨의 이름은…"

"가미엘"

"가미엘? 그럼 아버님의 이름은 누구이시지?"

"아버님은… 안계세요."

"그럼… 어머님은?"

"어머님도 안계셔요."

"그러면 고아란 말이냐?"

소녀는 얼핏 쓸쓸한 표정이 되면서 고개를 끄떡였다.

"제 동생과 둘이서 살고 있답니다."

세 사람은 모두 안됐다는 듯이 한숨을 쉬었다. 특히 마음씨가 여린 하노스는 그렇게 말하는 소녀의 모습이 너무 가련해 보여서 어쩔 줄을 모르고 있었다. 다시 앗산이 물었다.

"그러면… 아가씨와 동생이 살고 있는 곳은 어딘가?"

소녀는 땅에 떨어진 화살을 집으며 손가락으로 북쪽 산봉우리를 가리켰다.

"저 봉우리 중턱에 있는 동굴 속에서 비바람을 피하고 있습니다."

"그렇다면… 이 짐승을 네게 돌려준다 하더라도 어떻게 거기까지 가져가겠단 말이냐?"

앗산이 그렇게 말하자 소녀는 궁금한 듯 그의 얼굴을 바라보았다.

"우리는 남자가 셋이나 되니 이것을 번갈아 둘러메고 네가 사는 곳까지 날라다 줄 수 있다. 그 대신 너는 이 불쌍하고 배고픈 남자들에게 너의 맛있는 사슴고기를 조금씩 나누어 줄 수 있겠니?"

그제야 소녀는 환하게 웃으며 고개를 끄떡였다.

"물론이지요. 어차피 이 짐승은 저와 제 동생에게 너무 큰 걸요."

앗산은 벌써 사슴고기가 먹고 싶은지 웃음을 흘리면서 사완에게 눈짓을 했다. 아직도 사슴을 둘러멘 채 앗산과 소녀의 수작을 듣고 있던 사완은 알았다는 듯이 앞장서서 성큼성큼 걷기 시작했다.

사완이 앞장섰기 때문에 앗산과 하노스는 소녀를 가운데 두고 거의 나란히 걷게 되었다. 하노스는 소녀의 손에 들려져 있는 그 신비의 단궁(檀弓)을 내려다보며 고개를 갸웃거렸다. 어지간한 장정도 쉽게 당기지 못하는 그 박달나무의 활을 이 어린 소녀는 아무렇지도 않게 쓱쓱 당기고 있었던 것이다. 소녀의 당돌하면서도 야무진 태도와 그 귀엽고도 티없는 모습이 단궁의 신비와 겹쳐져서 자꾸만 하노스의 시선을 끌어당기는 것이었다.

소녀는 사완의 빠른 걸음걸이를 따라서 팔랑거리며 걷다가 좌우에서 걷고 있는 앗산과 하노스을 번갈아보더니 입을 열었다.

"그런데… 아저씨들은 어떻게 이곳에 오셨나요?"

"아가씨, 이 영감한테는 아저씨란 말이 어울리지만 그쪽에 있는 총각은 아저씨란 말을 듣기엔 너무 젊지 않을까?"

그러자 소녀는 비로소 곁에서 걷고 있는 하노스의 얼굴을 자세히 바라보더니 쿡쿡거리며 웃었다.

"그러면… 오빠라고 부를까요?"

그러자 이번에는 하노스의 얼굴이 붉게 물드는 것이었다.

"가… 가미엘이라고 했던가? 가미엘은 몇 살이지?"

"열두살"

"그렇다면 오빠라고 불러도 되겠군. 난 열다섯살이니까."

"어머, 잘됐군요. 전 사실 오빠가 한분 있었으면 좋겠다고 늘 생각했었어요. 오빠 이름은?"

"하노스"

"좋은 이름이네요. 제 동생 에벨에게도 형님이 되어 주시겠죠?"

"물론이지. 버릇 없고 고약한 녀석만 아니라면… 그런데 그 동생은 몇 살이야?"

"저보다 네살 아래예요."

"여덟살…"

하노스는 아르박삿 왕궁에 맡겨둔 드단 소년을 생각하고 있었던 것이다. 여덟살이라면 가미엘의 아우는 드단과 같은 또래인 것 같았다. 하노스는 같은 고아의 처지인 두 소년이 좋은 친구가 될 수 있을 것으로 생각하고 있었다.

"그런데…"

가미엘 소녀는 다시 두 사람을 번갈아 살펴보더니 말했다.

"두 분은 어째서 모두 막대기를 들고 계시나요? 아직 지팡이를 짚으셔야 할 연세는 아니신 것 같은데…"

하노스가 손에 들고 있던 막대기를 내려다보며 우물거리자 앗산이 그 말을 받았다.

"가미엘, 우리는 이 막대기를 가지고 서로 싸우는 중이었단다."

"네…?"

"오늘 저녁 식사를 누가 준비하느냐를 가지고 싸웠는데 이제 맛있는 고기가 생겼으니 싸울 이유가 없어졌구나."

그러자 가미엘이 눈을 반짝거리며 말했다.

"아하, 이제야 알겠어요. 두 분께서는 무술 연습을 하고 계셨군요?"

"가미엘, 넌 아주 총명한 아이로구나. 어떻게 그것을 알았지?"

"사람이 처음 사용한 무기는 미움과 시기로 인해서 던진 돌멩이이고, 자기를 보호하기 위해서 처음 잡았던 무기는 막대기라고 하더군요."

"뭐?"

앗산은 깜짝 놀라고 있었다. 그것은 바로 조금전 앗산 자신이 하노스에게 들려주던 말이었던 것이다.

"가미엘… 그것을 누가 네게 가르쳐주었지?"

"저희 스승님께서 그렇게 말씀하셨어요."

"스승님? 그 스승님은 누구였지?"

그러자 가미엘은 잠시 걸음을 멈추어 서더니 앗산의 얼굴을 바라보며 살며시 웃는 것이었다.

"아저씨… 아저씨들은 어떤 분들인지 하나도 가르쳐주시지 않으면서 저에 대해서만 자꾸 물어보시네요. 그건 공평하지 못한 것 같군요."

소녀의 말은 매우 정곡을 찌르고 있었다. 아이에게 망신을 당한 꼴이 된 애꾸눈의 앗산은 머쓱한 표정이 되면서 뒤통수를 긁었다.

"이거 내가 오늘 꼬마 아가씨한테 몹시 혼나는군."

"죄송해요, 아저씨. 전 다만 공평하지 못하다는 것만 말씀드렸을 뿐인데…"

가미엘은 또 방긋 웃으며 앗산의 손을 잡는 것이었다. 손 안에 들어온 소녀의 작은 손을 잡으며 앗산의 표정은 금새 어린아이처럼 풀어지고 있었다. 그는 새털처럼 약간 상기한 목소리로 말했다.

"그러고 보니 우리 모두가 귀하신 아가씨에게 실례를 한 셈이로군. 난… 앗산이라고 한다. 그리고 그 곁에 따라오는 총각은 하노스… 앗수르 제국을 다스리는 하난 대제의 막내 아드님이시지."

그러나 소녀는 하노스가 황제의 아들이라는 데 대해서 별로 놀라지 않고 있었다. 그녀는 하노스를 돌아보며 말했다.

"황제궁의 오빠가 생겨서 잘됐네요. 황제궁에는 좋은 구경거리가 많이 있겠지요. 언젠가 한번 가서 구경하고 싶어요."

소녀가 조금두 놀라지 않는 것을 보고 매우 의아함을 느끼면서 하노스도 지지 않고 대꾸했다.

"좋아, 언제라도 가미엘이 오면 내가 안내해 줄께."

"그리고 저 앞에서 짐승을 지고 가는 사람은…"

앗산이 가미엘에게 소개를 계속했다.

"저 사람의 이름은 사완이다. 하노스의 경호원이지."

"그럴 줄 알았어요. 젊은 사람을 놔두고 나이 든 분이 짐을 지는 것을 보니 경호원쯤 되는 줄 알았어요."

소녀의 날카로운 안목에 하노스는 문뜩 부끄러움을 느끼고 있었다. 사완에게 짐을 지도록 내버려둔 것은 아직도 자신이 황제의 아들이라는 의식에서 벗어나지 못하고 있는 증거였던 것이다. 앗산을 스승으로 삼고 사완을 형님으로 삼았다면 그 짐은 하노스가 져야 했던 것이다.

가미엘은 자신의 지적이 좀 심했다 싶었는지 말꼬리를 돌렸다.

"그런데… 앗산 아저씨께서는 앗수르 황궁에서 무얼 맡고 계시나요?"

"나…? 나는…"

앗산이 머뭇거리자 하노스가 대신 대답했다.

"앗산 아저씨는 내 스승님이셔. 그런데… 이쯤되면 이제 가미엘 쪽에서 이야기가 좀 있어야 공평하지 않을까?"

"그렇군요, 오빠. 저희 남매는…"

어느새 그들은 봉우리의 중턱에 이르러 있었다. 그러나 그들의 대화를 중단시킨 것은 눈앞에 벌어지고 있는 진기한 광경이었다. 그들의 눈앞에는 한 어린 소년이 깔깔대고 웃으면서 붉은빛의 털을 가지고 있는 두 마리의 새끼곰과 씨름을 하고 있었던 것이다. 그리고 그 곁에는 커다란 몸집의 어미곰이 재미있다는 듯 그 모습을 구경하고 있었다.

떠오르는 이름들

그날 저녁, 가미엘 남매의 동굴에서는 성대한 저녁 식사가 준비되고 있었다. 앗산과 사완은 사슴의 고기를 요리할 수 있도록 저며냈고 가미엘은 육식을 좋아하지 않는 곰의 식구들을 위해 도토리와 산채, 그리고 벌꿀 같은 것들을 장만하고 있었다. 하노스는 가미엘의 아우 에벨 소년과 함께 동굴 입구에다 임시 아궁이를 설치하고 모닥불을 지피기 시작했다.

에벨 소년은 금방 하노스와 친해져서 그의 곁에 바싹 붙어 앉아 이것저것을 질문하는 것이었다.

"형, 앗수르 사람들은 무슨 일을 하고 살지?"

"농사를 짓거나, 장사를 하거나…"

"농사는 뭐고, 장사는 뭐야?"

"에벨, 너희 남매는 이 산 속에서 무엇을 먹고 살았지?"

"도토리나 나무열매를 따먹고 살았지. 이따금씩 누나가 사냥을 해오기도 하고 또 물고기도 잡아먹고…."

"그러나 사람들이 많이 모여서 사는 곳에는 그런 것들을 아무 데서나 구하기 어렵단다. 그래서 사람들은 먹을 만한 열매가 열리는 나무나 풀을 봄에 심어서 가을에 그 열매를 거두어 저장하는 거지. 그런 일을 농사라고 한단다."

"그럼 한꺼번에 많이 따서 두고두고 먹겠네?"

"그렇지"

"그렇다면… 열매를 거둘 때까지 일할 동안은 괜찮겠지만 저장해 놓고 먹기만 할 때는 사람들이 좀 게을러지겠지?"

"물론 겨울에도 여러가지 준비할 일들이 있기는 하지만 겨울에 게을러지는 것이 농사짓는 사람들의 문제란다."

하노스는 어린 에벨의 질문에 대답하면서 이 아이도 아르박삿 왕궁에 맡겨놓은 드단 소년처럼 몹시 총명한 아이라는 생각이 들었다. 에벨은 질문을 계속했다.

"그럼… 장사는 뭘 하는 거야?"

"사람은 살아가노라면 먹을 것 말고도 더 필요한 것이 생기게 된다."

"먹을 것 말고…?"

에벨 소년은 눈을 깜빡거리더니 알았다는 듯이 말했다.

"그렇지, 옷이나 신발 같은 것이 필요하겠네."

에벨은 자기가 걸치고 있는 가죽옷을 내려다보며 말했다. 그런 에벨의 모습을 보면서 하노스는 기이한 부러움 같은 것을 느끼고 있었다. 먹을 것과 입을 것만 있으면 충분하다고 생각하는 에벨의 순수함에 대한 공감이었던 것이다. 실제로 앗수르나 다른 나라에 사는 사람들은 먹을 것과 입을 것 말고도 얼마나 많은 것을 필요로 하고 있는 것인가. 그러나 하노스는 차마 에벨에게 먹을 것과 입는 것 외에도 훨씬 더 많은 것들이 필요한 것을 이야기해 줄 수가 없었다.

"맞았어. 그래서 어떤 사람들은 농사를 짓고… 어떤 사람들은 양을 길러서 가죽을 생산하는데, 그들은 서로가 필요한 것을 바꿀 필요가 있게 되는 거야."

"왜 한 사람이 두 가지를 다 못하지?"

"바쁘기 때문이야."

"바쁘다고…? 겨울에는 한가하다면서?"

"하지만 여름에는…"

"자기가 먹을 것만 심고 거두는 데도 그렇게 바쁜가?"

"에벨, 농사 짓는 사람들은 자기가 먹을 만큼만 심을 수가 없단다. 날이 가물어서 농사를 망칠 때도 있고 홍수가 나서 모두 다 떠내려갈

수도 있기 때문에 먹을 만큼보다도 더 심어야 하는 것이지."

"아하, 알겠다. 그러니까 결국 믿음이 없어서 그렇군."

"믿음…?"

"그래. 비가 오는지 안 오는지, 또 적당히 오는지 너무 많이 오는지 알 수가 없으니까…"

하노스는 마음속으로 깜짝 놀라고 있었다. 에벨의 말대로 믿음이 없는 데에서 모든 문제가 발생하고 있는 것인지도 몰랐던 것이다. 믿음이 없어진 이후로 사람들은 인간의 지혜로 그것을 알려고 했다. 학자들이 연구를 하고 천문학이 발달했어도 아직 인간은 날씨가 어떠하리라는 것조차 제대로 알아내지 못하고 있었던 것이다.

"맞았어. 그래서 사람들은 자기가 필요한 것보다 더 많이 심고 거두어야 하는 거야."

"그런데… 만약 그 다음해에도 농사가 잘되면 먹을 것이 너무 남겠네?"

"그렇지. 그래서 사람들은 서로 남는 것을 바꾸는 방법을 생각했단다."

"먹는 것과 입는 것을?"

"맞았어."

"하지만… 먹을 것은 계속 필요한데 입을 것은 그렇게 자주 필요한 것이 아니잖아?"

"그렇지. 그래서 입을 것을 만드는 사람들은 값을 비싸게 매기기 시작했거든."

"그러면… 먹는 것을 가지고 있는 사람과 입는 것을 만드는 사람 사이에 다툼이 생길 것 아니야?"

하노스는 고개를 끄떡거렸다. 사람들의 다툼과 갈등은 바로 거기서 생기고 있는 것이었다. 또 문제는 그것뿐만이 아니었다. 먹을 것을 가지고 있는 사람들은 늘 창고에 여유를 쌓아놓고 있는데 입는 것을 만드는 사람들은 그럴 수가 없었다. 그것은 옷의 수명이 너무 길기 때문이었다. 그래서 그들은 늘 더 좋은 옷을 만들어내기 시작했다. 들에서 일할 때 입기 좋은 가죽옷 대신 편히 쉬며 놀 때 편리한 섬유옷들을 만들어내기 시작한 것이었다. 섬유로 옷을 만들면서 다시 여러가지 색깔로 물들이는 염색 기술이 발달하였고 사람들은 자꾸만 새로운 색깔과 새로운 모양의 옷을 탐내게 되었다. 그래서 옷을 만드는 사람들도 점점 여유를 쌓아놓을 수 있게 되었던 것이다.

"그렇다… 그래서 물건을 바꾸는 것을 장사라고 하는데 그때 일어나는 다툼을 조정하기 위해서 또 다른 일들이 생겨났다. 즉, 그들간의 다툼을 중재하고 재판하는 일들이지. 그 사람들은 그것을 하고 세를 받아서 먹고 사는 거야."

에벨은 뭔가 골똘히 생각하더니 고개를 갸웃거리면서 말했다.

"그건… 어려운 일들이 생길 염려가 있겠군요."

"어려운 일…?"

"그 사람들은… 장사하는 사람, 즉 물건을 바꾸는 사람들을 위해서 일해 주고 그들 덕분에 벌어먹고 사는 사람들이지요?"

"그렇지"

"그런데… 서로 다투는 사람들이 모두 그 중재하는 사람들에게 자기 편이 되어 달라고 부탁하다 보면… 차츰차츰 그들은 거꾸로 장사하는 사람들을 다스리는 자로 변해 가지 않을까요?"

"……"

하노스는 어린 에벨의 눈을 바라보며 이 아이는 보통내기가 아니로구나 하는 생각이 들었다. 산 속에 살면서 사람들이 모여사는 체제에 대해서는 아무것도 모르는 에벨이 바로 그 체제의 문제점을 거침없이 논증해 내고 있었던 것이다. 권력이란 모두 그 처음에는 봉사의 형태에서 출발한 것이었다. 그러나 인간들의 탐욕이 그들에게 권력을 부여했고 모든 것을 자기 쪽으로 유리하게 하려는 불의가 그들을 압제자로 만들었던 것이다.

사람들이 두려워하고 고통스러워하는 그 모든 것들은 바로 인간 자신의 문제에서 출발하였던 것이다. 참으로 기묘한 올무가 아닐 수 없었다.

하노스는 다시 가슴속이 답답해 옴을 느끼고 있었다. 무엇인가 그 자신을 둘러싸고 있는 모순과 허위와 의문들 속에서 그는 몸부림치고 있

는 것이었다. 그는 타오르는 모닥불 속에서 무언가 잡힐 것만 같은 빛
의 실마리를 노려보고 있었다. 누구보다도 불을 좋아한다는 마대 사람
들이 생각났다. 그들은 인생의 괴로움을 불 속에서 태우고 인생의 어두
움을 불 속에서 사른다는 것이었다. 그들이 좋아하고 따르던 엘람 가문
의 몰락 이후로 마대 사람들은 그들의 빛을 잃은 것이었다. 그래서 그
들은 자꾸만 불나비처럼 황홀한 불 속으로 뛰어드는 것이었다.

갑자기 동굴 안으로부터 곰의 새끼들이 낄낄거리며 뛰어나왔다. 그들
은 에벨의 주위를 빙빙 돌며 뭔가 즐거운 듯이 지껄이는 것이었다. 어
미곰도 동굴 입구까지 나와서 새끼들을 바라보고 있었다. 에벨이 말
했다.

"고센 아저씨가 오시는군요."

"고센…?"

"누나와 저를 돌보아주시는 아저씨예요."

에벨의 말이 끝나기도 전에 숲 속으로부터 키 큰 사내 하나가 걸어나
오고 있었다. 에벨이 달려가서 그에게 안겼고 곰들도 앞발을 쳐들고 그
를 반기는 것이었다. 고센은 에벨과 인사를 나누고 곰들을 쓰다듬어준
뒤에 모닥불 앞에 서 있는 하노스를 바라보았다. 에벨이 하노스를 소개
했다.

"아저씨, 저 형은 앗수르에 살고 있대요. 누나가 사냥을 하다 만났는
데 굴 안에도 일행인 두 분이 계시구요."

"오… 그래? 아주 잘 생긴 귀공자로구나. 어디 그럼… 손님들과 인사
를 나누어 볼까?"

고센이라고 한 그 사내가 동굴 쪽을 바라보며 걸음을 옮기려 했으나
그럴 필요가 없었다. 동굴 안으로부터 가미엘이 앗산과 사완을 이끌고
나오는 중이었던 것이다. 가미엘은 고센에게 인사를 하고 나서 앗산과
사완을 그들에게 소개하였다. 그러나 미처 가미엘의 소개가 끝나기도
전에 고센은 앗산의 앞에 꿇어앉아서 절을 올리는 것이었다.

"장군… 이런 데에서 앗산 장군을 뵙게 되니 영광입니다."

가미엘과 에벨이 놀란 눈으로 애꾸눈의 앗산을 바라보는데 누구보다
도 더 놀란 사람은 앗산 자신이었다.

"아니… 당신은 누구십니까?"

"소인은 본래 기스 땅에서 농사를 짓고 있던 백성이었습니다. 엘람의 수멜님께서 기스 성을 건설하시기 전부터 저희 선조는 그 땅에 살고 계셨지요. 그러나 끔찍한 10년 전쟁 끝에 수멜님은 돌아가셨고 앗수르의 악갓님께서 기스를 다스리시게 되어 기스 사람들은 다시 평화로운 나날을 보낼 수 있었습니다. 그러나… 어쩐 셈인지 기스를 다스리던 악갓 왕국은 사라지게 되었고 다시 기스 땅은 앗수르의 치안을 담당하던 니므롯의 소유가 되어 바벨이라는 이름으로 바뀌게 되었던 것입니다. 기스가 바벨로 바뀐 지 얼마 안되어서 저의 선친은 병으로 돌아가셨고 저는 어쩐지 그 바벨이 싫어져서 이렇게 떠돌아다니며 혼자서 살고 있습니다."

"그런데… 어떻게 나를 알아보았습니까?"

"기스의 백성이 앗산 장군을 모를 리가 있습니까? 천하를 호령하시던 저 치우 장군의 아드님이신데 저희가 왜 모르겠습니까?"

앗산은 좀 난감한 표정이었다. 전쟁의 부상으로 애꾸눈이 되었고 게다가 세수도 안한 채 검댕칠을 하고 다니는데도 자기를 알아본다면 사람들 앞에서 은신하기가 얼마나 어려운가를 실감한 모양이었다.

"당신이… 당신이 알고 있는 앗산은 눈이 둘 달린 앗산일 텐데?"

"장군… 기스에 살던 백성이면 장군께서 화살에 한눈을 맞아 부상당하신 것을 누구나 다 알고 있습니다. 장군께서는 그 무서운 밤에 온 성내가 불타고 있을 때… 그 속에서 한쪽 눈에 화살이 박힌 채로 군사들을 지휘하시며 말을 달리고 계셨지요."

차츰 앗산은 그 운명의 밤을 생각하는지 비감한 표정이 되어가고 있었다. 가미엘이 그들의 어색한 침묵을 깨려는 듯 말했다.

"아저씨, 이제 인사는 하셨으니 천천히 식사를 하시면서 더 이야기를 나누시지요. 제가 오늘 사슴 한 마리를 잡았거든요."

가미엘이 고기를 가지러 안으로 들어간 사이에 이미 신분이 노출되어 버린 앗산은 자기의 옛 부하였던 사완을 고센에게 소개하였다. 그런데 고센은 앗산이 단지 그의 이름만을 소개하였는데도 대번에 그를 알아보는 것이었다.

"앗… 사완님은 저 명궁(名弓) 이에님의 자제가 아니신지요?"

"……?"

"사완님께서는 가미엘이 가지고 있는 단궁을 보셨겠지요?"

"……"

"가미엘은 이에님의 제자인 에바에게서 궁술을 배웠다고 합니다."

"에바…"

"여류 궁사로서 유명한 분이지요. 그분이 늘 말씀하시기를 명궁 이에님에게는 사완이라는 아드님이 계셨다고…."

사완은 더 이상 자기가 부친 이에와 상관 없는 척하지를 못하고 입을 다물 수밖에 없었다. 흰 얼굴의 고센은 어색한 분위기를 떨쳐버리려는 듯 큰소리로 말했다.

"이거 오늘은 아주 뜻깊은 만찬이 될 것 같습니다. 아, 가미엘이 고기를 가지고 오는군요. 굽는 건 제가 하지요. 오랜 산중 생활 때문에 고기 굽는 기술은 많이 늘었거든요."

과연 고센의 고기 굽는 솜씨는 제법이었다. 그는 고기를 뾰족하게 깎은 나뭇가지에 꿰어서 이리저리 뒤적거리며 먹음직스럽게 굽는 것이었다.

"그런데… 고센이라고 하셨던가? 당신은 이 아이들을 어떻게 만났습니까?"

"제가 이 아이들을 만난 것은 바로 저 반 호수가에서였습니다. 그때 가미엘은 다섯살이었고 에벨은 갓난아기였지요."

"그 두 아이만 버려져 있었습니까?"

고센은 곰들에게 도토리를 나누어 주고 있는 가미엘을 흘낏 바라보고는 말을 이었다.

"젊은 여인이 등에 칼을 맞은 채 쓰러져 있었지요. 가미엘에게 물어보니 바로 그녀가 자기 어머니라는 것이었습니다. 아버지는 누구냐고 하니까 아버지를 기억하지 못하고 있었습니다."

앗산과 사완은 가미엘과 에벨을 측은하게 바라보며 고개를 끄떡였다. 하노스는 속으로 고센이 그 애들을 발견한 때를 계산해 보고 있었다. 가미엘이 다섯살 때였다면 7년 전이었고 그렇다면 하노스 자신이 지금 에벨의 나이인 여덟살쯤 되었을 때였던 것이다. 하노스가 홀아비 고센이 어떻게 그 애들을 돌보았을까 궁금하게 생각하고 있는데 고센이 스스로 말했다.

"사실은 그때 저도 참 막연했었습니다. 큰아이는 제가 어떻게 데리고 다니며 키울 수가 있었지만 갓난아기 에벨에 대해서는 아무런 대책이 없었지요. 그런데…"

고센은 다시 에벨을 돌아보았다. 에벨은 또 곰의 새끼들과 낄낄거리며 장난을 치고 있었다.

"아이들을 잠시 이 동굴에 남겨놓고 먹을 것을 구하러 나갔다가 돌아와보니 저 어미곰이 동굴 안에 들어와 에벨에게 젖을 먹이고 있었습니다. 곁에는 갓난 새끼곰 두 마리가 있었는데 젖을 먹고 있는 아기를 신기한 듯이 들여다보고 있었지요."

"그러면… 이 아이들을 7년간이나 돌보고 계셨군요?"

하노스가 그렇게 묻자 고센은 그에게로 얼굴을 돌리며 말했다.

"그렇기는 합니다만…"

"아저씨, 전 아직 나이가 어린데 그렇게 말씀하시면…"

"아닙니다. 하노스님, 전 하노스님이 하난 폐하의 아드님이신 것을 잘 알고 있습니다."

앗산과 하노스는 서로 얼굴을 마주보며 놀라는 표정을 짓고 있었다. 이 고센이란 사내는 산 속에 산다면서 도대체 너무나 아는 것이 많았던 것이다. 그런 두 사람의 눈치를 모르는 척하며 그는 이야기를 계속했다.

"사실은 이 아이들을 제가 7년 동안 줄곧 돌본 것이 아닙니다. 저는 워낙 이리저리 떠돌아다니기를 좋아하는 놈이 돼서… 이 애들 때문에 고심을 했었습니다만 마침 좋은 보호자가 나타났지요."

앗산이 다시 입을 열었다.

"그 보호자가 이엔님의 제자 에바였었나요?"

"그렇습니다"

앗산은 다시 사완을 바라보며 말했다.

"사완… 그 에바라는 제자는 자네도 알고 있나?"

　그제서야 사완은 고개를 끄덕이며 말했다.

　"자세히는 모릅니다만… 제가 군대에 입대하던 그 해에 한 청년이 두 명의 소녀를 데리고 아버님을 찾아왔었습니다. 두 소녀의 나이는 지금의 가미엘과 에벨 정도였는데…. 그 청년은 두 아이를 아버님께 맡기고 다시 어디론가 사라졌지요. 그 아이들은 제가 군대에 있는 동안에도 계속해서 아버님과 함께 지냈던 모양인데… 악잣이 사라지던 그날 이후 종적을 감추어버렸던 것입니다."

　"그 둘 중의 하나가 에바였다는 말인가?"

　"그렇습니다. 두 아이는 아람 가문의 출신이었다고 들은 것 같습니다. 큰아이의 이름은 에다였고 좀 수줍은 편이어서 말수가 적었습니다만 작은 아이 에바는 성품이 명랑하고 활달했었지요. 아마도 아버님께서는 그 작은 아이에게 궁술을 가르치셨던 것 같습니다."

　"내가 알기로는… 부친께서도 전쟁에 참여하셨고 전사하신 것으로 알고 있는데 어떻게 그 아이를 가르치실 수 있었겠는가?"

　"…큰아이 에다는 내성적이어서 줄곧 저의 모친과 함께 집에 있었고 담대했던 에바는 전쟁중에도 아버님을 따라다녔다고 합니다. 그러나 그러는 동안 궁술을 전수할 시간이 있었는지는 잘 모르겠습니다."

　"그렇다면… 집에 있던 큰아이가 어떻게 사라졌는지는 모친께서 아실 텐데?"

　"그렇습니다. 기스 성이 함락되던 그날 3년 전에 아이들을 맡기러 왔던 그 청년이 다시 찾아왔었다고 합니다. 모친께서 에바가 집에 없다고 하니까 그 청년은 큰아이만 데리고 갔다는 것입니다."

　"홈… 그러니까 에다는 그 청년이 데려갔고 에바는 이에님과 함께 있었다… 그러니까"

　앗산의 눈빛이 갑자기 빛나고 있었다.

　"지금 이분의 말대로 에바가 살아 있다면 이에님의 행방에 대해서도 알아볼 수가 있겠군?"

　"그래서… 아까 에바의 이야기가 나왔을 때부터 그 생각을 하고 있었습니다. 고센님, 그 가미엘 남매를 돌보았다는 에바는 어떻게 그들을 만나게 되었으며, 지금 어디 있습니까?"

"사완님, 어서 식사를 하시지요. 이제 곧 그분에게 안내를 해 드리겠습니다."

그것은 참으로 놀라운 선언이었다. 15년 전의 괴이한 사건으로 사라져버린 악갓 왕국과 함께 행방불명이 되었던 에바, 사완의 부친 이에의 행방까지도 알고 있을지 모르는 그 에바를 이제 곧 만날 수 있다는 이야기였다.

하노스도 새삼스럽게 고센의 하얀 얼굴을 바라보고 있었다. 그는 참으로 모르는 것이 없는 것 같았다. 혹암 속에 잠겨져 있는 과거의 창고를 열고 거기에 들어 있는 비밀의 실마리들을 조금씩 꺼내고 있는 창고지기와 같은 사람이었다. 그는 식사 중에도 여러가지 이야기들을 많이 꺼내고 있었다. 남쪽 지방의 가나안 가문에 관한 이야기며 나일 강까지 진출한 미스라임 가문과 붓 가문에 이르기까지 그의 식견은 닿지 않는 곳이 없는 것 같았다. 그는 하노스를 바라보면서 말했다.

"아, 하노스님⋯ 루딤 왕가의 메네스 왕자도 이번 만국회의에 참석한다지요?"

하노스는 그 질문의 의미를 알고 있었다. 만국회의라면 천하 모든 나라들의 거의 모든 왕과 족장들이 다 모여들 터이니까 루딤 왕가의 메네스 왕자가 참석한다고 해서 조금도 이상할 것이 없는 것이었다. 하노스는 모른 척하고 대답했다.

"모든 나라의 지도자들이 다 참석한다니까 메네스 왕자도 올 테지요."

어떻게 보면 고센의 질문을 몰라서 묻는다기보다는 하노스와 대화를 하고 싶어서인 것 같기도 했다. 그래서 그런지 고센은 또 그런 식의 질문을 꺼냈다.

"세상의 소문으로는 메네스 왕자가 앗수르 제국의 레센 공주와 결혼하리라더군요. 실제로 양 가문 사이에 그런 혼담이 있었습니까?"

"레센 누님은 그 성품과 미모가 많이 알려져 있기 때문에 여기저기서 혼담이 들어오고 있지요."

"하지만⋯"

고센은 잠시 망설이다가 다시 말했다.

"항간에서는 루딤의 메네스 왕자가 레센 공주의 신랑감으로서 가장 유력하다는 소문이 돌고 있습니다. 루딤은 워낙 미스라임 가문의 제일 가는 왕국이고 메네스 왕자는 평판 높은 영걸이니 조금도 이상할 것은 없지요. 그러나… 문제는 과연 하난 대제께서 미스라임 가문과 통혼을 하실 것인가 하는 점입니다. 아시다시피 지난날 엘람의 황태자 수멜님과 가나안 가문 기스 공주 사이의 혼담을 장로회의에서 반대했기 때문에 엄청난 환난이 일어났지 않습니까?"

앗산과 사완은 그가 너무 아는 것이 많은 데 대해서 의아한 느낌을 받고 있었다. 수멜 황태자의 혼담이 10년 전쟁의 원인이었다는 이야기는 그들도 아르박삿 왕궁의 메루가에게서 처음 들은 것이었는데 이 얼굴 하얀 젊은이는 마치 자기 앞집 이야기처럼 훤하게 알고 있는 것이었다. 듣고 있는 사람들의 느낌을 아는지 모르는지 그는 태연하게 이야기를 계속하고 있었다.

"본래 함 집안이 야벳 집안의 종이 되리라는 노아님의 괴이한 예언 때문에 장자권과 제사권을 가지고 있는 셈 집안에서는 함 집안 사람들과 혼인을 기피하고 있지 않습니까? 일반 백성들까지도 그런 판국인데 이제 천하의 장자권을 쥐고 있는 하난 대제께서 과연 그 따님을 함 집안의 미스라임 가문으로 시집보낼 수 있을 것인지… 그것이 지금 화제의 초점으로 되고 있는 거지요."

고센은 다시 궁금하다는 듯한 표정으로 하노스를 바라보았다. 하노스는 잠시 생각에 잠기다가 말했다.

"폐하께서 어떻게 생각하시든 문제는 시집 갈 당사자 쪽에 달려 있겠지요. 제가 알기로는… 레센 누님은 그쪽 가문이나 메네스 왕자에 대해서 별로 관심이 없는 것 같더군요."

"레센 공주는 하노스님과 매우 가까운 사이인 모양이죠?"

고센의 질문은 매우 집요하게 하노스를 추궁하고 있었다. 하노스는 다소 얼굴이 붉어지면서 대답했다.

"네… 레센 누님은 막내인 저를 몹시 아껴주시는 편이지요."

하노스는 황제궁의 뒤뜰에서 자기가 레센에게 하던 말을 생각해 내고 있었던 것이다. 하노스는 자기를 아껴주는 누이 레센에게 누이보다 더 필요한 여자를 찾을 수 없을 것 같다고 고백했었다. 밤 공기가 차가웠기 때문에 레셴은 하노스의 팔장을 끼었고 그것을 본 어머니 아릿다는 아무리 남매간이라도 다 큰 아이들이 껴안든가 하는 것은 안된다며 셈을 내었었다. 그런데 지금 무엇이든지 알고 있는 것 같은 고센은 그런 레셴과 하노스 사이에 얽혀 있는 미묘한 감정속으로까지 파고드는 것이었다.

하노스가 잠시 어색한 표정을 짓고 있자 고센은 다시 재치있게 말꼬리를 돌렸다.

"어쨌든… 만일 앗수르 가문과 미스라임 가문이 사돈을 맺는다고 하면 그것은 정말 대단한 혁신적인 변화가 될 것임에 틀림없습니다."

"…천하 백성들의 반향은 어떨까요?"

"옛날 수멜 황태자가 장로회의의 결정을 거부하고 반역했을 때와는 상황이 달라졌지요. 이미 장로회의는 유명무실하게 되었고 하난 대제께서는 여호와 신만을 고집하던 셈 집안의 전통을 깨뜨리시고 모든 신들의 화해를 주장하는 시대가 되었으니까요."

"고센님께서는 그 조치를 옳다고 생각하십니까?"

"제 생각 같은 것은 문제가 아니요. 이미 하난 대제는 전세계로부터 평화의 수호자로 추앙받고 있지 않습니까? 이제 그가 신들의 화해를 선언하는 만국회의를 열고 미스라임 가문과의 혼인을 발표하면 그는 참으로 천하의 모든 군왕들로부터 신처럼 추앙을 받을 것입니다. 함 집안과의 화해는 성립되고 전세계는 평화를 구가하게 되겠지요."

그러나 하노스는 고센의 말에서 아직 진심을 읽지 못하고 있었다. 그의 말은 도무지 종잡을 수가 없어서 지지하는 것인지 비꼬는 것인지 분별하기가 어려웠던 것이다. 이번엔 아까와는 반대로 하노스 쪽에서 질문을 밀어나갔다.

"만국의 신들이 화해한다는 것은 좋으나… 아마도 그 화해는 신들의 이해(利害)가 맞았을 때뿐일 것입니다. 만일 그들의 이해와 계산이 서로 틀려지게 되면 신들은 또 서로 싸울 수밖에 없겠지요. 전통적으로 셈 집안은 오직 한 분의 신이신 여호와를 섬겨왔는데 이제 수많은 신들을 인정한다면 백성들은 그 진정한 신을 잃어버리고 자기네들이 만든 우상에 매달려야 하는 결과가 되는 것은 아닐까요?"

실로 그것은 하노스가 아니면 할 수 없는 말이었다. 이미 모든 과거가 통제되고 신에 관한 논쟁이 금지된 하난 대제의 강력한 통치체제 아래서 그런 위험한 말을 할 수 있는 사람은 그의 아들인 하노스밖에 없었던 것이다. 그러자 갑자기 고센은 몸을 일으키더니 무릎을 꿇고 하노스에게 절을 올리는 것이었다.

"하노스님… 소인이 오랫동안 듣고 싶어하던 말씀을 지금 하시는군요. 마치 목이 타서 헐떡이는 개처럼 저는 그 말씀 듣기를 고대해 왔습니다."

좌중의 사람들이 모두 놀라고 있었다. 하노스가 어떤 분명한 결의를 보인 것도 아닌데 고센은 이미 하노스가 그 아버지 하난 대제의 정책에 동조하지 않는 것으로 단정해 버렸던 것이다. 그는 계속해서 말했다.

"사실 셈 집안의 많은 백성들은 하난 대제의 변화에 깊은 우려를 하면서도 감히 말을 꺼내지 못하고 있었습니다. 이제 세상은 모두 다 잡신들의 세상이 되었고 세상은 완전히 여호와 신을 떠났습니다. 모든 백성들은 절망을 느끼고 있습니다. 이제 셈 집안은 여호와 신을 버리고 니눈타 신과 닌릴 여신을 섬기게 된 것이지요. 옛날 그 기세 등등하던 장로회의도 이제는 오직 하난 대제의 정책을 합리화시켜 주는 황실의 부속기관이 되고 말았습니다. 그런데… 이게 웬 복입니까? 하나님께서는 앗수르 황실에 하노스님과 같은 영명하신 분을 태어나게 하신 것입니다. 이제 참으로 어둠 속에서 탄식하던 셈 집안의 백성들은 소망을 얻게 되었는가 봅니다."

청산유수와 같은 그의 말을 들으면서 앗산은 조금 불안함을 느끼고 있었다. 그가 하난 대제의 정책에 정면으로 반대하면서 하노스의 영명함을 칭찬하고 있는 것은 어떻게 보면 하난과 하노스가 부자간인 것을 의식하지 못하는 위험한 논리를 전개하고 있는 형국이었던 것이다. 좀더 구체적으로 표현한다면 듣기에 따라서는 현재의 하난 대제가 하는 일은 옳지 못하니 영명한 하노스가 그 일을 바로잡아야 한다는 뜻이 될 수도 있는 것이었다.

고센의 말을 듣기에 따라서 하난 대제의 장자권 내지는 통치권까지도 거론하고 있는 것처럼 보였다. 그렇다면 그의 의중은 바로 영명한 하노스에게 하난 대제의 통치권에 도전하라는 권유일 수도 있는 것이었다. 고센은 참으로 대담한 사람이었다. 황제의 아들인 하노스에게 그 부친의 문제를 거론하고 통치권 도전의 암시까지도 서슴지 않고 내놓을 정도로 그는 만만치 않은 사람이었던 것이다.

앗산과 사완이 당황한 표정을 짓고 하노스가 어색해 하는 것을 눈치 챘는지 고센은 다시 화제를 바꿨다.

"이제 어지간히 허기들을 채우신 것 같은데… 가미엘에게 단궁의 사용법을 전수해 준 에바를 만나러 가시지 않겠습니까?"

사완이 반색을 하며 일어섰고 앗산도 자리에서 일어나며 궁둥이를 털었다. 에바에게 간다는 말을 듣고 가미엘과 에벨도 기뻐서 손뼉을 치는 것이었다.

그들이 출발할 때쯤에는 이미 동굴 앞에 커다란 보름달이 떠 있었다. 고센이 앞장을 섰고 사완과 앗산이 그 뒤를 따랐다. 하노스와 가미엘은 에벨을 가운데 두고 나란히 걸었다. 어미곰과 두 마리의 새끼곰도 어기적거리며 그들의 뒤를 따르고 있었다.

고센은 다시 봉우리를 내려와서 반 호수의 호반을 따라서 걷고 있었다. 사완이 고센에게 물었다.

"어째서 에바는… 이 아이들과 함께 있지 않고 따로 떨어져서 살고 있습니까?"

"…이유가 있지요."

앞서가던 고센이 뒤를 돌아보며 말했다.

"…두 가지의 이유가 있습니다. 그 하나는… 그녀가 계획하고 있는 일들에 아직 이들 남매를 끌어넣지 않으려는 배려이고, 또 하나는 이들로 외로운 생활을 하게 함으로써 여호와 신에 대한 신앙을 깊게 해주려는 의도가 있는 것입니다."

하노스는 에다와 에바 자매가 아람 가문 출신이라고 했던 사완의 말을 기억하고 있었다. 그렇다면 셈 집안의 막내가문인 아람 가문에도 아직 여호와에 대한 신앙이 남아 있는 모양이었다. 그러고 보면 아마 가미엘과 에벨도 셈 집안 출신의 고아들인 것 같았다.

어쨌든 이제 그들 일행은 또 하나의 비밀의 문을 들어서고 있는 셈이었다. 그들이 에바를 만나게 되면 사완의 부친인 이에의 행방에 대해서도 알아낼 수 있을 것이고, 그렇게 되면 악갓 왕국이 하루아침에 사라져버리게 된 이야기라든가 치우와 그 72인의 의형제단이 어떻게 괴멸되었는가에 대해서도 들을 수 있을 것이며, 신정원 3부의 지도자들이 어떻게 되었는가에 대해서도 알아볼 수 있을는지 모르는 일이었다.

호반까지 뻗어내리고 있는 산줄기들을 여러 개 돌더니 고센은 드디어 한 골짜기를 택하여 걸어들어가기 시작했다. 마치 어떤 산문(山門)이라도 들어선 것처럼 그들의 눈앞에는 기이한 변화가 나타나고 있었다. 그들의 좌우에는 기암절벽이 병풍처럼 둘러쳐져 있었고 바위틈마다 솟아나온 나무들이 달빛을 받아 반짝거리는 것이었다. 그들은 마치 이 세상이 아닌 어떤 다른 나라로 들어가고 있는 듯한 느낌을 받고 있었다.

서늘한 밤바람 사이로 맑은 소리를 내며 흐르는 냇물 소리가 들려오고 있었다. 계곡을 돌아 반 호수로 흘러들어가고 있는 냇물이었던 것이다. 갑자기 고센의 뒤를 따라가던 사완이 걸음을 멈추었다. 앗산이 의아한 듯이 물었다.

"…왜 그러나, 사완."

"장군, 저걸 좀 들어보십시오."

"……?"

바람소리, 그리고 시냇물 소리에 섞여서 기아한 청음(淸音)이 들려오고 있었다. 그것은 끊어질 듯 하다가는 또 이어지고 굽이치는 듯 하다가는 또 꼬리를 감추며 걷고 있는 사람들의 마음을 사로잡기 시작했다. 뒤에 따라오던 곰들까지도 긴장하며 귀를 세우는 것이었다. 에벨이 하노스에게 소곤거렸다.

"에바 이모의 수금(竪琴)이야."

마치 하늘을 나르는 듯 청아하던 수금 소리가 갑자기 무거운 쇳덩어리처럼 굴러내리며 비탄의 선율을 엮어내기 시작했다. 사람들의 마음은 모두 서글픔에 잠겼고 가슴에 찢어지는 듯한 통증을 느끼기 시작했다.

고센이 낮은 음성으로 부르짖었다.

"모두들 귀를 막으십시오. 에바의 신공(神功)입니다. 처음 듣는 분들은 그대로 듣다가 자기도 모르는 사이에 한기(寒氣)를 흡입해서 내장을 상하게 됩니다."

고센의 말을 듣고 깜짝 놀란 일행은 모두 두손으로 귀를 막았다. 기이한 것은 곰들까지도 사람들의 하는 짓을 보고 따라서 두 앞발로 귀를 막는 것이었다.

두손으로 귀를 막은 채 그들은 골짜기를 걷고 있었다. 참으로 믿어지지 않을 만큼 아름다운 경치 속으로 그들은 걸어들어가고 있었던 것이다. 한참을 걸었을 때에야 고센은 귀를 막지 않아도 좋다고 다시 말했다. 어느새 수금의 곡은 화창한 선율로 바뀌어져 있었다. 앗산이 고센에게 물었다.

"참으로 무서운 일이로군… 수금으로 사람의 내장을 상하게 하다니… 에바는 이에님으로부터 정도(正道)의 궁술을 이어받았으면서 어떻게 저런 사술(邪術)을 구사하고 있는가?"

고센은 다시 뒤를 돌아보며 말했다.

"그것은… 저보다도 사완님께서 더 잘 설명해 드릴 수 있을 것입니다."

"……?"

앗산이 사완을 돌아보자 그는 침중한 목소리로 말했다.

"고센님은 참 아는 것이 많으시군요. 지금 저에게 그렇게 말씀하시는 것은 저의 부친 이에와 신정원의 악장(樂長)이었던 아론님이 서로 친구였기 때문에 하시는 말씀 같은데…"

"아… 그랬었군."

"본래 궁술과 음악은 서로 통하는 데가 있었습니다. 화살도 멀리 떨어져 있는 과녁에 살을 쏘아보내는 것이요 음악도 허공을 통해 듣고 있는 상대와 연결되는 것이기 때문입니다."

사람들은 그제서야 궁술의 대가인 이에와 신정원의 악장이었던 아론이 서로 의기가 통하게 되었던 까닭을 깨달을 수가 있었다. 사완은 좀 사이를 두었다가 다시 그의 설명을 계속했다.

"그래서 아버님께서는… 아론님으로부터 음률에 관한 여러가지를 들으실 수 있었고 그 중의 일부는 제게도 이야기해 주셨지요. 본래 수금과 퉁소(洞簫)를 처음 만들어낸 사람은 유발이라는 사람이라고 합니다."

그러자 앗산이 깜짝 놀라며 물었다.

"아니… 우리가 알고 있기로는 셈 집안의 조상이신 셈님께서 음률을 창제했다고 들었는데…."

"셈님께서는 홍수 이후 여호와 신께 양(羊)을 잡아 제사 드릴 때 신을 찬양하기 위하여 수금을 연주하도록 하셨지요. 그러나 그 악기는 홍수 이전부터도 있었다고 합니다."

뒤에서 잠자코 따라 걷던 하노스가 그들의 이야기에 끼어들었다.

"사완 형님의 말씀이 맞는 것 같습니다. 저도 미스라임 땅에서 홍수 이전의 폐허들을 답사하다가 수금이나 퉁소의 남겨진 조각들을 본 적이 있습니다. 그리고 미스라임 땅에는 지금도 수금과 퉁소를 연주하는 사람들이 많이 있지요. 물론 매우 음란한 곡들이었습니다만…."

사완은 고개를 끄떡였다.

"그렇습니다. 그 유발이라는 사람은 홍수 이전 사람임에 틀림없고… 아마도 미스라임 땅에서 살았는지도 모르겠습니다. 아론님께서는 이렇게 말씀하셨다고 합니다. 인간이 여호와 신께 죄를 범하고 수고와 고통 가운데 살게 되었는데… 그 인간들의 수고와 고통을 위로하시기 위해서 유발에게 음률을 만들도록 허락하셨다는 것입니다. 그래서 본래 유발의 음률들은 후회와 한(恨)이 복합된 서글픈 곡이었다고 합니다. 그런데 그것은 사람들의 죄악이 깊어감에 따라 점점 음란과 쾌락의 음악으로 바뀌어져 버렸다는 거죠. 말하자면 사람들이 홍수의 징계를 받는 데에 그 음란한 음악들도 공헌을 한 셈이랄까요. 그래서 홍수가 지난 후 셈님께서는 그 음악을 다시 신을 찬양하는 거룩한 것으로 바꿔 놓으셨던 것입니다."

하노스는 무엇보다도 그 유발이라는 사람의 이름에 대해서 관심을 가지고 있었다. 그 이름이야말로 하노스가 처음 들어보는 홍수 이전 사람의 이름이었던 것이다. 하난 대제의 정책 때문에 사라져 버린 홍수 이전의 역사속에서 떠오른 그 이름은 어쩌면 홍수의 이쪽과 저쪽을 연결시켜 주는 유일한 끈이 될 수도 있겠기 때문이었다.

앗산이 다시 사완에게 묻고 있었다.

"그러나… 세상에는 다시 그 음란과 파괴의 음률이 퍼지고 있지 않은가?"

"그렇습니다. 그 음란의 곡들이 다시 스며들기 시작한 것은 아시다시피 여호와 신을 반역한 수멜이 자기가 만든 신을 섬기면서 가나안과 미스라임의 악사들을 신정원에 끌어들였기 때문이지요. 그는 자기의 신들을 섬기는 데 그들의 음률을 좀더 인간적이라는 이유로 사용하게 하였고 수금은 다시 우상의 숭배와 사람들의 타락을 위해 사용되기 시작했던 것입니다. 이 타락해 가는 음률을 다시 바로잡기 위하여 애쓴 분이 바로 신정원의 악장이었던 아론님이었습니다."

"아론님이 다시 신정원에 등용된 것은 하난 대제가 수멜을 격파하고 신정원을 앗수르로 인수한 후부터라고 합니다."

듣고만 있던 고센이 다시 설명을 보태고 있었다. 그는 실로 신정원의 내막까지도 훤히 알고 있는 것 같았다. 사완이 말을 계속했다.

"…그렇습니다. 하난 대제는 장자권을 장악하면서 모든 음란한 음률들을 금지시키고 신정원의 제사음악을 다시 원상복구시키도록 지시했지요. 아론은 다시 신정원 악장으로 복직되고 쇠락했던 여호와 신앙은 그 면모를 갖추기 시작했던 것입니다."

고센이 다시 나섰다.

"그런데 악갓 왕국이 사라진 사건과 함께 사태는 또 뒤집어지기 시작했습니다. 하난 대제는 다시 앗수르에 세상의 신들을 끌어들였고 여호와 신은 아르박삿 가문으로 밀려났으며 신정원에는 미스라임의 악사들이 들어오기 시작하였지요. 아론 악장은 다시 신정원에서 밀려났습니다. 그후로 그분은 어디론가 종적을 감추었는데 아마도 에바에게 자기의 음률을 전수해 주었던 것 같습니다. 신정원에서 또 밀려난 신세가 된 아론님은 세상을 떠돌면서 그 원한에 찬 척사(斥邪)의 곡을 구상하였겠지요. 물론 그분은 홍수 이전의 거장(巨匠) 유발이 만들었던 그 후회와 한의 음률을 복원하였고 그것에다가 자신의 서글픔과 분노를 보태어 그 무서운 곡을 완성하였던 것입니다. 누구든지 저 곡을 들으면 견디지 못하고 몸을 비틀다가 피를 토하고 죽는답니다. 특히 세상의 음란에 빠져 있는 사람이 저 곡을 들으면 여지없이 당한다는 것이지요."

사람들은 온 몸에 소름이 돋는 것을 느끼고 있었다. 그토록 오랜 세월을 줄기차게 이어내려온 인간의 한이란 과연 무엇에서 연유하는 것인지 그들은 몸서리를 치는 것이었다.

"그래서… 그 곡의 이름은 무엇이라고 합니까?"

"아론님은 남쪽 바란 광야의 시나이 산에서 저 곡을 완성하였다고 합니다. 그래서 에바는 그 곡을 시나이 곡이라고 부르고 있지요."

"무서운 일이로군… 아무리 음란한 무리들을 징계하기 위하여 만들어 낸 것이라 하더라도 저것은 많은 사람들의 심령을 상하게 할 것 같소. 그런데 에바라고 하는 그 이에님의 제자는 어떻게 그것을 배웠을까?"

고센의 거침없는 설명 때문에 뒷전으로 물러나 있던 사완이 다시 입을 열었다.

"아마도… 아버님께 궁술을 배울 때부터 그분의 친구이셨던 아론님을 알고 있었거나 그분으로부터 사사받은 것 같군요."

수금의 음률은 이미 맑고 평온한 것으로 바뀌어져 있어서 골짜기를 걷고 있는 사람들의 마음을 상쾌하게 해주고 있었다. 그러나 사완의 마음은 아직도 무거운 대로였다. 아버지 이에와 함께 종적을 감추었던 에바는 어떤 한이 그토록 맺혀 있길래 그 무서운 음률을 전수받았는지 궁금했던 것이다.

들어갈수록 골짜기는 기이한 바위와 돌들로 가득차고 풀벌레 소리가 이따금씩 사람들의 발걸음을 긴장하게 만들고 있었다.

"이상하군요. 더 갈 만한 길이 있는데도 고센님은 다른 길을 택하시는데…"

하노스가 그렇게 중얼거리자 고센이 대답했다.

"하노스님의 관찰은 정말 놀라우십니다. 지금 제가 걷고 있는 길에는 모두 암호가 장치되어 있지요. 외부 사람이 멋모르고 들어오면 곧 에바에게 경고가 가게 되어 있습니다. 자…"

그들의 걷던 길이 갑자기 좁아지고 바위틈 사이로 겨우 한사람 정도가 빠져나갈 수 있는 지점에 이르자 고센은 걸음을 멈추고 뒤를 돌아보았다.

"자… 가미엘, 네 스승님께 손님들이 온 것을 알려야지."

그러자 뒤에 있던 가미엘이 앞으로 나서더니 화살통에서 살을 뽑아 시위에 메였다. 박달나무의 단궁이 만월처럼 휘어지고 드디어 살은 시위를 떠났다. 갑자기 가미엘이 낮은 목소리로 외쳤다.

"모두 엎드리세요!"

깜짝 놀란 그들이 모두 허리를 굽히며 자세를 낮추자 바로 그들의 머리 위로 뱀이 풀섶을 가르는 듯한 소리가 날아오더니 그들 뒤의 소나무에 화살 하나가 박히는 것이었다. 살은 가미엘의 것과 같이 싸릿대에 청동 살촉을 박은 것이었다.

가미엘은 그 화살을 뽑으며서 말했다.

"이젠 됐어요. 에바 이모의 입산 허가가 내렸으니까요."

그 좁은 바위 틈새를 지나자 또 하나의 절경이 그들을 맞아주고 있었다. 산골짜기 사이로 굽이치며 흘러내리는 폭포의 아래로는 맑은 소리를 내며 시냇물이 흘러내렸고 그 시냇물 위로는 활처럼 휜 무지개 모양의 다리가 놓여 있었다. 그들이 다리를 건너자 고센은 다시 그들을 한 동굴의 입구로 안내하였다. 그 동굴은 매우 길었고, 폭포의 뒤쪽으로 돌아들어가고 있었던 것이다. 그들이 다시 굴을 관통하여 밖으로 나섰을 때, 뜻밖에도 한 아름다운 마을이 나타났다. 그들이 마을 입구에까지 다가가자 옥을 굴리는 듯한 여인의 목소리가 달빛 속으로부터 날아왔다.

"어서 오세요, 여러분. 이 샤론 마을에 오신 것을 환영합니다."

일행은 모두 눈을 둥그렇게 뜨면서 앞을 바라보았다. 한손에 활을 들고 있는 날렵한 몸매의 한 여인이 온 몸에 달빛을 받으면서 거기 서 있었던 것이다.

샤론의 한(恨)

가미엘과 에벨이 먼저 달려가 그녀의 품에 안겼고 고센이 앞으로 나서며 그녀에게 머리를 숙여 인사했다.

"에바님, 이렇게 갑자기 찾아뵙게 되어 죄송합니다."

그러자 에바가 옥을 굴리는 듯한 아름다운 음성으로 대답했다.

"마침 적적하여 수금을 타고 있는 중이었는데 잘 오셨군요. 함께 오신 손님들을 소개해 주시지 않겠어요?"

"오늘은 아주 귀한 손님들을 모시고 왔습니다. 제 곁에 서 계신 분이 바로 악갓 왕국의 수비대장이셨고 치우님의 유일한 혈육이신 앗산 장군…."

앗산이 멋적은 듯 나서며 목례를 보내자 에바는 황급히 허리를 굽히며 말했다.

"장군께서 왕림하신 것도 모르고 이 무례한 계집이 건방진 수작을 보여 드렸음을 용서하여 주시기 바랍니다."

"천만에… 아가씨를 만나기도 전에 그 신음(神音)을 공짜로 들었습니다만 과연 아가씨의 명성은 허명이 아니로군요."

고센은 다시 사완을 돌아보며 말했다.

"사완님, 이리로 가까이 오시지요."

아직 나무 그늘에 가려져 있던 사완이 몇 걸음 앞으로 다가서자 에바는 손을 입으로 가져가며 놀라는 표정을 짓더니 달려가서 그의 손을 잡는 것이었다.

"오빠, 오빠가 여길 어떻게…"

"에바… 정말 많이 컸구나. 여기서 널 만나다니, 꿈을 꾸는 것 같다."

"이렇게 살아계신 줄 알았으면 진작 찾아뵈었어야 하는 건데… 전 오빠도 기스의 변란 때 돌아가신 줄만 알았어요. 그래, 그동안 어디 계셨어요?"

"죽지 못해 목숨을 부지하며 살고 있었지. 신분을 속이고 앗수르 군대에 졸병으로 들어가 황실의 경호원 노릇을 하고 있었단다. 아… 너에게 또 소개해 드릴 분이 계시구나. 하난 대제의 막내아드님이신 하노스님이시다."

사완은 뒷전에 서 있던 하노스를 돌아보며 그 소매를 잡아당겨 앞으로 이끌었다. 아까부터 에바의 너무나 아름다운 모습에 황홀해 있던 하노스는 황급히 나서며 인사를 했다.

"하노스라고 합니다. 만나뵙게 되어서 반갑습니다."

에바는 하노스를 바라보며 놀라운 듯이 말했다.

"앗수르 황실의 귀공자가 여기까지 왕림하시다니 영광입니다."

"말씀을 낮춰 주십시오. 제가 사완님을 형님이라고 부르고 있으니 이제부터 에바님을 누님이라고 부르겠습니다."

"어머…"

에바는 하노스의 대담한 접근 때문에 할 말을 잃은 것 같았다. 그녀는 하노스의 늠름한 모습을 눈여겨보며 모두에게 말했다.

"이렇게 귀하신 손님들을 밖에서 모시고 있으니 예가 아니군요. 누추한 곳입니다만 안으로 드시지요."

그녀는 돌아서서 손님들을 안내했다. 마을 입구에서 얼마 안되는 곳에 작은 못이 있고 그 못을 바라보는 한 채의 초가집이 보였다. 그리고 길목에는 처음 보는 꽃들 몇 송이가 달빛을 받아 반짝이고 있었다. 사완이 에바에게 물었다.

"이 꽃들은… 처음 보는 것 같은데?"

"저도 이 골짜기에 와서 처음 보았어요. 본래 이 꽃들은 아침에 피는데 오늘은 저녁까지 몇 송이가 남아 있군요. 꽃은 제각기 아침에 피어서 저녁에 지지만 다른 꽃들이 이어서 피니까 늘 피어 있는 것 같지요."

향기가 짙은 것 같지도 않았고 뛰어나게 아름다운 것 같지도 않은데 그 꽃들의 은은한 모습은 사람들의 마음을 사로잡고 있었다. 다섯 개의 꽃잎은 하얀 색인데 안으로 들어갈수록 점점 진한 붉은 색으로 바뀌고 있었다. 마치 그 꽃은 안으로 뜨거운 마음을 감춘 여장부 에바처럼 그렇게 맑고 조용한 아침과 같은 꽃이었던 것이다.

그 꽃들은 초가집의 주위에도 빙 둘러가며 피어 있었다. 마치 꽃들로 울타리를 쳐 놓은 것 같은 모양이었다.

"이 꽃 이름은 뭐라고 하지?"

"아무도 그 이름을 짓지 않았어요. 그냥 샤론의 꽃이라고도 하고 이곳에서만 볼 수 있기 때문에 숨겨진 꽃이라고 부르기도 하지요. 자, 안으로 드시지요. 여자 혼자서 살고 있기 때문에 살림이 어설프답니다."

그녀의 겸손과는 반대로 집안은 매우 깔끔하고 야무지게 꾸며져 있었다. 모두들 실내로 들어섰는데 곰들은 감히 안으로 들어서지를 못하고 바깥에서 쭈그리고 앉았다. 에바의 깨끗한 방을 어지럽힐까봐 겁이 나는 모양이었다.

방 한구석에는 아직도 신비로운 소리가 남아 있는 것 같은 수금이 놓여 있었고 숯불이 담겨진 화로에는 물주전자가 놓여 있었다. 손님들이 모두 자리에 앉기를 기다려 에바는 아르박삿 왕궁의 것과 같은 도기의 찻잔에 향내 나는 차를 부어 그들에게 대접하였다.

따뜻한 찻잔을 손에 들고서 그들은 모두 사완의 얼굴을 바라보고 있었다. 누구보다도 에바에게 할 말이 많은 사람은 사완이라고 생각되었기 때문이었다. 사완은 에바가 자리에 앉기를 기다려 입을 열었다.

"에바, 너는 줄곧 아버님과 함께 있었는데 그후로 어떻게 살아왔는지 궁금하구나."

에바는 조용히 웃으며 불빛 속으로 드러난 손님들의 얼굴을 다시 살펴보고 있었다.

"우리들 중에서… 15년 전의 그 무서운 사건을 겪은 사람은 저와 오빠, 그리고 앗산 장군님과 고센님 그렇게 넷이로군요. 하노스님은…"

하노스가 이야기를 지연시키지 않기 위해서 얼른 대답했다.

"15년 전이라면 제가 태어나던 해이지요."

"그렇군요. 그때 저는 아홉살이었고 저의 언니 에다는 열세살이었습니다. 언니는 오빠집에 남아 있었고 저는 늘 궁술을 배우고 싶어서 사부님을 따라 다녔었지요. 계집애가 활은 배워서 무얼 하느냐고 하시면서도 사부님께선 틈틈이 저에게 궁술을 가르쳐 주셨고 늘 가까이 지내시던 아론님께서는 수금을 전수해 주셨습니다. 사부님께서는 본래 앗수르 도성의 궁정장관을 맡고 계셨지만 니므롯이 치안을 맡으면서부터 기스 성으로 옮겨서 앗수르 사수들의 훈련을 감독하고 계셨습니다. 물론 기스 성은 치우 도원수의 관장 하에 있었지요."

하난 대제는 수멜 토벌전에서 군사(軍師)의 중임을 맡아 셈과 야벳 연합군을 승리로 이끈 그 아우 악갓에게 기스를 중심으로 한 유브라데 강가의 비옥한 땅을 주어 왕국을 이루게 했다. 그리하여 악갓 왕국은 사실상 앗수르를 호위하는 방패요 천하 모든 나라들을 처리하는 앗수르 군사력의 근거지가 되었던 것이다. 더구나 악갓왕국은 앗수르의 문화와 다른 나라들의 문화를 중개해 주는 곳이기도 하였다. 여호와 신앙의 위엄과 계율은 악갓왕국을 통해 여러 나라들에 전파되었고 풍부한 물산을 가진 남쪽 나라들의 기술과 재화들 역시 악갓왕국을 통해 앗수르로 몰려들었던 것이다. 악갓왕국은 그렇기 때문에 어떤 면에서는 장자의 나라 앗수르보다도 더 번영하고 있었다. 더구나 악갓왕국은 천하의 병권을 한손에 쥐고 있는 치우 도원수가 처리하고 있었기 때문에 질서의 나라였고 안정의 나라였다. 치우의 행정과 관리가 워낙 출중해서 악갓은 왕국의 모든 것을 치우 도원수에게 맡기고 오히려 그가 겸임하고 있는 앗수르의 재상 업무에 더욱 치중하고 있었던 것이다.

에바는 가볍게 한숨을 쉬고 나서 다시 입을 열었다.

"그날도 저의 사부님께서는 훈련원에서 사수들의 훈련을 지휘하고 계셨습니다. 기스 성의 사령부로부터 급한 전갈이 왔습니다."

앗산이 고개를 끄덕이며 낮은 목소리로 중얼거렸다.

"…그때 수비대장으로 기스 성의 외곽을 순찰하고 있었지요."

"사령부로부터 달려온 사람은 바로 치우 도원수 휘하의 군졸이었습니다. 그의 전갈에 의하면… 악갓 재상께서는 하난 대제에 대한 반역을 음모한 죄로 이미 사약을 받아 앗수르 성내에서 돌아가셨고 치안장관 니므롯이 치우 도원수를 체포하기 위하여 기스 성에 당도하였다는 것이었습니다."

하노스는 누구보다도 주의깊게 그 이야기들을 귀담아 듣고 있었다. 앗수르에게 충성하며 그 방패 역할을 하던 악갓이 어떻게 하여 하루아침에 사라졌는가 하는 것은 오랫동안 하노스가 풀지 못하고 있던 의문이었다. 그런데 이 며칠 사이에 그는 수많은 악갓의 사람들을 만났고 이제 또다시 그 핵심적인 이야기가 나오고 있는 것이었다. 에바는 차를 한모금 마셔 입술을 축이고 나서 이야기를 계속했다.

"그 군졸의 보고를 듣는 동안 사부님의 표정은 무척 심각해지고 있었습니다. 우선 악갓 재상께서 그 형님인 하난 대제를 대적하여 반역을 도모했다는 것부터가 도무지 믿을 수 없는 일이었는데다가 치우 도원수에 대한 체포령이 내렸다면 도원수의 휘하에 있는 모든 막료 장수들에게도 같은 조치가 취해질 것이 뻔했기 때문이지요. 그래서 사부님께서는 모든 사수들을 동요하지 못하도록 집합시키는 한편 다시 군졸을 본부로 보내서 치우 도원수가 체포령에 승복하셨는가 여부를 알아오도록 하셨습니다."

앗산이 다시 입을 열었다.

"그때 나는 외곽을 순찰하고 있었기 때문에 정황을 자세히 알 수는 없었으나… 부친께서는 체포령에 불복할 것을 선언하셨다고 합니다. 처음에는 부친도 묵묵히 니므롯 장관의 포박을 받으려 하였으나 72인 의형제단이 일제히 이를 만류했고 결국 부친께서도 반역사건의 명확한 물증이 드러날 때까지 승복할 수 없다고 버티셨던 것입니다."

"그래서… 그 부끄러운 앗수르 집안간의 전쟁은 시작되었던 것이지요."

에바는 아름다운 눈을 돌려 하노스를 바라보았다.

"하노스님께서는 이미 그 전쟁의 이야기를 알고 계실 테지요?"

"누님, 아시다시피 앗수르 제국에서는 과거를 들추어내는 일을 금지시키고 있습니다. 저는 황궁 안에서 그런 일들을 전혀 알 수가 없기 때

문에 자주 도성을 떠나 여행을 합니다만 저의 일거 일동은 모두 감시당
하고 있는 실정이지요. 어쨌든 지금 여러분께서 하고 계시는 이 이야기
는 저에게도 매우 중요한 것입니다. 반역의 죄로 사약을 받았다는 악갓
재상은 바로 저의 숙부이시고 그분에게 사약을 내리시고 치우 도원수에
게 체포령을 내렸다는 하난 대제는 바로 저의 부친이기 때문입니다. 여
러분께서 말씀하실 때에 저의 존재를 너무 염두에 두지 마시기를 바랍
니다. 저에게 필요한 것은 무엇보다도 진실이며… 저는 옳고 그른 것을
판단하는 데 사사로운 이유로 흔들릴 만큼 너무 자라지는 않았기 때문
입니다."

　사실 하노스 자신의 말대로 하노스의 존재는 이 방안에 있는 사람들
이 자유롭게 이야기하는 데에 거리낌이 될 수도 있는 것이었다. 그러나
어쩐지 사람들은 하노스를 경계하지 않고 있었다. 하노스가 사람들의
마음을 끌고 그 마음을 열게 하는 것은 바로 자신이 말했듯 진실 앞에
서의 순수함 때문인지도 몰랐다.

　하노스가 재촉이라도 하듯 에바의 붉은 입술을 바라보자 그녀는 다시
그 꽃잎 같은 입술을 열었다.

　"사실 그 전쟁은 하난 대제 자신이 과거의 말살을 명령해야 했을 만
큼 부끄러운 전쟁이었습니다. 셈 집안의 장자권자인 엘람 가문의 수멜
황태자가 반역을 행하여 전세계가 10년동안의 무서운 전쟁을 치른 지
얼마되지도 않았는데 이번에는 다시 그 장자권을 물려받은 앗수르 가문
에서 형제간에 서로를 찌르는 전쟁이 일어났기 때문입니다. 이로써 셈
집안은 또 한번 천하 백성들 앞에서 큰 망신을 당한 셈이지요."

　겨우 천하를 평정하고 각국의 백성들에게 위엄을 세운 앗수르 황실에
서 일어난 이 전쟁은 다시 모든 나라들의 웃음거리가 되었다. 니므롯은
내국 치안을 담당했던 병력을 총동원하여 악갓을 공격했고 치우는 72인
의형제단과 함께 모든 악갓 부대들을 이끌고 이에 대항했다. 그러나 전
쟁은 얼마 안가서 대개 판가름이 나고 있었다. 치우 휘하의 군대가 니
므롯의 군대보다도 월등히 강했던 것이다.

　특히 치우군의 주력은 바로 이에가 이끄는 막강한 사수단이었다. 이
에가 직접 제작한 단궁을 구사하는 이 궁사들은 밀려들어오는 니므롯의

군대를 마치 허수아비 쓰러뜨리듯 막아 내었던 것이다.

"…그러나 전쟁은 너무도 허무하게 끝나버렸습니다. 치우 도원수쪽의 우세가 드러나고 니므롯 군대의 참패가 예견되자 마침내 하난 대제가 직접 기스 성으로 출동했던 것이지요. 기이하게도 하난 대제의 복장은 전투복이 아니라 대제사장의 예복이었습니다. 그리고 그의 뒤로는 신정원의 모든 제사장들과 신관들이 뒤따르고 있었던 것입니다. 기스 성에 도착한 하난 대제 앞에 치우 도원수도 어쩔 수 없이 무릎을 꿇었지요. 치우님께서는 여호와 신의 위엄 앞에 무릎을 꿇었던 것입니다."

하노스가 다시 입을 열었다.

"악갓 숙부께서 어떤 반역죄를 범하셨는가 밝혀졌던가요?"

에바는 고개를 가로저었다.

"하난 대제는 악갓의 명예를 위해서 그것을 말할 수 없다고 했지요. 그리고는 황제의 명령에 거역한 죄로 치우 도원수에게도 자결을 명하였습니다. 그의 72인 의형제단에게도 같은 명령을 내렸지요. 치우 도원수께서는 자결하시기에 앞서 한가지 다짐을 했습니다. 그들이 자결하고 나면 황제는 악갓 백성 모두에 대한 오해를 풀 것이며 그들을 용서하고 보살펴 줄 것을 요구했습니다. 황제는 그것을 약속했지요. 여호와 신의 영광을 위해서 자결하는 그대들의 명예는 천추에 빛날 것이며 그대들의 후손은 길이 칭송을 받고 천하는 여호와의 이름 아래서 영원한 평화를 누릴 것이다…."

에바는 거기까지 이야기하고 잠시 목이 메어 입술을 깨물었다. 사완도 고개를 수그렸고 앗산의 하나 남은 눈에도 처연한 빛이 고이고 있었다. 한동안 방안에는 숙연한 침묵이 계속되었다.

하노스의 눈앞에는 천하의 영웅 치우와 그의 늙은 전우들, 72인 의형제단이 동시에 자결하는 장렬한 광경이 떠오르고 있었다. 그야말로 그들은 각기 다른 날에 태어났어도 죽는 날을 함께 한 것이었다.

하노스는 무거운 마음을 가라앉히기 위해 심호흡을 하면서 질문을 계속했다.

"하난 대제는… 치우 도원수와의 약속을 이행했던가요?"

에바는 더 이상 말하기도 괴로운지 앗산을 돌아다보았다. 앗산이 하노스의 얼굴을 물끄러미 바라보며 대신 대답했다.

"하난 대제는… 그 약속을 지키지 않았다. 치우와 72인 의형제단이 모두 자결하고 나자 그는 니므롯에게 명하여 치우의 수하에 있던 모든 잔당과 군사들을 섬멸하라고 명령한 것이었다… 남은 군사들은 전력을 다해 저항했으나 지휘관을 잃고 병력의 주축인 72인 의형제단을 잃어버린 악갓 군대의 나머지 힘으로는 역부족이었다. 나는 눈에 화살을 맞은 채로 부하들을 독려하다가 기진해서 시체더미 위에 쓰러지는 바람에 화를 면했고 여기 사완은 수비대에서 몸을 빼내 목숨을 건진 것이었다."

사완이 고개를 숙였다.

"…그때 죽지 못한 것이 참으로 부끄럽습니다. 저는 비록 장교였으나 나이가 너무 어렸기 때문에 죽는 것이 무서웠지요. 그래서 군복을 벗어 던지고 농사꾼으로 변장하여 빠져나왔던 것입니다."

"괴로워할 것 없네, 사완. 지금 생각해 보니 그때의 죽음은 모두 개죽음이었어. 모든 군인들이 자기가 왜 죽어야 하는지도 모르고 죽어갔거든. 치우 도원수에서부터 졸병에 이르기까지 그들은 모두 이유도 모른 채 죽어간 거야."

참으로 이해할 수 없는 일이었다. 수멜이 반역했을 때 모든 엘람 가문이 가장 적절한 장자권의 후계자로 열렬하게 지지했던 하난, 장로회의에서 만장일치로 황제에 추대되었던 하난, 전쟁을 일으키기 싫어서 몇 번씩이나 수멜을 찾아 담판했던 하난, 수멜을 죽이지 않으려고 그 아우 수사에게 선봉장을 맡겼던 하난이었다. 그토록 신앙이 깊고 마음씨가 너그러웠던 하난이 반역을 했다해서 자기 아우 악갓에게 사약을 내리고 늙은 충신 치우에게 자결을 명령했다는 것이었다. 뿐만 아니라 그는 치우가 자결하기 전 부탁했던 그 약속까지도 파기하고 악갓의 모든 인재들을 도륙했다고 하지 않는가.

(…사람이란 본래 그렇게 표리가 다른 이중적 존재였던가?)

하노스는 그 어린 나이답지 않게 벌써 인간에 대한 환멸을 느끼고 있었던 것이다.

하노스의 심각한 표정을 읽은 사완이 화제를 바꾸기 위하여 에바를 바라보았다.

"그런데 에바… 너는 줄곧 아버님과 함께 있었는데 이제 아버님의 이야기를 좀 해주어야 할 것 같구나."

"네, 오빠. 이제 그 말씀을 드려야 할 차례로군요. 니므롯의 소탕전이 시작되자 사부님께서도 역시 궁사들과 함께 그들에게 저항하셨지요. 저는 비록 어렸지만 사부님으로부터 전수받은 궁술이 만만치 않았기 때문에 열심히 니므롯의 군대를 향하여 화살을 쏘고 있었습니다. 그때 갑자기 사부님께서 저를 부르셨어요. 게세대 오빠가 성문 밖에서 저를 기다리고 있다면서…."

"게세대…"

"네, 아람 땅에서 고아가 된 저희들을 데려다가 사부님댁에 맡겼던 그분이 바로 게세대란 분이었어요."

앗산이 깜짝 놀란 듯 펄쩍 뛰면서 말했다.

"게세대란 바로 아르박삿 왕궁의 메루가 왕비님이 말하던 가이난 왕의 동생이 아닌가?"

에바는 의아한 표정으로 앗산을 바라보았다.

"그분은… 자기가 어떤 집안의 사람인가에 대해서 아무런 이야기도 해주시지 않았어요."

"아가씨, 그 사람은 혹시 노아님의 지팡이와 칼을 가지고 있지 않던가요?"

"지팡이와 칼… 그런 것은 보지 못했는 걸요. 어쨌든 저는 사부님의 말씀을 듣고 그만 반가워서 성문 쪽으로 달려갔지요. 아닌게 아니라 그곳에는 에다 언니와 그분이 저를 기다리고 있었어요. 그러나 다시 제 머리속에는 결사의 분전을 하고 계시는 사부님의 모습이 떠올랐습니다. 사부님께서는 지금 죽음을 각오한 최후의 결전을 하고 계시는데 이 간사스런 계집애는 우선 게세대 오빠 만나는 것이 반가워서 철없이 그곳을 빠져나왔다 생각하니 견딜 수 없이 그것이 후회스러웠어요. 그래서 다시 전쟁터로 뛰어갔던 것입니다. …그런데… 제가 다시 그 자리에 갔을 때 수많은 궁사들은 모두 죽어 넘어져 있고, 전쟁은 끝나 있었습니다. 저는 그만 엉엉 소리내어 울면서 사부님의 시체를 찾아다녔지요. 그러나 결국 날이 저물 때까지 사부님의 시체를 찾지 못하고 언니와 게세대 오빠가 기다리는 곳까지 돌아올 수밖에 없었습니다."

거기까지 듣고 있던 사완은 고개를 끄떡이며 눈을 감았다. 결국 에바의 이야기에서도 그 부친의 행방은 아직 확인할 수 없었던 것이다. 앗산이 위로하듯이 말했다.

"그렇다면… 이에님은 아직 어딘가에 우리들처럼 살아 계실 가능성도 있겠군. 그런데 아가씨… 그 게세대라는 청년과 언니는 그후에 어떻게 되었나?"

에바는 잠시 지난날을 회상하는 듯 허공을 바라보다가 이야기를 계속했다.

"그후로 게세대 오빠와 저희 자매는 한 3년동안 방랑생활을 계속 했었습니다. 그러는 동안 언니 에다는 열여섯살의 처녀가 되었고 제 나이는 열두살이었습니다. 자연스럽게 게세대 오빠와 언니 사이에는 사랑이 싹텄고 두분은 부부가 되었지요. 그들 사이에서 낳은 아이들이 바로 여기 있는 가미엘과 에벨 남매입니다. 게세대 오빠는 언니가 에벨을 임신하고 있을 때 또 어디론가 길을 떠났고 언니는 혼자서 에벨을 낳을 수밖에 없었지요. 에벨을 낳은 지 얼마 안되어… 제가 잠깐 다른 곳에 갔던 사이에 언니는 반 호수가에서 참변을 당했던 것입니다."

사람들은 그제서야 에바가 진짜 그들 남매의 이모라는 것을 깨닫고 혀를 차는 것이었다. 앗산이 또 궁금한 것이 있는 듯 물었다.

"그렇다면… 도대체 이 아이들의 어머니를 해친 사람은 누구였을까?"

에바는 가미엘과 에벨을 돌아보며 한숨섞인 음성으로 말했다.

"지난 7년동안 저는 언니를 죽인 원수를 찾기 위해서 온 천하를 돌아다녔습니다. 그러나 저는 결국 아무런 흔적도 찾지 못했고 오히려 다른 수확만 얻었던 셈입니다."

"……?"

사람들은 에바가 천하를 돌아다니면서 얻었던 다른 수확이 무엇인가 몰라서 그녀의 입술을 궁금한 듯 바라보았다. 에바는 조용히 자리에서 일어서면서 말했다.

"이제 곧… 여러분을 다른 장소로 안내하겠습니다."

그녀는 밖을 향하여 조금 큰소리로 말했다.

"네브로데, 밖에 와 있어요?"

그러자 밖으로부터 한 사내가 들어서며 방안에 앉아 있는 손님들에게 인사를 올렸다.

"이렇게 여러분을 만나게 되어서 영광입니다."

네브로데라고 하는 사내의 인사가 끝나기를 기다려서 에바는 손님들에게 그를 소개했다.

"여러분, 네브로데 형제는 룻 가문의 왕자였습니다. 이분은 룻 가문의 왕업을 계승할 위치에 있었으나 나라 전체가 타락한 신들로 가득찬 것을 한탄하여 가출을 했지요. 이분은 여호와 신앙을 다시 찾기 위하여 아라랏 성산을 순례하다가 저를 만나게 되었던 것입니다."

앗산은 놀라운 듯이 네브로데를 바라보며 말했다. 룻은 그의 부친 치우의 고향이었기 때문이었다.

"아니… 룻 가문도 이미 여호와 신을 버렸단 말씀이오?"

네브로데는 앗산에게 다시 허리를 굽혀보이며 말했다.

"그렇습니다, 아시다시피 셈 집안의 장자권을 가지고 있는 하난 대제가 여호와 신을 버린 이후로 모든 셈 집안의 형제들은 다투어 세상 신들을 끌어들이기 시작했지요. 이미 엘람 가문도 수멜의 아우 수사가 통치할 때까지만 해도 여호와 신을 섬겼었는데 그의 여동생 수시아나가 반란을 일으켜 그 오라비를 죽이고 정권을 장악하면서부터 여호와 신을 버리고 수시아나 여왕이 만든 수시낙 신을 섬기기 시작했지요. 아시다시피 장자권을 지닌 앗수르 가문은 앗술 신을 섬기다가 요즘은 다시 니눈타 신과 닌릴 여신 쪽으로 돌아섰고… 저희 룻 가문은 네르갈 신을 섬기고 있습니다."

"네르갈이란 또 무슨 신입니까?"

"전쟁의 신입니다. 온순하고 착하던 룻의 백성들은 지금 모두 창검에 미친 난폭자들이 되어가고 있습니다. 신들이 많기로는 에바님이 태어난 아람 가문도 마찬가지지요."

에바가 네브로데의 말을 거들었다.

"저의 가문 아람은 장사의 요충지에 위치하고 있어서 모든 나라의 신들이 모여드는 곳이었습니다. 아람 역시 하난 대제가 여호와 신을 버리면서부터 급속히 세상 신들을 끌어들이기 시작했지요. 아람에는 네 사람의 족장이 있었는데 장자인 우스는 여호와 신을 고집하다가 기반을 잃고 사라졌으며, 둘째인 홀 족장은 사자 모양의 아다도 신을 섬기고 있습니다. 셋째인 게델 족장은 달의 신 난나르를 섬기고, 넷째인 마스 족장은 아나트라는 신을 섬기고 있는데 얼굴모양은 사람이지만 몸은 사자의 모양인 괴이한 신이시요."

"그렇다면… 이제 여호와 신은 겨우 셈 집안의 셋째 가문인 아르박삿 가문에서 명맥을 유지하고 있는 셈이로군."

앗산의 탄식에 사완이 맞장구를 쳤다.

"그렇군요, 그것도 부끄러운 금송아지의 모습으로 말씀입니다."

"금송아지……?"

"그렇습니다, 모든 나라의 신들이 제사가 있을 때마다, 또는 전쟁이 있을 때마다 그 모습을 나타내는데 여호와 신은 보이지 않는 신이니까 아르박삿의 가이난 왕이 금송아지의 모습으로 여호와 신을 만든 것이지요."

하노스는 또다시 혼란에 빠지고 있었다. 여호와 신은 지금까지 하노스가 만난 신 중에 가장 신다운 신이었다. 그가 지금까지 들어 모은 바에 의하면 여호와 신은 천지를 창조했으며 사람을 창조했고 사람들의 죄가 깊어지자 홍수로써 사람을 징계하였다. 그러나 여호와 신은 노아의 식구들을 홍수 속에서 구원하여 사람의 그루터기를 남겨 놓았고 다시는 물로 사람을 멸하지 않으리라고 무지개를 걸어 약속한 정이 있는 신이었다. 하노스는 아르박삿 왕궁의 저녁기도회에서 받았던 그 감동을 지금 되새기고 있는 것이었다.

(그 전능의 여호와 신이 어째서 그토록 초라한 모습으로 남아 있는 것인가…?)

에바가 네브로데를 향하여 다시 말했다.

"네브로데, 우리가 만날 분들은 모두 공회당에 모여 있나요?"

"네, 모두들 모여서 손님들이 오시기를 기다리고 있습니다."

"됐어요, 그럼 여러분… 오늘 여러분께 반가운 분들을 만나게 해드리겠습니다. 원수를 찾아 7년간 천하를 돌면서 만난 동지들이지요. 네브로데, 그럼 안내해 주세요."

네브로데는 알았다는 듯이 문 쪽으로 성큼성큼 걸어가서 손님들이 모두 나올 때까지 대기하고 있었다. 손님들이 다시 나오자 곰들은 심심했다는 듯 낄낄거리며 좋아했다. 그들은 다시 샤론의 꽃들이 하얗게 피어 있는 오솔길을 따라 걷기 시작했다. 에바는 앞장서서 걷고 있는 네브로데에게 조금 높은 목소리로 일렀다.

"치우님의 무덤에서 잠시 멈췄다 가는 게 좋겠어요."

앗산이 깜짝 놀라며 에바를 돌아보았다.

"아니… 부친의 무덤이 이곳에 있습니까?"

에바는 조용한 음성으로 대답했다.

"그렇습니다."

"아니 어떻게…?"

눈에 화살을 맞은 채로 항전하다가 시체더미 위에 쓰러져서 정신을 잃었던 앗산은 몹시 뜨거운 기온을 느끼고 정신이 들었다. 기스 성은 온통 불바다였고 이미 기스 성의 백성들은 모두 피난하여 성내에 남아 있는 것은 오직 산더미와 같은 시체뿐이었다. 앗산은 불길 속을 뚫고 사령부 쪽으로 달려갔다. 죽더라도 아버지 치우의 시신을 껴안고 죽을 생각이었던 것이다. 그러나 천신만고 끝에 찾아간 사령부 앞뜰에는 치우의 시체는 물론 그와 함께 자결한 72인 의형제단의 시체도 찾을 수가 없었다. 아마도 앗수르의 치안대가 그 시체들을 치운 것으로 앗산은 추측했을 따름이었던 것이다.

"아가씨… 도대체 누가 아버님의 시신을 수습했습니까?"

"이제 곧… 그분을 만나시게 해드리겠습니다."

앞쪽에서 네브로데가 소리쳤다.

"스바님, 거기 계십니까?"

"아, 네브로데. 여기서 기다리고 있네."

길 양편으로 심어진 샤론의 꽃나무들이 좌우로 벌어지면서 눈 앞에는 넓다란 언덕이 나타났다. 그리고 그 언덕 위에는 그릇을 엎어놓은 모양의 커다란 봉분이 보였다. 앗산이 떨리는 목소리로 물었다.

"저것이… 저것이 아버님의 무덤입니까?"

"그렇습니다."

"한 사람의 무덤으로는… 너무 크군요."

무덤 앞에는 커다란 돌이 세워져 있었다. 그리고 그 돌 뒤의 그늘 속으로부터 한 사람이 천천히 걸어나왔다. 일행들 앞에까지 다가온 그 사람은 정중한 음성으로 물었다.

"어느 분이… 어느 분이 앗산 상군이십니까?"

앗산은 그의 얼굴을 바라보았다. 달빛 아래여서 자세히 살펴볼 수는 없었으나 윤곽만으로는 그는 잘 생긴 모습의 장년이었다. 앗산은 다소 더듬는 투로 대답했다.

"내가… 내가 앗산이올시다."

그러자 돌 뒤에서 나온 그 사내는 앗산에게 공손히 절을 올렸다.

"구스 가문의 장자 스바가 장군님께 문안 드립니다."

"아니, 구스 가문의 스바님이십니까? 그렇다면 이 앗산에게는 아저씨뻘이 되시는데…."

노아의 둘째 아들인 함에게는 네 아들이 있었다. 즉 구스와 미스라임과 붓과 가나안이 그들이었는데 구스는 함 집안의 장자 가문이요, 스바는 바로 구스 가문의 장자이니 틀림없이 룻 출신의 앗산에게는 아저씨뻘이 되는 것이었다. 스바가 다시 사양하며 말했다.

"이미 세상에 많은 사람들이 퍼져서 살고 있으니 어찌 아저씨와 조카를 따지겠습니까? 장군께서는 아직 천하의 장자권을 담당하고 있는 셈 집안의 후예이시니 소생이 경외의 뜻을 표해도 결례가 아닐 줄 믿습니다."

"처… 천만에 말씀이십니다. 저같이 미욱한 것에게 지나치신 말씀이시로군요. 그런데…"

앗산은 두리번거리며 에바를 찾았다.

"아가씨, 이 스바 어른께서 아버님의 시신을 수습하셨단 말씀입니까?"

에바는 직접 대답하기를 사양하고 스바를 바라보았다. 스바가 고개를 끄떡이며 말했다.

"아시겠습니다만… 저의 구스 가문은 니므롯에게 모두를 빼앗겼습니다. 그는 유브라데 강의 맹수들과 파충류들을 퇴치하면서 자신이 구스 가문의 후예라고 선전하였고 마치 자신이 구스 가문의 장자인 양 행세 했지요. 그는 하난 대제의 신임을 받으면서 구스 가문을 마구 휘둘렀고 자기 뜻에 맞지 않는 사람들은 모두 투옥하기를 떡 먹듯 했습니다. 마침 구스 가문은 10년 전쟁이 일어났을 때 다른 함 집안 사람들처럼 수멜 반역군에 가담하기를 거부해서 모든 함 집안 사람들로부터 지탄을 받고 있을 때였습니다. 비록 전쟁은 셈과 야벳 연합군의 승리로 끝났지만 저희 구스 가문에 대한 함 집안 족장들의 눈총은 따가운 것이었지요. 그것을 이용해서 니므롯은 구스 가문을 송두리째 먹어버렸던 것입니다. 저 역시 다른 형제들과 함께 니므롯의 눈을 피해서 천하를 떠돌아다니고 있었지요. 바로 치우 도원수의 항전이 있던 그때에 기스 성 근처에 머물고 있었던 것입니다….”

“제가 알기로는… 구스 가문도 10년 전쟁에 수멜 연합군으로 참전한 것으로 들었습니다만.”

“저희 다섯 형제는 모두 구스의 군대에서 빠져 있었습니다. 오직 니므롯이 구스 가문을 사칭하고 있었지요.”

그것은 참으로 기이한 인연이었다. 셈 집안의 장자 가문인 엘람 가문이 수멜의 반역으로 말미암아 몰락했듯이 함 집안의 장자가문인 구스 가문은 외래의 침입자에 의해서 그 자리를 빼앗기고 나그네가 된 셈이었던 것이다. 스바는 자기 가문의 사정 이야기보다도 앗산의 관심사로 이야기를 옮겨가야 함을 깨닫고 다시 말머리를 기스 성으로 돌렸다.

“저희는 기스 성으로 행차하는 하난 대제와 그를 경호하며 따라가는 니므롯의 행렬을 보았습니다. 앗수르의 치안부대가 그들과 함께 행진하고 있었지요. 황제의 체포령에 불복하여 니므롯과 다투고 있던 치우님에게 곧 무슨 일이 일어날 것 같은 예감이었습니다… 그런데 아니나 다를까, 기스 성에서는 치우님과 72인 의형제단이 모두 자결하였다는 소식이 들려오고 뒤이어 성안에서는 치솟는 불길과 함께 아비규환이 시작되었습니다. 하난 대제는 니므롯에게 모든 기스 백성을 도륙하라는 명령을 내렸다는 것이었습니다.”

스바는 잠시 말을 멈추고 고개를 숙였다. 오랜 세월 방랑해 온 구스 가문의 한(恨)이 다시 되살아 오는 모양이었다. 그는 독백하듯이 혼자서 중얼거렸다.

"저희들이… 저희들이 모든 함 집안의 지탄을 받으면서도 수멜 연합군에 가담하지 않은 것은 여호와에 대한 두려움과 하난 대제의 인품에 대한 존경 때문이었습니다. 그런데 우리는… 기스 성에서 도저히 믿을 수 없는 일들을 우리 눈으로 보았던 것입니다…. 사령부 앞뜰에 엎드러진 치우님과 72인 의형제단의 시신들… 저희는 차마 그 시신들을 불에 태울 수가 없었습니다. 저희 형제들은 사령부의 창고에서 식량 운반용 수레들을 찾아내어 시신들을 모두 그 수레들에 싣고 불길을 헤쳐가며 성을 빠져나왔던 것입니다…."

"그렇다면…"

앗산이 다시 놀라운 듯 말했다.

"그렇다면 이 무덤은 아버님과 그 72인 의형제단 모두의 무덤이란 말씀이십니까?"

스바는 고개를 끄떡이며 무덤 앞에 세워져 있는 돌을 가리켰다. 앗산은 그 돌 앞으로 다가가서 그것을 들여다보았다. 돌에는 누가 망치로 쪼아낸 듯 수많은 금들이 그어져 있었다. 앗산은 손가락을 내밀어 그 돌에 새겨진 무늬들을 더듬어보았다. 맨 위에는 조금 굵은 금 하나가 가로 그어져 있었고 그 아래로 계속해서 그런 가로 금들이 그어져 있었다. 스바가 말했다.

"모두 73개의 금들이 그어져 있습니다. 치우님과 72인 의형제단을 추모하는 금들이지요."

앗산은 더 이상 참지 못하고 돌아서며 스바의 두손을 잡았다.

"스바님… 정말 놀라우십니다. 이 못난 상주(喪主)가 스바님 앞에서 고개를 들지 못하겠군요."

"장군, 저와 저의 아우들은 다만 할 일을 했을 뿐입니다. 그 무서운 날의 일들이 어떻게 일어났는지는 모르더라도… 누군가가 그 사건을 기억하고 있어야 한다고 생각했던 것입니다."

앗산은 두손으로 돌 비(碑)를 어루만지며 무덤을 바라보았다. 커다란 봉분 주위에는 역시 그 샤론의 꽃들이 무덤에 잠든 무사들의 한(恨)처

럼 피고 있었다. 싸늘하도록 하얀 꽃잎이 안으로 들어갈수록 연연히 붉
게 물들고 마침내 한복판에서 핏빛으로 맺혀진 그 꽃이야말로 왜 죽어
야 하는지도 모르고 죽어간 노장들의 넋이 아니고 무엇인가. 그들은 아
무것도 모른 채 다만 하난 대제의 명령은 곧 천하를 치리하는 대제사장
의 명령이었고 모든 나라들의 평화를 수호하는 신의 명령이었던 것이
다. 그래서 치우와 72인 의형제단은 모든 나라들의 평화를 위해서 기꺼
이 자기 목숨들을 끊을 수 있었던 것이다.

앗산의 상심이 깊어가는 것을 보고 에바가 나서며 그를 위로했다.

"장군, 아버님과 72인 의형제단의 한이 영원히 묻혀 있지는 않을 것
입니다. 아직도 세상에는 바르고 의로운 것이 승리하리라는 것을 믿고
살아가는 사람들이 있습니다. 그런 소망이 끊어지지 않는 한 여기 묻히
신 분들의 꿈은 반드시 부활할 것입니다."

"……"

"장군, 스바님께서 그런 사람들이 모여 있는 곳으로 장군을 안내해
드릴 것입니다."

에바는 스바를 바라보면서 어서 장소를 옮기도록 재촉했다. 스바는
앗산의 소매를 끌면서 걸음을 옮기기 시작했다.

"…이 샤론 마을에 참으로 잘 오셨습니다. 우리 샤론 마을 사람들은
장군과 같은 지도자가 나타나기를 여호와 신께 늘 기도 드리고 있었습
니다."

"황송한 말씀이십니다. 스바님이야말로 함 집안의 장자가 아니십니
까?"

"장군, 이미 함 집안은 여호와 신으로부터 너무 멀어져 있습니다. 구
스 가문은 니므롯에게 찬탈당했고 미스라임과 붓 가문은 나일 강 너머
로 내려가면서 이미 집안 밖의 사람들이 되어 버렸고 가나안 가문도 역
시 여호와 신과 관계를 끊은 반역의 무리들이 되고 말았습니다. 함 집
안은 이미 여호와 신께 버림받은 집안이 된 것입니다."

"스바님… 저는 그렇게 생각하지 않습니다. 사람이 그를 버릴지언정
여호와 신께서는 사람을 버리지 않을 것입니다. 이미 그분은 무지개를
두고 사람을 멸하지 않겠다는 약속을 하시지 않았습니까? 그 구원의

약속은 온 천하 모든 백성에게 주어진 것이라고 저는 믿습니다."

"고마우신 말씀입니다. 저희에겐 바로 그런 믿음이 필요합니다."

그들이 무덤을 지나 낮은 언덕을 넘어서자 다시 넓다란 평지가 나타났고 작은 개울이 흐르고 있는 곁에 제법 큰 규모의 건물이 서 있었다. 아마도 에바가 말하던 공회당인 모양이었다.

스바와 네브로데의 안내를 받아 공회당 안에 들어선 앗산의 일행은 깜짝 놀랐다. 공회당 안에는 실로 2백여 명이나 되는 사람들이 모여 있었던 것이다. 앗산은 비로소 에바가 천하를 돌아다니면서 얻었다던 수확이 무엇인가를 알 수 있었다.

공회당에 모여 앉아서 웅성거리고 있던 샤론 마을의 사람들은 앗산의 일행이 들어서자 일시에 조용해졌다. 스바가 앞으로 나서며 그들에게 말했다.

"여러분, 오늘 저는 여러분께 아주 반가운 손님들을 소개해 드리겠습니다. 우선…"

그는 자기 곁에 서 있던 앗산을 가리키면서 말했다.

"제 곁에 서 계신 분은 악갓의 수비대장이셨고 바로 도원수 치우님의 혈육이신 앗산 장군이십니다."

그러자 장내에서는 우뢰와 같은 박수가 터졌다. 그들 중에는 장군을 부르며 울음을 터뜨리는 사람도 있었다. 스바는 다시 앗산의 조금 뒤에 서 있던 사완을 돌아보았다. 에바가 나서며 그들에게 사완을 소개했다.

"이분이 바로… 저의 사부님이신 명궁 이에님의 아들 사완님이십니다."

다시 박수와 환호가 터졌다. 누군가 큰소리로 외쳤다.

"여호와 신은 우리를 돕고 계시다!"

그들의 환호가 끝나자 에바는 다시 하노스를 돌아보았다. 하노스는 미리 얼굴부터 붉어지고 있었다.

"여러분, 여기 서 있는 이 귀공자는… 하난 대제의 막내아드님이신 하노스님입니다."

하노스는 잠시 긴장하지 않을 수 없었다. 여기 모인 사람들은 그 대부분이 하난 대제에게 원한을 품고 있는 사람들일 것이기 때문이었다.

그러나 그들은 하노스에게도 열렬한 박수를 보내고 있었다. 하노스가 어리둥절하여 에바를 돌아보는데 에바가 웃으며 말했다.

"하노스님, 너무 어색하게 생각하지 마세요. 이미 우리들은 하난 대제의 막내아드님이 어떤 분인지를 잘 알고 있습니다. 하노스님께서 가나안과 미스라임 땅을 돌아보실 때에도 샤론의 첩자들은 하노스님을 미행하였고 하노스님은 여호와 신앙 복구에 깊은 관심을 가지고 있으며 하난 대제의 통치 체제에 의문을 가지고 있는 분으로 알려져서 벌써부터 우리 샤론 마을 사람들의 기대를 모으고 있습니다."

"부끄러운 말씀입니다… 저는 아직 무엇이 옳은 것인가를 분별하지 못하여 갈피를 잡지 못하고 있을 따름입니다."

"염려 마세요. 하노스님, 우리는 하노스님의 그런 솔직하심을 좋아하고 있는 것입니다."

에바의 말에 찬성하듯 좌중에서는 다시 웃음이 일고 있었다. 에바는 스바를 바라보았다.

"스바님, 이제 샤론 마을 사람들을 소개해 주실 차례로군요."

스바는 자리에 앉아 있는 순서대로 샤론 마을 사람들을 소개하기 시작했다. 그들 중 많은 사람들은 치우의 휘하에 있던 악갓의 장교들이었고 이미 앗산과 구면인 얼굴들도 다수 보였다. 앗수르의 신정원에서 일하다가 밀려난 제관들도 있었고 그들 중에는 엘람의 장로였던 노인도 두 명이나 있었다. 스바는 두 노인을 소개하면서 말했다.

"아한님과 시브온님은 본래 엘람의 장로이셨습니다. 엘람이 수시낙 신을 섬기게 되면서부터 엘람 땅을 떠나 방랑하시다가 저희들과 합류하시게 되었지요. 데리고 계신 작은 소년은 엘람 왕가의 혈통을 지닌 수알 왕자입니다. 엘람 왕실의 비밀을 지키기 위해서 모두들 수알을 알에서 태어났다고 말하고 있지요. 그리고 이쪽은…"

스바는 자기 아우들 하윌라, 삽다, 라아마, 삽드가를 소개하였다. 모두들 스바처럼 인물이 준수한 청년들이었고 하윌라는 갓낳은 아들 구엔을 등에 업고 있었다. 샤론 사람들 중에는 마대 가문에서 온 용사들도 있었다. 그들은 수멜과의 전쟁에서 하난 연합군으로 참전하였던 장교들이었고 전쟁이 끝난 후에도 치우의 휘하에서 일하다가 악갓의 멸망 후지도자를 잃어버린 사람들이었던 것이다.

비록 공회당 안에 모인 사람들은 2백여 명 남짓한 숫자였으나 셈과 함과 야벳 집안의 후예들이 골고루 섞여 있었고 한결같이 노아의 신이었던 여호와 신앙의 복구를 열망하는 일당 백의 용사들이었다. 앗산은 자기를 환영하고 있는 그들에게 인사를 하지 않을 수 없어서 입을 열었다.

"저는… 악갓 왕국이 사라진 이후 천하를 떠돌면서 저혼자만이 외톨이가 되어 있는 줄로 알았습니다. 그러나 우리의 전능하신 여호와 신께서는 이 아름다운 샤론 계곡에 여러분들을 준비해 놓으셨군요. 정말 반갑습니다."

다시 좌중에는 뜨거운 박수가 터졌다. 스바가 다시 입을 열었다.

"오늘 밤은 우리 샤론 마을이 생긴 이래 가장 경사스러운 날인 것 같습니다. 저희들은 앗산 장군과 같은 지도자가 나타나시기를 늘 기도해 왔거든요."

"부끄러운 말씀입니다…. 저는 나라를 지키지 못하고 구차한 목숨을 보전하기 위해 도망친 사람입니다."

"바로 여호와 신께서 앗산 장군에게 새로운 일을 맡기신 것입니다. 장군께서는 이제부터 샤론의 사람들을 지도해 주셔야 할 책임이 생기셨습니다."

"그렇게 말씀하시면 점점 더 곤혹스러워 집니다. 그냥… 제가 여러분을 위하여 할 수 있는 일이 있다면 마음과 뜻을 다하여 열심히 하겠습니다."

다시 사람들은 박수로 앗산의 말에 동의했다. 스바는 한가지를 더 말했다.

"또 한가지를 말씀드릴 것이 있습니다…. 우리 모두는 한결같이 여호와 신께 대한 제사의 복구를 열망해 왔습니다. 그런데 오늘 우리는 장자의 가문인 앗수르 황실에서 온 하노스님을 만나게 되었습니다. 이제 그를 우리의 대제사장으로 모시는 것이 어떻겠습니까?"

사람들은 또 환호하면서 박수를 쳤다. 그러나 하노스는 앞으로 나서면서 손을 저었다.

"오늘 여러분을 만나뵙게 되어 정말 반갑습니다. 그러나 저는 아직 여호와 신에 대하여 잘 모르고 있습니다. 다만 제가 알고 있는 것은 모든 나라들이 제각기 만들어서 섬기고 있는 신들은 진정한 신이 될 수 없을 것이라는 것뿐이지요. 저는 아직도 해결해야 할 많은 문제들을 가지고 있습니다. 그 중에서도 특히 여호와 신은 어떤 분이었으며 그분과 인간과의 원초적 관계가 무엇이었는가를 찾아내는 것입니다. 이것을 위하여 저는 제 모든 것을 걸기로 작정했습니다. 저는 가능한 한 모든 자료들을 캐내고 모든 사람들을 찾아서 만날 것입니다. 저는 지금 제가 잘 알지도 못하는 신에게 드리는 제사를 관장할 수가 없습니다. 여러분, 엘람 가문은 수멜의 반역이 일어나자 솔직하게 여호와의 뜻이 엘람을 떠났음을 인정하고 앗수르로 그 장자권을 넘겼습니다. 이제 앗수르 역시 수멜의 길을 가고 있습니다. 앗수르의 장자권은 당연히 아르박삿 가문으로 옮겨져야 할 것입니다."

"그러나 …"

그렇게 말하며 일어선 것은 바로 엘람의 장로였다는 시브온이었다.

"그러나 아르박삿의 가이난 왕도 이미 바벨에 가서 점성술을 연구하고 있으며 여호와 신을 금송아지로 만들지 않았습니까?"

"가이난 왕에게는 본래 게세대라는 아우가 있었습니다. 잘 알아보아야 하겠지만 제가 듣기로는 여기 있는 가미엘과 에벨 남매의 아버지도 똑같이 게세대라는 이름을 가지고 있었다고 합니다. 만일 그 게세대란 분이 아르박삿 왕실의 게세대로 밝혀진다면 이 에벨 소년에게는 장자권을 인수할 만한 자격이 있다고 할 수 있을 것입니다."

실로 하노스의 명쾌한 설명은 사람들의 마음을 감동시키고 있었다. 하노스는 이미 여호와를 섬기기에 충분한 바탕을 가지고 있는 것이었다. 스바가 다시 나서면서 말했다.

"여러분… 하노스님의 말과 같이 대제사장을 정하는 일은 매우 중요한 일이며 여호와의 신탁이 있어야 할 것 같습니다. 어쨌든 우리는 오늘 신의 사랑이 우리와 함께 계심을 알게 되었습니다. 여러분, 대제사장의 결정은 여호와의 신탁을 기다리기로 하고 오늘 밤은 즐거운 연회를 가지는 것이 어떻겠습니까?

다시 좌중에는 박수와 환호와 웃음이 가득차고 있었다.

보이지 않는 동반자

그것은 적막이었다. 시위가 터질 듯이 팽팽한데도 아직 화살과 과녁 사이에는 적막이 고여 있었다.

"좋아요, 하노스. 활과 화살이라는 도구에 마음을 쓰지 말고 과녁과 나를 하나로 일치시키는 거야."

어느새 에바는 하노스의 이름에 님이라고 붙이는 것을 생략하고 있었다. 그리고 그것은 하노스 자신이 그렇게 요청한 것이기도 하였던 것이다.

"마음을 자유롭게 해요. 아무도 하노스의 마음을 흔들 수 없는 거야. 과녁이 점점 다가오고 있어… 점점 크게… 좋아요. 이번엔 가만히… 아주 가만히… 사격!"

싸늘한 시위 소리와 함께 이미 화살은 과녁을 향해 날아가고 있었다. 땅 하는 상쾌한 소리와 함께 화살은 과녁의 한복판에 꽂혔다. 갑자기 그들의 등뒤로부터 박수 소리가 들려왔다.

"명중! 오빠, 대단한 진보예요!"

가미엘과 에벨, 그리고 그들 뒤에는 앗산이 걸어오고 있었다. 가미엘의 남매는 앗산에게서 무예를 배우는 중이었는지 셋이 모두 다 손에 막대기들을 들고 있었다. 앗산이 고개를 끄떡이며 말했다.

"이제 겨우 7일이 지났는데 솜씨가 놀라운 속도로 늘고 있군. 역시 명궁의 교수법은 보통 사람과 다르신 모양이야."

　에바가 여걸답지 않게 얼굴을 붉히는데 하노스가 맞장구를 치면서 말했다.

　"뿐만 아니라 누님처럼 예쁜 분에게 배우니까 훨씬 재미있고…"

　그러자 앗산은 갑자기 막대기를 들어서 하노스를 후려치면서 말했다.

　"하노스, 넌 벌써 이 아재비가 못생겼다고 놀리는 거냐?"

　가미엘과 에벨이 깜짝 놀라는 사이에 벌써 하노스는 몸을 날려 앗산의 막대기를 피하더니 다시 두다리를 선회시키며 앗산의 앞가슴을 향하여 공격해 들어가고 있었다. 하노스도 지지 않으려는 듯 응수했다.

　"아저씨도 이제보니 시샘을 다 하시네! 아무리 그러셔도 아저씨에게 예쁘다고 말씀드리기는 곤란하지 않을까요?"

　"너, 아재비를 곱배기로 놀려 먹었으렸다?"

　앗산의 막대기가 점점 속도를 빨리하더니 마치 파도처럼 하노스에게 덮쳐들어가는 것이었다. 그러나 하노스도 만만치 않았다. 그의 손과 발은 그 무서운 막대기의 숲을 헤쳐가며 집요하게 앗산의 급소를 공격해 들어가는 것이었다.

　"내가 이제야 알겠다. 어째서 자식들을 키워놓으면 제 색시에게 홀딱 빠져서 부모마저 버리는가를!"

　앗산의 놀림을 받고 에바가 얼굴이 빨개져서 어쩔 줄을 모르는데 앗산은 다시 큰소리로 외쳤다.

　"가미엘! 에벨! 너희들이 이 아저씨를 좀 도와다오. 난 나이를 먹어서 벌써 숨이 차는구나. 가미엘은 왼편에서 에벨은 오른편에서 이 버릇 없는 도련님을 공격해라."

　마침내 가미엘과 에벨도 앗산과 합세해서 하노스를 공격하기 시작했다. 하노스의 손짓과 발짓이 몹시 바빠지기 시작했다. 그는 마치 세 개의 막대기 속에서 덫에 걸린 곰처럼 으르렁거리는 꼴이 되고 있었다. 그러나 앗산은 조금도 그 손을 늦추지 않는 것이었다. 그때 갑자기 막대기들의 숲 속에서 하노스의 맑은 웃음소리가 터져나왔다.

　"아저씨… 역시 미인이 보고 있으니까 원기가 왕성해지시는군요!"

　"오냐, 세번째로 나를 놀렸으렸다? 애들아, 조금전에 가르쳐 준 세바퀴 공격을 시험해 보자."

세 개의 막대기가 일제히 짧아지는가 싶더니 마치 세 개의 수레바퀴처럼 하노스를 향해서 번갈아 굴러 들어가기 시작했다. 보통사람 같으면 전혀 피할 수도 없을 정도로 세 개의 바퀴는 계속해서 하노스를 향해 날아가는 것이었다. 그러자 하노스는 긴 휘파람을 불더니 다시 맑은 웃음을 터뜨리며 몸의 움직임을 멈추는 듯했다. 그러나 자세히 보면 그의 몸은 짓쳐 들어가고 있는 세 개의 막대기 속에서 아주 느리게 움직이고 있는 것이었다. 그는 너무나 느릿느릿 움직이고 있었기 때문에 맹렬하게 굴러 들어가던 세 개의 바퀴가 난조(亂調)를 일으켜 비틀거리고 있었다.

앗산이 깜짝 놀라며 외쳤다.

"하노스… 어디서 그 확대보법을 익혔느냐?"

이미 앗산의 수레는 멈춰 있었고 가미엘과 에벨도 손을 거두었다.

"… 그냥… 아저씨의 세바퀴 공격에 너무 당황하여 저 나름대로 대책을 세워 보았습니다."

"허어… 너의 그 확대보법은 내 선친의 스승이신 본도 산의 사조(師祖)께서 연구한 것이었다. 그런데 너는 이제 열다섯살의 소년으로 그 이치를 깨달았단 말이냐?"

"……?"

하노스는 어이가 없어서 앗산의 얼굴을 물끄러미 바라보고 있었다. 앗산은 기가 막히다는 듯이 하노스의 어깨를 잡으면서 말했다.

"너는 과연… 이 아재비를 놀려 먹을 만하구나."

"죄송합니다, 아저씨."

"핫하… 아니다, 너희 젊은 미남 미녀가 활을 쏘고 있는 것을 보니 이 아재비가 공연히 샘이 났던 거다."

에바가 더 참지 못하고 앞으로 나섰다.

"앗산님… 하노스와 저는 나이가 아홉살이나 차이지는데 너무 농담이 지나치신 것 같아요."

"저런… 우리 미녀께서 또 오해를 하셨구만. 난 두 사람의 젊음을 부러워했다고 했지, 두 사람의 관계를 시샘했다고 하지는 않았는데…"

에바는 지지않고 맞섰다.

"역시 나이 드신 분에게 말솜씨로써 겨루기는 쉽지 않군요."

에바가 얼굴이 빨개지면서 그렇게 말하자 그들은 모두 한꺼번에 웃음을 터뜨렸다. 그들의 웃음은 맑은 하늘로 꽃가루처럼 흩어지고 있었다. 하노스가 멀리 보이는 아라랏 산의 신비한 모습을 바라보며 감개무량한 듯 말했다.

"참으로 이 세상에 이토록 아름다운 곳이 있다니 꿈만 같습니다. 이곳에서 바라보니 아라랏 산은 더욱 장엄하게 보이는 군요."

하늘 높이 솟아 있는 성산(聖山) 아라랏의 꼭대기는 마치 백발의 노인처럼 하얀 눈과 얼음에 덮여 있었고 언제나처럼 그 이마는 포근한 구름 속에 가리워져 있었다. 앗산이 에바를 바라보며 말했다.

"참으로 이 샤론 골짜기는 험난한 세상 속에 숨겨진 보석과 같은 곳이라고 할 수 있겠는데… 어떻게 해서 이곳을 발견하게 되었습니까?"

"그것은 아주 우연한 일이었습니다."

에바는 그녀가 이 장소를 발견하였던 때를 더듬어 내면서 조금 상기된 음성으로 말했다.

"여러분께서 고셴의 안내를 받아 들어오셨던 그 골짜기에서 저는 한 마리의 양을 발견하고 그 뒤를 쫓고 있었습니다. 양을 쫓아 들어가면서 저는 병풍처럼 둘러쳐진 기암절벽과 아름다운 시냇물 소리에 취하여 어떻게 그 속으로 들어섰는지도 모를 지경이었습니다. 나중에 안 일이지만 이 골짜기로 들어오는 길에는 사람의 시각으로 감지할 수 없는 은폐장치가 되어 있었어요. 그렇기 때문에 저는 늘 이 근처를 지나가면서도 이리로 들어오는 그 산문(山門)을 발견할 수 없었던 것입니다. 그런데 또 기묘한 것은 그 산문에서부터 계속해서 여러분이 보셨던 폭포까지 암호장치가 되어 있었습니다. 사람들이 자기 눈에 보이는 대로 따라서 걷다가는 깊은 구덩이에 빠지거나 굴러내리는 돌에 맞아서 목숨을 잃게 되어 있었던 것입니다. 그러나 저는 양을 따라서 걸으면서 신기하게도 그 장치들을 모두 피할 수 있었던 것이지요."

"이상한 일이로군… 그렇다면 이곳은 바로 창조주께서 예비해 놓으신 요새가 아닌가?"

"저도 나중에 그런 것을 생각하게 되었습니다. 제가 그 바위틈의 협

곡을 지나자 그만 양을 잃어버렸는데… 마침내 그 폭포 뒤로 들어가는 동굴을 발견하고 그곳을 통과하여 이 샤론의 골짜기에 도착하였지요. 그런데…"

에바는 아직도 그 때의 놀라운 광경이 눈에 선한지 가슴에 손을 대고 있었다.

"그런데… 이 샤론 골짜기가 눈앞에 전개되자 제가 깜짝 놀랐던 것은 이 골짜기 안에 수많은 소떼와 양떼들이 살고 있었기 때문이었습니다."

"……?"

앗산과 하노스도 놀랐고 가미엘과 에벨도 처음 듣는 듯 눈을 둥그렇게 뜨고 있었다.

"그… 소떼와 양떼들의 임자는 누구였습니까?"

에바는 고개를 가로저었다.

"이 골짜기에는… 그 소떼들과 양떼들만 있었을 뿐, 임자는 아무도 없었습니다. 사람의 모습이라곤 찾아볼 수가 없었지요. 아무도 이 골짜기에 들어올 수 없었을 테니까요."

"그러니까… 아가씨가 이 골짜기에 들어온 첫번째 사람인 셈이로군요."

"그렇습니다."

"어째서… 어째서 이 골짜기에 소떼와 양떼가 숨겨져 있었던 것일까?"

그때 들고 있는 막대기 끝으로 땅을 톡톡 두드리고 있던 에벨이 고개를 들면서 말했다.

"사부님, 난 그것을 알 수 있어요."

"뭐라구? 이 골짜기에 어째서 소떼와 양떼가 있었는지 네가 알겠단 말이냐?"

"그래요. 소와 양은 여호와 신께 제물로 드리는 짐승이기 때문에 여호와께서 그들을 보호하신 것이지요."

앗산과 하노스는 놀라는 표정을 지으며 서로 얼굴을 마주 보았다. 그들은 저 아르박삿의 왕궁에서 신관 세마가 외워서 들려주던 홍수 이야기를 기억해 내었던 것이다.

여호와가 지시한 설계대로 방주가 완성되었을 때 노아는 가족들과 함께 방주 안으로 들어가라는 신탁을 받았다. 그때에 여호와는 정결한 짐승의 경우 암수 일곱씩, 부정한 것은 암수 둘씩을 취하고 공중의 새도 암수 일곱씩을 취하여 그 씨를 지면에 유전케 하라고 하셨던 것이다.

홍수가 끝난 후 방주가 아라랏 산에 머무르고 땅이 마른 다음 노아의 식구들이 밖으로 나왔을 때에 노아가 가장 먼저 한 일은 짐승들과 새들 중에서 정결한 것들을 골라 여호와의 제단에 바친 일이었다. 그 정결한 짐승 중에서 대표적인 것이 굽이 갈라져서 쪽발이 되고 새김질을 하는 짐승인 소와 양이었고 새 중에서는 비둘기였던 것이다.

그러나 사람들이 방주에서 나왔을 때 땅 위의 모든 것은 없어져 버렸고 조금밖에 남지 않은 식량은 씨앗으로 사용해야 했다. 그 씨앗을 심어 수확하기까지는 많은 날들이 필요했고 짐승들과 새들에게는 당장 먹을 것이 필요했던 것이다. 그때 여호와 신은 모든 생물에게 고기 먹는 것을 허락하셨다. 비록 그들의 생명을 유지하기 위한 조치였다 하더라도 그로부터 시작된 약육강식의 현장은 끔찍한 것이었다. 에벨의 추리는 계속되었다.

"모든 동물들이 방주에서 나왔을 때 여호와께서는 그들이 서로 잡아먹는 것을 허락하셨습니다. 그렇게 되자 강한 짐승은 약한 짐승을 삼키려 달려들었을 것이고 약한 짐승은 살기 위하여 달아나기 시작했겠지요."

앗산과 하노스뿐만이 아니라 에바와 가미엘까지도 달려들고 도망가는 짐승들의 모습을 상상하며 어두운 표정을 짓고 있었다. 에벨이 조금 더 상기한 목소리로 말했다.

"발톱과 이빨이 약한 짐승들 가운데에서 발이 빠른 짐승들이 가장 먼 곳까지 달아났겠지요. 그러나 여호와께서 정결하다고 규정하신 소와 양은 빨리 뛰지 못하는 짐승이었습니다. 그대로 두면 강한 짐승들에게 모두 잡혀서 멸종이 될 형편이었겠지요."

사람들은 모두 에벨의 추리에 감탄하고 있었다. 하노스가 에벨 소년의 어깨를 안으며 말했다.

"에벨, 너는 참으로 놀라운 추리력을 가지고 있구나. 여호와께서 너에게 그것을 알게 하셨나 보다."

에벨의 생각은 정확한 것이었다. 약한 짐승 중에서 발이 빠른 것은 모두 달아났고 아라랏 산 주변에는 강한 짐승들만이 남아 있게 되어 심한 식량난이 계속되었다. 견디다 못한 맹수들은 결국 사람까지도 해치게 된 것이었다. 그래서 맹수들로부터 자신을 보호하기 위해 사람들은 무기를 만들어내기 시작했고 구스 가문의 니므롯같이 유능한 사냥꾼들이 영웅적인 대접을 받게 되었던 것이다.

앗산이 공중으로 날아가는 비둘기를 바라보며 중얼거렸다.

"여호와께서 지금도 살아계시고 우리를 지켜보고 계시는도다…. 여호와가 아니시면 누가 저 소와 양들을 이 골짜기에 숨기시고 자물쇠를 장치하셨겠는가…?"

그러한 감동은 모두에게도 마찬가지였다. 그들에게는 아라랏 산의 장엄한 모습이 더욱 거룩하게 느껴지고 있는 것이었다. 앗산은 계속해서 중얼거렸다.

"온 천하 백성들이 저 산에서부터 시작되었는데… 이제 그들 모두가 다른 신들을 섬기고 있다니 기이한 일이 아닌가. 어찌하여 모든 땅을 홍수로 덮어버리셨던 여호와께서 이런 반역들을 그냥 보고만 계시는가?"

하노스도 그 아라랏 산에 눈을 주며 입을 열었다.

"아저씨, …그 노아님의 방주는 아직까지 저 아라랏 산 위에 남아 있을까요?"

"아무도… 아직 아무도 저 산 위까지 올라가 본 사람은 없다. 아니, 정확히 말하자면 올라가려고 한 사람은 있었을지 모르나 내려온 사람이 없는 것이다."

아라랏은 모든 사람들에게 두려운 산이었다. 그들은 늘 하늘에 솟아있는 아라랏 산을 바라보면서도 애써서 그것을 외면하면서 살아온 것이었다. 아라랏을 외면하며 사는 이유는 아마도 사람들의 마음속에 여호와에 대한 두려움이 아직 잠재하고 있기 때문인지도 몰랐다.

"아저씨… 사람들이 아라랏 산을 두려워하는 이유는 사람들에게 처음부터 죄가 있었기 때문이 아닐까요?"

"그러나… 여호와 신이 우리가 생각하듯 완전한 신이라면, 그분은 결코 인간을 죄속에 창조하지는 않았을 것이다."

"그렇다면…"

하노스에게는 바로 그 부분이 이해가 가지를 않는 것이었다. 신이 인간을 죄속에 창조하지 않았다면 어떻게 해서 죄가 인간 속에 들어오게 되었는지를 풀 도리가 없었던 것이다. 그리고 그 죄 때문에 신이 홍수로 세상을 쓸어버렸는데도 신이 선택했던 노아의 세 아들들은 지면에 퍼져나가면서 또 다른 신들을 섬김으로써 반역을 시작하게 되었던 것이다. 하노스는 곁에 서 있던 에바를 바라보며 말했다.

"사람은… 처음에는 죄속에 창조되지 않았으나 창조된 이후에 죄 가운데 살게 되었다고 할 수 있군요. 그렇다면 갓낳은 아기에게는 죄가 있는 것일까요, 아니면 없는 것일까요?"

에바는 고개를 갸웃거리면서 말했다.

"난… 난 아직 아기를 낳아보지 못해서 모르겠지만… 아기에게는 죄가 없는 것 같아요. 누구나 아기 때에는 아름답고 착했을 것 같거든요."

"그러나…"

애꾸눈의 앗산이 하나만 남은 눈을 껌뻑거리면서 말했다.

"죄가 없이 태어난다면 어째서 아기들이 태어나자마자 울음을 터뜨리는지 모르겠군. 어떤 짐승의 새끼도 울면서 태어나는 것은 없거든. 그러나 사람의 아기는 태어나자마자 울고 움직일 수만 있게 되면 싸움을 한단 말이야."

앗산이 자기의 가족 이야기를 하지 않았기 때문에 잘 알 수는 없었지만 그는 어린아이에 대하여 잘 알고 있는 것 같았다. 그러나 하노스와 에바, 그리고 가미엘과 에벨은 아기에 대한 경험이 없기 때문에 거기에 반대할 말이 생각나지 않는 것이었다. 하노스는 곁에 서 있던 에바의 아름다운 얼굴을 바라보다가 피식 웃음을 터뜨렸다. 에바는 또 하노스가 자기를 놀리려 하는 줄로 짐작하고 입을 열었다.

"하노스, 여자의 얼굴을 바라보며 웃는 것은 점잖지 못한 짓이에요."

"아닙니다, 누님. 전 갑자기 딴 생각을 하느라고 혼자 웃었던 겁니다."

하노스는 바로 아르박샷 왕궁을 향하여 가면서 셀라와 나누던 이야기들을 상기하고 있었던 것이다. 산중에서 힘든 일을 해가며 살아가는 남편들을 충동질하여 평지로 내려가게 하는 것은 주로 그 아내들이라고 하던 셀라의 말이 생각났기 때문이었다. 그러나 아지도 에바의 오해는 풀리지 않고 있었다.

"하노스, 여자의 얼굴을 바라보며 딴 생각을 한다는 것도 점잖지 못한 일이라는 것을 잘 알 텐데?"

"아… 그러면 제가 해명을 해드리지요. 실은 얼마전에 아르박샷 왕궁의 셀라 형님과 이런 이야기를 나누었는데…."

"셀라…?"

"네, 가이난 왕의 아들인 셀라 형님과 저는 서로 친한 사이지요. 그런데 그분 말씀이, 남자들로 하여금 타락하게 하는 것은 여자들이라는 것이었지요."

"여자들?"

"아시다시피 아르박샷 가문의 남자들은 산중에서 농사를 지어야 하기 때문에 힘든 일을 하며 살아가고 있습니다. 그런데 힘든 일을 싫어하고 도시의 사치한 생활을 동경하는 아내들이 그 남편들을 충동질하여 자꾸만 평지로 내려가도록 한다는 것입니다. 그러니 남편들을 타락시키는 것은 여자들이라고…"

"이제야 생각이 나는데 그 셀라라는 왕자는 30이 넘도록 장가를 못갔다는 괴팍한 사람이 아니냐?"

"못간 것이 아니라 안간 것이지요."

"그 사람이 장가 못간 이유를 알만 하군. 아무리 여자가 충동질을 하더라도 사내가 오죽 변변치 못하면 여자의 말을 따르겠어? 어디까지나 자기 자신의 문제에 대해서는 자기가 책임을 져야지 비겁하게 여자 때문이라고 핑계대는 것은 온당치 못한 일이야. 어떻게 생각하세요, 앗산님?"

앗산은 에바가 동의를 구하자 난처한 듯이 뒤통수를 긁었다.

"난, 난… 여자에 대해서는 잘 모르기 때문에…"

"아참, 장군께서는 지금까지 가족에 대해서 아무 말씀도 없으셨는데 가족들은 모두 어떻게 되셨나요?"

에바가 앗산의 가족에 대한 이야기를 묻자 그의 얼굴에는 금방 어두운 그늘이 지나가고 있었다. 그는 갑자기 가미엘과 에벨을 돌아보며 말했다.

"얘들아, 우리가 하노스의 궁술 공부를 너무 오랫동안 방해한 모양이다. 자… 우리도 저쪽으로 가서 아까의 그 세바퀴 진법을 다시 연습하자구나."

그는 서둘러 아이들을 재촉하며 멀어져가고 있었다. 그들의 모습이 산기슭을 돌아서자 이내 그쪽에서는 날카로운 기합소리들이 들려오기 시작했다. 에바가 아직도 그쪽에 눈을 주며 말했다.

"아마도 앗산님께선 가족들에 관한 어떤 사연이 있으신 모양이지?"

"그런 것 같습니다."

"그런데 하노스!"

"네?"

"아까 하노스의 화살이 명중했을 때 가미엘은 오빠의 활솜씨를 칭찬했었지?"

"…그랬던가요?"

"저런… 하노스는 가미엘에 대해서 너무 무심한 것 같아. 말 한마디도 건네지 않고."

하노스는 고개를 갸웃거렸다. 사실은 그들과 만나자마자 앗산과의 입씨름 때문에 말을 걸 틈도 없었던 것이다.

"하노스, 가미엘이 마음에 안들어?"

"네?"

하노스는 아직도 에바의 질문에 대해서 무슨 뜻인지 이해하지 못하고 있었다. 아마도 에바는 여자로서의 가미엘에 대하여 묻고 있는 것 같았는데 가미엘은 아직 솜털도 벗어지지 않은 열두살의 소녀였던 것이다.

"하노스… 하노스는 아직 그 애가 어리다고 생각하는지 모르지만 이미 남자들의 무관심에 대해서 섭섭하게 생각할 수 있는 나이라구."

하노스는 에바가 어째서 그런 이야기를 하고 있는가에 대해서 생각해 보고 있었다. 에바가 가미엘만한 나이에 그런 경험이 있었기 때문인지도 몰랐다. 그는 재빨리 에바가 가미엘만한 나이에 무엇을 했는가 되짚어 보았다.

(그렇다. 에바의 언니 에다는 열여섯살에 게세대란 청년과 부부가 되었다고 했다. 그 언니와 에바는 네살 차이라고 했으니 에바는 그때 열두살이었던 것이다.)

거기까지 재빨리 계산한 하노스는 새삼스럽게 에바의 얼굴을 바라보았다. 그래서 에바는 이미 결혼할 만한 나이가 훨씬 지나버렸는데도 독신으로 살고 있는 것인가.

"하노스, 왜 또 내 얼굴을 바라보지? 여자의 얼굴을 바라보며 딴 생각을 하는 것은 점잖지 못한 일이라고 이미 일러줬는데…"

"누님"

"……?"

"누님, 혹시… 누님께서 가미엘의 마음을 짐작하시는 것은 누님도 그만한 나이에 그런 경험이 있었기 때문은 아닌가요?"

"하노스… 넌, 넌 무슨 생각을 하고 있는 거지?"

"싫으시면 말씀 안하셔도 좋습니다. 그러나 제 생각으로는 누님께서 열두살 때쯤 좋아하는 남자가 있었던 것 같군요."

에바는 잠시 얼굴을 붉히는 것 같더니 고개를 끄떡였다. 역시 그녀는 성품이 솔직한 여장부였던 것이다.

"하노스, 넌 사람의 마음을 꿰뚫어보는 데 특별한 재능이 있는 것 같구나…."

그녀는 잠시 시원한 눈을 들어 아라랏 산의 모습을 처연히 바라보다가 입을 열었다.

"내가 이 세상에서 가장 좋아한 사람이 두 사람 있었다…."

뜻하지 않게 노처녀의 비밀을 듣게 되었으므로 오히려 하노스는 당황하여 시선 둘 곳을 모르고 있었다. 그러나 에바는 거침없이 자기의 숨겨진 이야기들을 털어놓는 것이었다.

"내가 가장 좋아했던 두 사람… 그것은 바로 고아가 된 후 내가 의지하고 지냈었던 내 언니 에다와… 그리고 게세대 오빠였다. 그것이 내게는 비극이었지. 만일 언니가 아닌 다른 여자가 게세대 오빠를 데려가려 했다면 나는 어떤 수를 써서라도 그 사람에게서 오빠를 빼앗았을 것이다. 그러나 공교롭게도 그것은 내가 가장 사랑하는 언니 에다였어. 나는 언니를 축복해 줄 수밖에 없는 입장이었지."

언니의 남편을 사랑했던 한 여인의 비극이 아름다운 샤론 골짜기에 안개처럼 깔리고 있었다. 그 감동적인 이야기를 하노스는 고개를 숙인 채 들었다.

"언니가 참변을 당한 후… 내가 저들 남매를 극진히 돌보아준 이유는 솔직히 말해서 두 가지가 있었다. 그 하나는… 저들 남매는 내가 가장 좋아하는 사람들 사이에 태어난 자녀들이었기 때문이었다. 그러므로 저들 남매에게는 내 모든 청춘을 다 바쳐서 돌보아줄 만한 이유가 있었던 거야. 저들은 바로 내가 사랑한 사람들의 분신이었고 또 어떤 면에서는 게세대 오빠나 에다 언니보다도 더 내게 가까운 존재이기도 했지."

"또… 하나의 이유는 무엇이었습니까?"

에바는 조금 부끄러운 듯 어색하게 웃었다.

"또 한가지 이유는… 혹시 내가 저 아이들을 돌보는 동안 게세대 오빠가 다시 나타나서 언니가 죽었다는 사실을 알게 된다면… 내가 죽은 언니의 그 자리에 들어설 수도 있지 않을까 하는 앙큼한 기대를 가지고 있었기 때문이었어."

하노스는 그런 에바의 솔직함에 더욱 이끌리고 있었다. 그것은 참으로 하노스에게 놀라운 일이었던 것이다. 모든 세상 사람은 자기의 부끄러운 곳을 가리려고 별짓을 다하는데 에바에게서는 그런 그늘을 전혀 찾아볼 수 없었던 것이다.

지나간 모든 일을 가리려고 애쓰는 사람들… 그것은 바로 하노스의 부친인 하난 대제부터 시작하여 세상의 모든 사람들이 마찬가지였다. 누구든지 잘못은 있는 것이고 말하기 싫어 덮어두고 싶은 과거는 있는 것이었다. 하노스는 다시 그 최초의 일에 대해서 생각해 보고 있었다.

여호와 신이 완전한 신이라면 인간을 죄속에 창조하지는 않았을 것이다. 그러나 그 무죄의 인간 속에 누군가 죄를 넣어주었다. 그렇다면 인간이 창조되었을 때 거기엔 누가 있었던가? 인간 말고는 여호와 신뿐이지 않았는가? 그러나 인간을 무죄속에 창조한 여호와 신이 다시 그 인간에게 죄를 넣어주지는 않았을 것이다. 그렇다면 인간이 처음 창조되었을 때에 여호와 신 말고 또 다른 누군가가 거기 있었을 것이다. 그는 바로 인간에게 죄를 넣어준 자였을 것이다. 그는 누구일까. 그는 누구인데 감히 여호와 신이 창조한 무죄의 인간에게 죄를 넣어주었던 것일까.

신이 인간을 창조했을 때… 아마도 남자와 여자를 창조했을 것이다. 그때 인간에게 죄를 넣어준 그 누군가가 인간에게 접근했을 것이다. 그는 둘 중의 누구에게 접근했을 것인가. 남자인가, 혹은 여자인가. 아마도 그는 유혹에 넘어가기 쉬운 여자에게 먼저 접근했을지도 모른다. 그는 여자에게 죄를 넣어주고 여자는 남자에게 그것을 전달하고… 그렇다면 죄의 책임은 여자에게 있으므로 여자에게 모든 책임을 전가해 버려도 좋을 것인가. 그렇지 않을 것이다. 적어도 하노스가 사는 시대의 모든 윤리적 책임은 남자가 지도록 되어 있었던 것이다.

여자로 인해서 죄가 들어왔다. 그러나 그 책임은 남자에게 있다. 그렇다면 왜 남자에게 책임이 있어야 하는 것일까. 아마도 죄가 들어오기 이전부터 여호와 신과 남자 사이에 어떤 약속이 있었는지도 모른다. 그렇다면 남자가 여자보다 먼저 창조되었고, 그래서 여자를 통해 죄가 들어왔어도 그 책임은 남자에게 있는 것일까.

그러나 하노스의 추리는 일단 거기서 멈추었다. 에바가 또 딴 생각을 한다고 핀잔을 줄 것 같았기 때문이었다.

하노스는 아직도 게세대 오빠에 대한 상념에 잠겨 있는 것 같은 에바에게 물었다.

"그 게세대란 분은… 그후 한번도 나타나지를 않았던가요?"

에바는 고개를 끄떡거리며 쓸쓸한 미소를 띠고 있었다.

"그래서 나는… 하노스, 네게 한가지 부탁할 말이 있다."

"제게요?"

"네가 알다시피 가미엘과 에벨은 이 이모 외에는 가족이 없는 아이들이다. 하노스가 이 아이들에게 따뜻하게 대해 줄 것을 나는 부탁하고 싶은 거다. 오빠처럼, 또 형처럼…"

하노스는 그제서야 자기가 너무 그들 남매에게 무심했던 것을 뉘우치고 있었다. 물론 에벨 소년과는 그 애가 너무 명석해서 자주 이야기를 나누었으나 가미엘에게는 별로 관심을 두지 않고 있었던 게 사실이었다. 하노스는 일부러 밝은 표정을 지으며 쾌활한 목소리로 말했다.

"누님, 약속하지요. 저는 꼭 가미엘의 좋은 오빠가 되고 에벨의 좋은 형이 될 것입니다."

"고맙다, 하노스."

"자, 누님. 공부를 계속할까요?"

"좋다… 이번에는 움직이는 표적에 대한 사격을 가르쳐 주겠다."

에바는 잠시 고개를 숙인 채 생각에 잠기더니 천천히 걷기 시작했다. 하노스도 그 뒤를 따라서 걸었다. 밤에는 몇 개 달리지 않았던 그 샤론의 꽃들이 나무마다 가득히 피어나고 있었다. 흰 꽃 속에 숨은 붉은 여명들이 찬란한 아침을 머금고 있는 것이었다. 에바는 다시 입을 열기 시작했다.

"하노스, 너에게 이미 말해 주었듯이… 활을 무기로 생각하지 말아라. 궁술이란 바로 떨어져 있는 과녁과 나를 자유롭게 일치시키는 공부야. 떨어져 있는 것들의 일치… 그것이 바로 우리가 바라는 최고의 이상인지도 모른다. 신과 나와의 일치, 사랑하는 사람끼리의 일치, 형제와 자매 사이, 친구와 친구 사이… 모든 존재는 다 떨어져 있는 존재이지만 그것들은 서로 자유롭게 일치될 수 있는 것이다. 그래서 궁술은 바로 음악과 통하는 거야. 떨어져 있는 상대에게 마음을 전달하는 것이 곧 음악이거든. 그래서 노아님의 장자였던 셈님께서는 신에게 제사드릴 때 수금을 연주하도록 하셨지. 바로 떨어져 계신 신에게 인간의 정성을 전달하기 위해서…"

"그렇다면… 궁술이란 그 기술보다도 마음이 중요하겠군요."

"그렇다. 그래서 궁술은 부드럽고 조용하면서도 또한 신속한 것이다."

하노스는 지금 자기 자신의 마음이 그런 상태에 있다는 것을 알고 있었다. 그의 마음은 언제나 신과 인간의 문제에 대해서 캐들어가고 있었다. 그 문제를 해결하고 싶은 그의 마음은 마치 화살처럼 신속하게 날아가는 것이었다. 창조의 문제, 죄의 문제, 심판의 문제들이 늘 하노스의 머리속을 채우고 있었다. 그는 언젠가 이 문제를 해결해야 한다고 믿는 것이었다. 신과 인간에 관한 문제가 풀어진다면 세상의 모든 인간 관계에 대한 문제도 그것에 따라서 순조롭게 풀려질 듯한 느낌이 드는 것이었다. 죄와 심판, 진실과 거짓, 창조와 소멸… 이런 것들을 해결하지 않고는 아무것노 할 수가 없을 것 같았다. 그런 것들의 해결 없이는 하노스 자신의 인생마저도 끝없이 무의미한 헝클어짐 속으로 얽혀 들어갈 것만 같은 느낌이 드는 것이었다. 에바는 계속해서 그렇게 천천히 걸었다.

"세상의 모든 표적들은 움직이고 있다. 사실상 정지해 있는 표적이란 없는 거야. 그러나… 하노스, 사람은 그 움직이는 표적을 정지시킬 수 있어."

"……?"

"그것은 바로… 모든 표적의 움직임을 미리 읽는 것이다. 가령 … 새가 날아간다고 하자. 그 새는 움직이고 있다. 그리고 그 새는 지금의 위치에서 어느 위치로 옮겨갈 것인지 새 자신이 결정한다. 그러나 만일 네 마음이 새와 일치한다면 너는 새가 어느 방향으로 날아갈 것인지 알 수 있게 되는 것이다. 새가 옮겨가고자 하는 위치와 네가 날려 보내려는 화살의 위치가 일치한다면… 화살은 새에 명중하게 되는 것이다."

어쩐지 하노스는 마음속으로부터 아침처럼 밝아오는 빛을 느낄 수 있었다. 만물의 움직임을 깨달아 안다면 그것은 곧 헝클어진 마음의 혼란을 정리할 수 있는 방법일 수 있는 것이었다. 만물의 움직임을 예측할 수 있다면 그것은 바로 신의 마음과도 일치하는 것일지 모른다.

하노스는 비로소 어째서 활을 무기가 아니라고 하였는지 깨닫고 있었다.

"자, 하노스… 이제부터 그 마음의 눈을 여는 공부를 하겠다. 우선 내가 하노스에게 공격을 가할 테니 내 움직임을 미리 예측하여 막아 보아라."

하노스가 미처 준비의 자세를 갖추지도 못했는데 이미 날카로운 기합소리와 함께 에바의 손끝이 날아오고 있었다. 하노스가 황급히 비켜서며 그녀의 팔을 쳐내자 이번에는 다시 그녀의 다리가 들리며 발길질이 날아왔다. 하노스는 쩔쩔매며 그녀의 연속공격을 막아내고 있었다. 에바는 궁술에만 능한 줄 알았는데 그녀의 무술 솜씨도 보통이 아니었다. 마치 그녀의 동작은 춤을 추듯 화려하게 하노스를 겹겹이 포위하고 있었던 것이다. 그 숨쉴 틈도 주지 않는 공격속에서 에바의 강의가 계속되고 있었다.

"하노스, 보이는 것에 현혹되면 마음의 눈이 감겨진다. 이 누나가 예쁘다든가, 몸놀림이 아름답다든가 그런 얼빠진 것에 마음을 빼앗겨서는 안된다. 보이는 것에 마음을 쓰지 말고 보이지 않는 것에 주의해라. 보이지 않는 마음을 읽어라. 마음을 읽지 않으면 아무것도 예측할 수 없는 거야!"

과연 에바는 하노스의 마음속을 꿰뚫어보고 있었다. 사실 하노스는 아침 햇살 속에 빛나는 그녀의 아름다운 모습과 그 현란한 몸놀림에 정신이 팔려 있었던 것이다. 그만큼 에바의 아름다움은 무르익어 있었다. 이미 시집갈 나이를 훨씬 넘어버린 스물네살에 아직 아기도 낳아보지 않은 터질 듯한 젊음이 그녀의 아름다움을 밖으로 내뿜게 하고 있었던 것이다.

"정신 차렷! 뭣하고 있는 거야?"

하마터면 뒤쪽으로부터 엄습해 오는 그녀의 공격으로 하노스의 뒤통수가 깨질 뻔 하였다. 그는 황급히 몸을 굽히며 땅 위에서 두어바퀴를 뒹굴어야 했다. 아직 일어서지도 못하고 있는 그에게 계속해서 에바의 발길질이 날아오는 것이었다.

"보이지 않는 것을 읽어야 해!"

한번 혼이 난 다음에야 하노스는 자세와 함께 마음을 가다듬으며 에바의 가르침에 따르기 시작했다. 그는 에바의 아름다움에 마음을 빼앗기지 않으려고 애쓰면서 다정한 누나로서의 에바를 생각하기 시작했다. 어려서부터 고아로 자라났던 에바, 사완의 부친 이에로부터 궁술을 배우고 신정원의 악장 아론에게서 수금을 배웠던 에바, 사랑하던 사람 게세대를 언니 에다에게 빼앗긴 에바, 그리고 그들의 자녀를 헌신적으로 돌보면서 게세대와의 재회를 기다리고 있다는 비련의 여인 에바. 그렇게 생각하자 갑자기 하노스에게는 에바를 향한 연민의 정이 우러나기 시작하고 있었다. 그는 마음속 깊은 곳으로부터 에바의 슬픔과 에바의 고독을 함께 아파하는 것이었다. 그 깊은 곳에서 하노스는 에바의 마음과 일치하고 있었던 것이다.

"바로 그거야. 이제 겨우 실마리가 잡혀가는군. 그렇지, 좋아!"

마치 그들은 춤추는 한쌍의 나비처럼 호흡이 맞아가고 있었다. 그렇게도 무섭게 쏟아져 들어오던 에바의 공격이 하노스에게 갑자기 포근한 위로처럼 느껴지고 있었다. 그들의 손과 발은 공격과 방어가 아니라 마치 사랑의 선물을 주고받는 것처럼 경쾌하고 우아했다. 하노스는 어느새 방어하고 있는 자신의 동작에 하나도 힘이 들지 않는 것을 느끼고 있었다. 그의 호흡은 편안했고 그의 마음은 마치 잔잔한 호수처럼 평온했다.

"자, 하노스! 이젠 나를 공격해봐. 보이는 것을 공격하지 말고 한 수 앞을 보는 거야."

에바의 동작이 갑자기 바뀌었다. 하노스는 잠시 눈앞이 현란하여 어리둥절하고 있었다. 에바는 마치 춤을 추듯 하노스의 전후 좌우로 몸을 날리고 있었던 것이다. 얼핏 그녀의 웃는 얼굴이 보이는가 하면 어느새 그녀는 등뒤에 돌아가 있었고 왼쪽에서 웃는가 하면 어느새 오른쪽에서 손짓을 하고 있었다. 마치 하노스는 안개 속에 있는 듯 눈앞이 몽롱해지는 것을 느끼고 있었다.

"하노스, 보이는 것을 따라가면 아무것도 잡지 못한다. 마음을 고요하게 하고 보이지 않는 것을 잡아라."

하노스는 조금전 그녀의 공격을 방어할 때의 마음으로 다시 돌아가기 시작했다. 다시 그의 심안(心眼)에는 보이지 않는 에바의 아픔과 고독이 나타나기 시작했던 것이다. 에바의 그 구멍뚫린 사랑의 허전한 가슴 속에 무엇인가 채워주고 싶은 연민이 다시 일어나고 있었다. 하노스는 그 에바를 향하여 공격해 들어갔다. 하노스의 강하고 따스한 마음이 에바의 마음을 향하여 날아들어가기 시작했던 것이다. 비로소 하노스는 에바의 어떤 동작도 잡아낼 수 있게 되었다. 뒤로 가면 뒤에서, 오른쪽으로 가면 오른쪽에서 빠져나가던 에바의 모든 것이 하노스의 그물에 걸리고 있었다.

"앗!"

하는 에바의 비명과 함께 그녀의 허리는 하노스의 팔에 감겨버렸고 그
들의 몸은 마치 포옹을 하듯 서로를 껴안아버렸다. 하노스는 갑자기 품
안에 들어온 에바의 풍만한 몸을 깨달으며 황급히 뒤로 물러섰다. 그러
나 아직도 그는 자기가 껴안았던 여인의 몸을 온 몸으로 느끼고 있었
다. 어려서부터 그의 어머니 아릿다에게서 느껴보지 못했던 포근함이
그를 놀라게 하고 있었던 것이다. 에바가 생글생글 웃으면서 말했다.

"역시 하노스는 깨달음이 빨라요."

"……?"

"하노스가 남자이기 때문에 그런지는 모르지만 가미엘을 가르칠 때보
다 훨씬 빨리 진보하고 있거든. 자, 이제는 모든 사물의 움직임을 그
마음의 눈으로 보는 거야. 벌, 나비, 새, 그리고 날아가는 돌멩이나 심
지어는 바람까지도…"

"바람까지도…?"

"그렇지, 바람까지도. 바람 속에는 여호와 신의 마음이 운행하고 계
시는 거야. 하노스가 그의 마음과 일치된다면 바람의 소매끝도 잡을 수
있게 되는 거지."

하노스는 점점 신비한 경지에 이르고 있는 궁술의 공부에 열중하고
있었다. 에바의 가르침을 따라 하노스는 비로소 지금까지 보지 못했던
많은 것들을 볼 수 있게 된 것이었다.

그러한 하노스의 공부는 아침부터 저녁까지 계속되었다. 날이 어두워
지면서부터는 실제로 사격교습이 시작되었다. 에바는 공중을 향하여 돌
을 던졌고 하노스는 활로 그 돌을 향하여 쏘았다. 어둠 속에서도 하노
스의 화살은 날아가는 돌멩이를 명중시키고 있었다.

"대단해, 놀라운 솜씨야!"

에바는 그런 감탄사를 연발하면서 하노스를 격려하고 있었다. 그러나
에바의 칭찬은 빈말이 아니었다. 가르침을 받아들이는 하노스의 속도가
그만큼 빨랐던 것이다.

"하노스, 이제 그만 좀 쉴까?"

계속해서 돌멩이를 집어던지기가 힘드는지 에바는 그렇게 말했다. 활 쏘기에만 열중해서 에바의 힘든 것을 깨닫지 못하고 있던 하노스가 웃으면서 활을 내렸다.

"마음의 일치에서 또 한번 실수했군요. 누님의 힘든 것을 깨닫지 못하고 있었으니."

"하노스, 난 오늘 너를 가르치면서 많은 것을 깨달았단다."

"······?"

"어째서 너의 진보가 그렇게 빠른지 나는 생각해 보았지···. 하노스, 너에게 가장 강한 점은 바로 네 마음속에 사랑이 있다는 점이야."

"사랑···?"

"그렇다. 그것은 매우 소중한 거야. 그 마음이 있기 때문에 너는 무엇이든 빨리 받아들이고 빨리 깨닫게 되는 거야. 그것도 놀라운 속도로··· 하노스, 너는 나 같은 아녀자에게 궁술이나 배우고 세상에서 평범하게 살아갈 사람이 아닌 것 같다. 여호와 신께서 네게 그런 자질을 주신 것은··· 반드시 그 계획이 있으시기 때문일 거야. 너는··· 우리 인간들에게 가장 중요한 무엇인가를 찾아낼 수 있는 능력을 가지고 있어. 그것이 매우 힘들고 어려운 일이라 하더라도··· 너는 그것을 해내야 돼. 그것을 할 수 있는 사람은 이 세상에서 하노스밖에 없다고 나는 생각한다."

"어째서··· 어째서 그런 생각을 하게 되셨지요?"

"그것은··· 네가 여기에 오던 날 샤론 마을 사람들 앞에서 그들이 추대한 샤론의 대제사장 자리를 사양했을 때부터 나는 그런 생각을 하고 있었다. 여호와 신께서 너를 더욱 중요한 일에 쓰시기 위하여 준비하고 계신다는 확신을 갖게 되었지."

"누님께서 너무 크게 말씀하시니 좀 어리둥절하기는 합니다만··· 저 자신도 무엇인가 좀더 근본적인 문제를 해결하지 않고서는 견디지 못할 것 같은 느낌이 들기도 합니다. 그것은··· 이렇게 모순되고 뒤엉켜버린 세상에 살고 있다는 슬픔에서 시작되는 것인지도 모르지만··· 세상은 처음부터 무질서하고 사악하게 창조되지 않았으리라는 믿음 때문입니다. 그 믿음이 자꾸만 저를 가만히 있지 못하게 합니다. 어떤 알 수 없는

힘이 자꾸만 저를 강하게 이끌고… 저를 번뇌하게 하고 저를 잠 못이루
게 하는 것입니다. 모든 사람들이 다 평온하게 잠들고 있을 때에 저는
수없이 깨어 있습니다. 그리고 어떤 때는 몹시 괴롭습니다."

"하노스…"

에바는 하노스의 어깨를 가볍게 감싸안으면서 말했다.

"하노스, 너의 번뇌는 바로 모든 인류의 소망이다. 너의 깨어 있음이
사람들에게 위로가 될 거야."

그때였다. 두 사람은 똑같이 어떤 소리를 듣고 숨을 죽였다.

"……?"

어느 쪽에서부터인가 방향도 알 수 없는 가운데 한가닥 선율이 흘러
들어오고 있었던 것이다. 그것은 가느다란 퉁소(洞簫) 소리였다. 끊어질
듯 하면서도 이어지고 잦아들 듯 하면서도 다시 솟아나오는 퉁소 소리
가 갑자기 샤론의 골짜기를 가득히 채우면서 물결치고 있는 것이었다.

"… 이게 뭐죠?"

"저 괴물이 또 나타났군."

"괴물…?"

"얼마전부터 이 샤론 골짜기에 저 퉁소 소리가 들려오기 시작했지.
어떤 때는 매일 계속되고, 그러다가 어떤 때는 또 며칠동안 잠잠하기도
하고…."

"저 퉁소 소리는… 보통 솜씨 같지가 않군요."

"…제법이야."

"누구일까요? 남방에서 듣던 선율 같지는 않은데요?"

하노스는 이미 가나안 지방이나 미스라임 지역을 두루 돌아보았기 때
문에 그들의 음악을 알고 있었다. 그들의 음악은 신비롭기보다는 요사
스러운 쪽으로, 즐겁기보다는 음란한 쪽으로 기울고 있었던 것이다. 그
런데 지금 어둠 속에서 들려오고 있는 퉁소 소리는 매우 맑고 높은 기
상을 머금고 있었다. 하노스는 마치 그 선율을 타고 높은 하늘로 들려
올라가고 있는 것 같은 느낌이 드는 것이었다. 그러다가 갑자기 그 소
리는 쓸쓸한 바람을 일으키며 애조(哀調)를 띠기 시작하더니 끝내 애끊
는 울음소리처럼 흐느끼기 시작하는 것이었다. 에바는 황급히 나무에

걸어두었던 수금을 벗겨서 안으며 하노스에게 말했다.

"하노스, 귀를 막아라. 저 괴물이 시나이의 곡을 시작하고 있구나."

하노스는 두손으로 귀를 막았다. 이윽고 에바도 수금을 안고 그것을 타기 시작했다. 에바의 얼굴 표정이 달빛 속에서 싸늘하게 변하고 있었다. 그리고 그녀의 콧등에는 송알송알 땀방울이 맺히고 있었다.

히노스는 귀를 막은 채로 도대체 저 퉁소를 부는 사람은 누구일까 생각해 보고 있었다. 사완의 말대로 퉁소와 수금을 처음 만들어낸 사람은 홍수 이전 세대의 거장(巨匠) 유발이었다. 신에게 죄를 범한 인간의 후회와 한을 담아 내었던 유발의 음악들은 사람들의 타락과 함께 자취를 감추었으나 다시 신정원의 악장이었던 아론에 의해서 복원되었을 것이라고 고센은 말했던 것이다.

그렇다면 지금 저 시나이의 곡을 연주할 수 있는 사람은 아론과 그 제자인 에바 외에 또 누가 있을 것인가. 아론에게는 에바 말고도 또 다른 제자가 있었단 말인가. 그러나 그가 아론의 제자라면 왜 나타나지 않고 이 샤론 마을에 퉁소 소리만 보내오고 있는 것일까. 수금을 타는 에바의 눈빛이 점점 더 싸늘해 가고 있었다.

바벨로 가는 길

끝없이 뻗어간 대평원을 가로지르며 자욱한 흙바람이 일어나고 있었다. 그것은 질풍같이 달리고 있는 한떼의 말이었다. 그들의 맨 선두에는 세 마리의 말이 앞서거니 뒤서거니하며 쏜살같이 달리는 중이었고 그들과 좀 떨어져서는 다시 다섯 필의 말들이 그들의 뒤를 따라가고 있었다.

앞서가는 세 마리의 말들은 기묘한 궤도를 그리며 달리고 있었다. 곧장 한방향으로만 달리는 것이 아니라 이따금씩 곡선을 그리기도 하고 벌판을 한바퀴 돌아서 원을 그리는가 하면 다시 앞을 향하여 똑바로 달리기도 하는 것이었다.

"자세를 더 낮추십시오. 말과 한몸이 되어야 합니다!"

선두의 세 마리 중에서 뒤쪽을 달리는 말에 타고 있던 노인이 큰소리로 말했다. 가운데서 달리는 말 위의 소년이 상체를 바싹 낮추며 말의 배에다 박차를 가하고 있었다. 뒤쪽의 노인이 다시 외쳤다.

"이번에는 말의 상하좌우로 몸 감추는 법을 연습하겠습니다. 앞서 달리는 사완님의 시범을 잘 보십시오!"

맨 앞에서 달리고 있던 사완의 몸이 갑자기 말 위에서 굴러내리는 것 같더니 어느새 그의 몸은 말의 오른쪽 옆구리에 대롱대롱 매달려서 가고 있었다. 노인이 다시 외쳤다.

"먼저 가르쳐드린 대로 허리 쓰는 법에 주의하십시오. 몸의 힘을 빼고 생각을 단전으로 모아야 합니다!"

중간에서 달리던 소년이 잠시 멈칫거리는 듯 싶더니 훌쩍 몸을 날렸다. 그도 역시 사완처럼 말의 오른쪽 옆구리에 매달려서 가고 있었다.

"눈을 바로 뜨십시오. 기수(騎手)의 눈이 목표를 향하지 않으면 말이 엉뚱한 방향으로 달리게 됩니다. 됐어요. 자, 이번에는 다시 제자리로 돌아갑니다. 사완님의 동작을 잘 보세요!"

노인의 말이 떨어짐과 동시에 매달려가던 사완의 몸뚱이는 다시 말의 등 위로 뛰어올랐다.

"아직 완전하지 못합니다. 생각이 머리 쪽에 몰려 있는 까닭입니다. 마음을 새털처럼 가볍게 하십시오. 자, 이번에 왼쪽입니다!"

노인의 말이 떨어짐과 동시에 앞서 달리던 사완의 몸뚱이가 이번에는 말의 왼쪽으로 떨어졌다. 하노스도 잠시 멈칫거리더니 그를 따라서 몸을 왼쪽으로 떨어뜨렸다. 노인의 음성이 다시 날아왔다.

"됐습니다. 다시 원위치로!"

그러는 동안에도 말들은 질풍같이 달렸고 상당한 거리로 뒤떨어진 뒤쪽의 다섯 사람은 앞에서 무슨 일이 벌어지고 있는지를 모르고 있었다. 앞서가는 세 사람을 놓치지 않으려고 정신없이 달리던 한 사람이 옆에서 달리고 있는 동료에게 소리쳤다.

"여보게, 한 사람은 경호원 사완이고 또 하나는 하노스님인데 다른 한 사람은 누군가?"

"나도 모르겠어. 꽤 나이가 들어보이는 늙은이인데 말 다루는 솜씨가 대단하군."

"하노스님께서 무술대회에 나가기 위해서 마술(馬術) 선생을 구한 모양이로군."

"이전 솜씨로도 우리가 따라다니기 힘들었는데 점점 더 죽을 지경이 되겠어."

그들이 궁금하게 여기고 있는 그 노인은 바로 치우 장군의 사령부에서 마방(馬坊)의 주사로 일하던 하루하 노인이었다. 그는 악갓 군대의 모든 말들을 관장하는 책임자였을 뿐만 아니라 기병대의 훈련까지도 책임지고 있던 마술의 대가였던 것이다.

하노스는 경호원들과 약속했던 한달이 다 되었기 때문에 사완과 함께 샤론 마을에서 떠나 하루하 노인의 통나무집에 들렀던 것이었다. 하노스는 평소에도 하루하를 만나 말 다루는 법을 익혀왔었는데 이번에 다시 그에게 좀더 특수한 훈련을 부탁하기 위해서였다. 그동안 하노스는 샤론 마을에서 에바로부터 궁술의 훈련을 받았으나 활이란 선 채로 쏘는 것보다는 오히려 움직이면서 쏘는 경우가 많을 것으로 예상되었고 그러기 위해서는 달리는 말 위에서도 평정한 상태로 시위를 당길 수 있는 특수한 훈련이 필요했던 것이다. 하노스는 이미 두달 가까이 하루하의 훈련을 받고 있었다. 하루하가 다시 하노스를 향해 외쳤다.

"자, 이제부터 말 위에서 상체를 자유롭게 유지하는 훈련을 시작합시다. 상체가 자유로우려면 우선 하체만으로 말을 조종할 수 있어야 합니다. 하노스님이 말과 대화하실 수 있는 방법은 지금부터 발과 무릎을 움직여서 하는 것뿐입니다. 자, 고삐를 놓으시고 두팔을 좌우로 벌리십시오!"

하노스는 하루하의 지시를 따라 두팔을 좌우로 벌렸다. 말 위에서 두팔을 활짝 벌린 하노스는 마치 새처럼 대평원을 나르고 있었다.

"머리로 생각하지 말고 말과 한몸이 되십시오!"

그것은 사실 하노스가 여러번 반복하여 들어온 말이었다. 드단 소년과 함께 산을 오를 때 앗산은 머리로 생각하지 말고 겸손하게 산과 하나가 되어야 한다는 이야기를 했었고 궁술을 배울 때에도 에바는 머리로 생각하지 말라고 가르쳤던 것이다.

머리로 생각하지 말라는 것이 머리가 필요없다는 의미는 아니었다. 언제인가부터 사람의 머리는 반역의 기운에 사로잡혀서 그 본래의 기능을 잃어버리고 있었기 때문이었다. 사람을 창조한 여호와는 사람의 두뇌에 엄청난 능력과 기능을 넣어주었다. 그러나 어찌된 셈인지 사람의 머리는 자꾸만 신으로부터 멀어졌고 옳지 않은 일들과 쓸모 없는 것들을 생각하는 쪽으로 쏠려가고 있었던 것이다.

그 증거가 바로 홍수에서 살아남았다는 조상 노아의 큰 배였다. 신의 명령을 따라 노아가 만들었다는 그 큰 배는 길이가 3백 규빗, 넓이가 50규빗, 높이가 30규빗이며 3층으로 되어 있었다고 했다. 그 배는 실로 온 세상의 짐승들과 새들과 벌레들이 모두 한쌍씩 들어갈 수 있을 정도로 거대한 크기였던 것이다.

그러나 그 홍수가 지나간 지금 이 세상에서는 어디서도 그런 규모의 배를 만들 수 있는 사람은 없었다. 바닷가로 나간 야벳 집안의 후예들이 나무를 깎아 배를 만들기는 했지만 노아의 배에 비하면 어림도 없는 작은 배였던 것이다. 그러므로 사람의 머리는 점점 좋아지고 있는 것이 아니라 나빠지고 있다는 것이 틀림없었다. 그것은 또한 하노스가 미스라임 지방에서 보았던 홍수 이전의 건축물들에서도 마찬가지였다. 그지역에서 홍수 이전에 살고 있던 사람들은 이미 지금보다도 훨씬 강한 벽돌을 구울 줄 알았고 그것으로 지어진 건축물의 규모는 실로 엄청난 것이었다. 비록 하난 대제가 니느웨 성에 천하제일의 신전을 건축했다고 하지만 하노스가 살펴본 미스라임 지방의 폐허는 그 규모로 보아 니느웨의 신전보다 훨씬 거대하고 높은 것이었음이 분명했던 것이다.

그 모든 것들이 증명하고 있는데도 불구하고 사람들은 자기들의 지혜가 점점 높아지고 자기들의 기술이 점점 발달하는 줄로 믿는 것이었다. 그것이 바로 목을 세우고 자랑하며 살아가는 인간들의 신념이었고 교만이었다.

"몸을 왼쪽으로 돌려 보십시오!"

하노스는 비록 활을 가지고 있지 않았으나 시위 당기는 흉내를 내며 왼쪽으로 몸을 돌렸다. 말을 달리면서 활 쏘는 자세를 연습하는 훈련이었던 것이다.

"다시 오른쪽으로!"

하노스는 오른손으로 시위를 당기고 있었기 때문에 몸을 오른쪽으로 트는 것은 매우 어려웠다. 하노스는 갑자기 말 위에서 몸을 빙그르 돌리더니 완전히 돌아 앉아서 시위를 당기고 있었다.

"좋습니다. 이번에는 사완님과 말 바꿔타기를 해보십시오."

하노스가 발로 말의 배를 차자 하노스의 말은 속도를 더해 앞서가는 사완의 말을 쫓아가기 시작했다. 두 필의 말이 거의 나란히 달리고 있을 때 하노스는 몸을 날려 사완의 말로 옮겨 탔다. 하노스가 사완의 허리를 껴안으며 소곤거렸다.

"형님, 이런 솜씨를 가지고 겨우 하노스의 경호원 노릇을 하시다니
참 아깝습니다."

"쉿… 다른 경호원들이 들으면 큰일납니다."

"하난 대제께 말씀드려서 기병대장으로 승진시켜 드릴까요?"

"몸이 비록 산을 오르더라도 마음이 낮은 곳에 있지 않으면 여호와
신을 만날 수 없습니다."

그것은 바로 젊었을 적의 하난 대제가 한 말이었다. 그는 아직 산 속
에 살고 있던 셈 집안의 사람들이 비록 경건한 생활과 엄격한 계율을
말할지라도 그들의 생각이 지나치게 교만하고 고루해지는 폐단을 두고
그렇게 말했던 것이다.

"아무래도 형님은 경호원치고 너무 유식하단 말씀이야…."

하노스가 허리를 놓아주자 사완은 가볍게 몸을 날리더니 빈 채로 달
리고 있는 하노스의 말등 위로 옮겨갔다. 말을 바꾼 그들은 다시 간격
을 넓히면서 제각기의 기술을 익히고 있었다. 그들이 몇 번째 서로 말
을 바꾸어 탔을 때 하노스가 말했다.

"형님, 저것 보세요. 엄청나게 많은 양떼로군요."

"그렇군. 상당히 경험 있는 자가 아니면 저렇게 큰 양떼를 이끌기 어
려울 텐데."

멀리 보이는 초원에 마치 흰구름처럼 양떼가 덮여 있었다. 그리고 그
양떼의 주위에는 말을 달리며 양떼를 인도하는 목동들이 보였다.

"형님, 저것 보세요. 말 탄 사람 하나가 이쪽으로 달려오고 있습니
다."

"우리들을 강도로 오인한 것 아닐까?"

도시에서와 마찬가지로 들판에서도 강도는 흔히 나타나고 있었다. 그
들은 떼를 지어 몰려다니면서 목동들을 살해하고 그들의 양떼를 강탈해
가는 것이었다.

그러자 뒤에서 따라오고 있던 하루하 노인이 소리쳤다.

"저건… 후넨이 아닌가?"

양떼가 있는 쪽으로부터 달려온 그 소년은 순식간에 하노스와 말머리
를 나란히 하고 있었다. 그가 누구인가를 알아본 하노스가 다시 자기

말에서 몸을 날리더니 그 소년의 말로 옮겨타면서 그의 허리를 껴안았다.

"앗… 너는 하노스였었구나!"

"나는 강도다…. 네 양떼를 빼앗으러 왔다."

"아이구 간지럽다. 강도면 칼을 뽑을 일이지 왜 계집애처럼 허리를 간지르고 있어?"

후넨은 바로 하루하 노인이 늦게 얻은 아들이었다. 후넨은 하노스와 동갑이었기 때문에 늘 함께 말을 타면서 친구가 되었던 것이다.

"그런데… 저 양떼는 모두 네 거냐?"

"그렇다. 여호와 신께 제사를 안드리니까 양이 너무 남아서 큰일이다."

"아무리 그렇더라도 저건 너무 많다. 사람이 너무 부요하면 타락하는 법인데…."

"걱정말아라. 네가 너의 도성을 세운다면 내가 자금을 대어주겠다."

"고맙지만 그런 생각은 안해도 된다. 이 하노스는 제 한몸도 주체하기 어려운 사람이다."

"그런데 너… 멀리서 보니까 말 다루는 기술이 제법 늘었더구나."

"말도 마라, 여기까지 오는 동안 네 아버님께 호된 훈련을 받았단다. 자… 가서 아버님께 인사를 드려라."

하노스는 다시 몸을 날려 자기의 말로 돌아갔다. 후넨은 속도를 늦추면서 뒤로 쳐져서 하루하 노인과 말머리를 나란히 했다.

"어떻게 여기까지 나오셨습니까, 아버님?"

"하노스님의 부탁이 있었다. 말을 달리면서 활을 쏠 수 있는 기술을 가르쳐 달라고…."

"말을 달리면서 활을…? 그러면 하노스가 궁술을 익혔다는 말씀입니까?"

"그렇다. 하노스님은 나와 헤어졌다가 한달만에 돌아오셨는데 이미 그 안력(眼力)이 매우 높아져 있었다."

"그랬군요. 그 정도라면 만국회의에서 열리는 무술대회에 출전할지도 모르겠군요. 다른 일은 없었습니까?"

"아주 중요한 분을 만났다. 악갓 왕궁의 수비대장이었던 앗산 장군을 만났다."

"예…? 그렇다면 그분은 저 치우 장군의 아드님이 아닙니까?"

"그렇다. 어쩐지 이제 악갓의 수치를 씻을 수 있는 때가 다가오는 것 같이 느껴진다. 너의 재산이 사용될 수 있을 때가 다가오는 거다. 너는 힘써 재산을 늘려놓아라."

"하노스도 그 앗산 장군을 만났습니까?"

"하노스님은 앗산 장군과 사제지간이 되었다. 장군은 하노스에게 무예를 가르치고 있어."

"여러가지 좋은 소식이 겹치고 있군요."

"때를 기다려라. 여호와 신께서는 우리와 함께 하신다."

하루하는 앞서 달리고 있는 하노스를 잠시 바라보더니 큰소리로 외쳤다.

"하노스님, 이제 유브라데가 보이니 곧 바벨 성이 나타날 것입니다. 소생은 이만 돌아가겠습니다."

"그냥 가시게요? 바벨 성에 가서 맛있는 요리를 사드리고 싶었는데요…"

"돌아가서 해야 할 일이 많습니다. 부디 몸 조심하십시오."

"알겠습니다, 곧 다시 찾아뵙겠습니다."

후넨도 하노스를 향해서 소리쳤다.

"하노스, 나도 이만 돌아간다. 만국회의가 열릴 때쯤 나도 니느웨 성으로 한번 가 보겠다."

"안녕…"

하루하와 후넨 부자는 말을 나란히 하여 양떼들이 있는 쪽으로 빠져나가고 있었다. 그제서야 하노스는 말의 속도를 늦추며 멀리서 따라오고 있는 다섯 명의 경호원들을 기다렸다.

경호원들은 온 몸에 흙먼지를 뒤집어쓴 채 헐떡거리며 따라와 그들의 뒤쪽에 따라붙고 있었다. 하노스는 그들을 돌아보며 빙그레 웃었다.

"그 정도밖에 못 달려서야 어떻게 이 하노스의 경호원 노릇을 하겠느냐?"

"……"

"내가 폐하께 여쭈어서 너희들을 바꾸어 달라고 할까?"

경호원들의 얼굴은 금새 사색이 되고 있었다. 경호원들이 그 직책에서 밀려난다는 것은 곧 죽음을 의미하는 것이기 때문이었다. 경호원의 직책이란 다른 군인들이 부러워할 만한 높은 지위였다. 그리고 어떤 의미에서는 매우 작은 실수도 범하면 안되는 어려운 것이기도 했다. 그래서 경호원으로 일하는 사람들 중에는 차라리 부대로 돌아가서 마음 편한 직책을 맡고 싶어하는 사람들도 있었다. 그러나 지금까지의 예로 보면 경호원 직책을 떠나서 부대로 돌아간 사람은 하나도 없었다. 그들은 경호원 일을 하는 동안 황실과 관아의 너무나 많은 일들을 보게 되고 알게 되었기 때문에 그들을 다시 본래의 부대로 돌려보내는 일은 하난대제처럼 비밀을 좋아하는 황제에게 매우 달갑지 않은 일이었던 것이다.

경호원 직책에서 떠난 사람들이 어느 곳으로 다시 배치되었는가에 대해서 아는 사람은 없었다. 다만 아무도 몰랐기 때문에 항간에서는 그들이 죽었을지도 모른다는 소문이 돌고 있는 것이었다.

사색이 되어 있던 경호원 중의 하나가 용기를 내어서 말했다.

"하노스님, 저희도 이제부터 말 다루는 기술을 열심히 익힐 터이니 저희를 바꾸지 말아 주십시오."

"알았다. 너희들은 이제부터 이 사완 경호원의 지도를 잘 받아서 기술을 익히도록 해라. 사완 경호원은 이제부터 너희들의 기술이 얼마나 나아졌는가를 날마다 점검할 것이다."

"잘 알았습니다."

그들은 모두 두려운 듯 사완을 바라보고 있었다. 이제 그들의 목숨은 사완에게 달려 있는 것이나 마찬가지였던 것이다.

일곱 필의 말은 유유히 흐르고 있는 유브라데 강변을 따라서 달리고 있었다. 하노스는 햇볕을 받아서 반짝거리고 있는 강물을 바라보며 깊은 감회에 잠기고 있었다. 홍수가 천하를 휩쓸고 지나간 이후로는 얼마나 많은 사연들이 이 유브라데 강물을 타고 흘러내렸던가. 수멜의 반역, 기스의 비련, 악갓의 참극… 이상하게도 그 모든 사건들은 기스의 도성을 중심으로 일어나고 있었다. 기스의 도성은 최초의 반역자 수멜이 여호와 신을 버리기로 선언하고 나서 그 연인 기스의 이름으로 건설한 도시였다. 그 도시에서 수멜은 수많은 새 신들을 만들어내었다. 우주를 다스리는 신 아누, 아누의 딸이며 폭풍의 신인 엔릴, 물의 신 엔키, 풍요의 신 도무지… 그리고 수멜이 가장 아꼈던 사랑의 신 이난나가 모두 그 기스의 도성에서 태어난 것이었다. 그 기스가 악갓이 되고 다시 바벨로 바뀌었어도 아직 바벨에서는 이난나의 축제인 아키티가 열리고 있었다.

다시 하노스의 뇌리에는 오른쪽 옆구리에 청동의 단검이 찔린 채로 발견되었다는 수멜의 최후가 떠오르고 있었다.

(기스라는 그 여자는 얼마나 멋진 여인이었길래 수멜로 하여금 천하의 장자권을 내버리고 반역을 선언하게 하였는가?)

하노스는 자신의 일생에도 그렇게 모든 것을 걸 만한 여인이 나타날 것인가 궁금했다. 그리고 두렵기도 했다. 그가 지금까지 더듬어서 알아낸 여호와 신이란 모든 사람들의 절망과 좌절을 위로하는 소망의 빛이었다. 온 세상이 잘못되어 가더라도 언제나 옳은 것과 밝은 것을 가르쳐주는 정의의 신이었고 추하고 더러운 인생속에서 진정한 아름다움을 계시하는 완전한 신이었다. 그런데 수멜이라는 사내는 기스라고 하는 한 여인을 위하여 그 모든 것을 송두리째 내버렸던 것이다. 그런 무서운 일들이 하노스 자신에게 닥쳐들지도 몰라서 하노스는 바로 그것이 두려운 것이었다.

어쨌든 그 비련의 사내 수멜이 죽었는데도 그 사내를 번민하게 하고 파멸당하게 하였던 그 여인 기스는 어떻게 되었는지 알 수가 없었다. 그리고 이제 하노스는 그 여인의 체취가 서려 있는 바로 그 기스의 도성을 향하여 가고 있는 것이었다.

"바벨이 보이는군요."

사완이 앞을 바라보며 말했다. 과연 그들의 시야에는 유브라데 강을 끼고 경쟁하듯 솟아있는 바벨의 신전들이 들어오고 있었다. 하노스는 사완을 돌아보며 말했다.

"사완, 바벨에 들어가면 나는 좀 해야 할 일이 있다. 너는 경호원들을 데리고 바벨의 구경거리들을 안내해 주어라."

경호원들은 하노스의 말에 거역할 수 있는 입장이 못되고 있었다. 더구나 그들의 우두머리격인 사완을 시켜서 바벨의 좋은 곳들을 구경시켜 주라고 하는데 이의가 있을 수 없었던 것이다. 그들의 뇌리에는 벌써부터 바벨의 흥청거리는 술집들과 고기 굽는 냄새, 그리고 미끈한 여자들의 고성이 떠오르는 듯 미리 침을 삼키는 자도 있었다.

"사완, 만국회의까지는 며칠 남았지?"

"이제… 꼭 닷새가 남았습니다."

그렇다면… 오늘 이 바벨에서 묵는다 하더라도 그 전까지 니느웨로 돌아갈 수 있겠군."

본래 바벨에서 니느웨까지는 장정이 꼬박 걸어서 이틀 거리요, 말로 달리면 하루에 닿을 수 있는 거리였다.

"우리가 오는 길에 니므롯의 행렬을 만나지 못했으니 아마도 니므롯은 아직 바벨에 있는 모양이지?"

"그런 것 같습니다, 하노스님."

"사완, 너희 경호원들은 무술뿐만이 아니라 정보에도 능하다고 들었는데…."

사완은 다른 경호원들을 한번 둘러본 다음 신중한 음성으로 말했다.

"아는 것은 많지 않습니다만 알아내고자 하는 것은 어떻게든 알아냅니다."

"좋다. 우선… 바벨의 주인인 니므롯에 관해서 너희들이 아는 것은 어떤 것인가?"

"니므롯은 구스 가문 출신이며 시돈 출신의 세미라미스라는 여자와 결혼했습니다. 그는 사냥에 능하여…"

"시돈 출신이라면 가나안 가문인가?"

"그렇습니다."

가나안 가문이라면 하노스에게 생각나는 것이 있었다. 가나안은 함의 넷째 아들이었고 바로 수멜을 사로잡았던 기스가 가나안의 공주였던 것이다.

(세미라미스… 가나안… 기스… 바벨…)

하노스는 고개를 갸웃거렸다. 뭔가 그것들 사이에 연결되고 있는 고리가 있는 것 같았기 때문이었다.

"니므롯과 세미라미스 사이에는 몇 명의 자녀가 있는가?"

"그들의 자녀에 대해서는 아무것도 알려진 바가 없습니다."

"자녀가 없어…?"

"없다는 것이 아닙니다. 알려진 바가 없습니다."

그것은 어떤 의미에서 좀 뜻밖이었다. 니므롯은 천하가 모두 알고 있는 영웅이요, 앗수르 제국의 국방과 치안을 한손에 거머쥐고 있는 인물인데도 그 자녀에 대해서 아무것도 알려지고 있지 않다는 것은 실로 이상한 일이 아닐 수 없었던 것이다. 그러고 보면 하노스 자신도 니므롯 일가에 대해서 자세히 들어본 적이 없는 것 같았다.

"10년 전쟁… 특히 수멜이 괴멸되었던 그 라가스 전투에서 니므롯은 어떤 직책을 맡고 있었나?"

"하노스님… 지나간 일을 들추어내는 것은 하난 폐하께서…"

"알고 있다. 그러나 나는 지금 죽은 수멜에 대해서 묻고 있는 것이 아니라 살아 있는 니므롯에 대해서 묻고 있는 거야. 니므롯은 그때 무엇이었나?"

"네, 아시다시피 니므롯은 메소포타미아에서 미스라임까지… 온 천하에 횡행하고 있는 맹수들을 사냥하여 그 용명이 높았습니다. 그래서 니므롯은 역도 수멜의 중군대장을 맡고 있었지요."

"중군대장이라면 수멜의 경호까지도 책임지고 있는 핵심 참모가 아닌가?"

"그렇습니다."

그런데도 수멜은 자결하고 니므롯은 하난 대제와 치우 도원수에게 두 손을 들고 나와서 항복했다는 것이었다.

"니므롯은 요즈음… 무엇을 하고 지내는가?"

"…별다른 움직임이 없습니다."

"두문불출인가?"

"악갓의 멸망 이후 국방과 치안의 대권을 장악한 니므롯은 좀처럼 백성들 앞에 그 모습을 나타내지 않고 있습니다."

그것은 매우 기이한 일이었다. 니므롯은 본래 그 사냥의 공적으로 인하여 세상의 영웅이 되었고 니므롯 자신이 그것을 몹시 뽐내고 있었던 것이다. 뿐만 아니라 그의 아내 세미라미스는 매우 나대기 좋아하는 여자여서 사람들이 그녀를 니므롯의 어머니라고까지 빈정거렸을 정도였다. 그러했던 그들 부부가 이 바벨 성의 왕궁에 들어앉아 두문불출하고 있다는 것은 좀 뜻밖이 아닐 수 없었다.

"그렇다면… 그들은 왕궁 안에서 무엇을 하고 지내는가?"

"아무도 그것을 잘 모르고 있습니다. 다만 소문에 의하면 바벨의 왕궁에서는 밤마다 연회가 열린다고 합니다. 그들은 밤새 마시고 즐기는 대신 낮에는 모두 문을 걸어 닫고 잠을 잔다는 것입니다."

"잠을 자…?"

"그렇습니다. 낮에 왕궁에 들어가서 니므롯이나 장관들을 만나기는 좀처럼 쉽지 않답니다."

"그렇다면… 정사가 문란해지고 기강이 해이해질 텐데 바벨은 계속해서 번창하고 있지 않은가?"

"그렇습니다. 바벨의 재산은 날로 늘어가고 시장은 더욱 번성하고 있으며 바벨의 군대는 빈틈없이 훈련되어 있습니다."

"흐음…"

하노스는 뭔가 바벨에 대해서 섬뜩한 느낌을 받고 있었다. 밤에는 즐기고 낮에는 잠을 자기 때문에 사람의 그림자를 볼 수 없다는 바벨의 왕궁을 상상해 보며 그는 저 미스라임 땅에서 홍수 이전의 폐허를 돌아볼 때 느꼈던 적막을 연상하고 있었던 것이다. 그런데도 시장이 번성하고 군대가 훈련된다는 것은 무엇인가 보이지 않는 엄청난 힘이 바벨을 감시하고 있는 때문인 것 같았다. 하노스는 갑자기 뒤따라오는 경호원들 모두를 돌아보며 물었다.

"너희들 중에 누가 니므롯과 그 왕비 세미라미스를 가까이서 본 사람이 있는가?"

경호원들은 서로의 얼굴들을 바라보며 고개를 갸웃거렸다. 그들 중의 하나가 더듬거리는 소리로 말했다.

"이따금씩 그분들을 뵙기는 했으나… 자세히 볼 기회는 없었습니다.

대개 그분들이 나타나면 저희들은 긴장하여 군례를 올렸고 더군다나 상
당한 거리에 있었기 때문에…."

"멀리서 보기에 니므롯은 어떤 모습이었는가?"

"눈이 크고… 비교적 윤곽이 뚜렷하여 잘 생긴 모습이었습니다."

"체격은 큰 편이었나?"

"보통이었던 것으로 기억됩니다."

백성들에게 영웅으로 알려져 있는 니므롯의 체격이 크지 않고 보통이
라는 데 대해서 하노스는 조금 뜻밖으로 생각하고 있었다. 하노스 자신
도 니므롯을 먼 발치에서 본 일은 있었다. 그리고 하노스의 기억속에서
도 니므롯의 체격은 그다지 커보이지 않았던 것이다.

(…그렇다면 니므롯은 역시 힘보다 지략의 장수란 말인가?)

어쨌든 앗수르 제국을 통치하는 권력의 핵심을 장악한 니므롯을 황제
의 아들인 하노스가 자주 볼 기회가 없었다는 것도 이상하다면 이상한
일이었다. 니므롯은 적어도 하노스에게는 그만큼 어두운 장벽속에 가리
워진 인물이었다.

"세미라미스는 어떤 여자였나?"

경호원들은 또 서로의 얼굴을 바라보며 잠시 웃고 있었다. 다시 아까
의 그 경호원이 대답했다.

"…미인이었지요."

"체격은?"

"체격은 보통이었고…"

"그리고?"

경호원은 잠시 머뭇거리다가 머리를 긁었다.

"…유방이 큰 편입니다."

그러자 다른 경호원들이 함께 웃으며 고개를 끄덕이는 것이었다.

(유방이 큰 편인데 자녀가 없었다…?)

"그 밖의 다른 특징은?"

"별로 없었습니다. 몸의 이곳저곳에 많은 보석들로 치장을 하고 있었
지요."

"목소리는?"

"다소… 다소 맑지가 않아서 쇳소리가 나는 느낌이었습니다."

목소리에서 쇳소리가 섞여나온다는 것은 여자의 성품이 별로 부드럽지 못하다는 의미였다. 하노스는 다시 눈을 들어 점점 다가오는 바벨의 도성을 바라보고 있었다. 어둠의 장막속에 숨어 있는 그들 부부가 저 타락의 도성을 다스리고 있다는 것이었다.

어쨌든 수멜의 반란군에서 그 세력의 선두에 있다가 투항하여 하난 대제의 전폭적인 신임을 받고 있다면 니므롯은 대단한 지략가임에 틀림 없었다. 하난 대제는 자기의 아우인 군사(軍師) 악갓까지도 의심하여 독살하지 않았던가. 그것만으로도 부족하여 하난 대제는 충신 치우와 72인 의형제단을 모두 자결시켰고 그 수하에 있던 모든 장병을 주살하였던 것이다. 그런데 일개 항장(降將)으로서 하난의 신임을 받아 천하의 병권을 한손에 거머쥔 니므롯이야말로 무서운 인물이라고 하지 않을 수 없었다. 그런데 지금 경호원들이 알고 있는 소문에 의하면 그는 매일 밤 연회를 열고 즐기며 낮에는 왕궁 안에 틀어박혀 낮잠만 자고 있다는 것이었다.

(영웅 니므롯도 이제는 안일해져서 한물 갔다는 뜻인가, 아니면 그는 또 어떤 엄청난 음모를 꾸미고 있는 것인가…?)

따지고 보면 작금의 천하는 하난 대제와 그의 군대장관이며 바벨의 왕인 니므롯에 의하여 좌우되고 있었다. 그리고 그들 두 사람간의 세력 균형은 매우 안정되어 있는 셈이었던 것이다. 하난 대제는 이따금씩 바벨을 방문하였고 니므롯도 가끔 앗수르에 올라와 하난 대제에게 문안을 드렸다.

그들 사이의 회담은 언제나 단독회담이었고 식사라도 하게 되면 그들의 부부만이 식탁에 앉았다. 하난과 니므롯, 그리고 아릿다와 세미라미스는 그들 자신의 까다로운 성품에도 불구하고 아무런 마찰이 없는 편이었다. 니므롯과 세미라미스는 늘 겸손한 태도로 하난 대제와 황후를 대했고 때로는 하난 대제와 아릿다 황후도 니므롯 부부를 매우 정중하게 예우하고 있었던 것이다.

다만 천하를 통치하는 데 있어서 그들에게 제일 걱정스러운 것은 미스라임의 세력이었다. 비록 타우루스 산맥을 끼고 바닷가까지 뻗혀 있

는 야벳 집안의 거칠은 백성들이 있기는 하지만 그들은 난폭하고 거칠
다는 것을 제외하면 앗수르의 통치에 큰 지장은 되지 않고 있었다. 왜
냐하면 야벳 집안의 후손들은 아예 처음부터 천하를 다스리는 패권에는
관심이 없었기 때문이다.

그러나 남쪽에 떨어져나가 있는 미스라임은 달랐다. 그들은 비록 중
원으로부터 멀리 나가서 세력을 기르고 있었으나 틈만 생기면 북쪽의
비옥한 메소포타미아 평원을 탐내었다. 바로 10년 전쟁 때에 그들이 수
멜의 반역군에 가담하여 북으로 올라왔던 것도 그런 끊임없는 회귀(回
歸)의 욕망 때문이었던 것이다.

더구나 미스라임의 남쪽 땅은 너무나 멀리 떨어져 있어서 앗수르로서
도 계속해서 감시하기가 어려웠다. 그래서 하난 대제로서는 미스라임을
경계하는 데에 니므롯이 필요했던 것이다. 니므롯은 10년 전쟁 당시 미
스라임과 한패였을 뿐만 아니라 니므롯이 대표하고 있는 구스 가문은
함 집안의 장자였고 미스라임 가문은 그 둘째 아들의 집안이었다. 따라
서 미스라임 가문은 니므롯의 통제에 큰 불만을 갖지 않고 있었던 것이
다.

그러고 보면 이번 만국회의를 계기로 해서 미스라임의 루딤 왕가와
사돈을 맺으려는 하난 대제의 구상은 매우 타당한 것이었다. 함 집안의
장자인 구스 가문의 니므롯을 품안에 잡아 두고 멀리 나가 있는 미스라
임 가문과 사돈을 맺어 둔다면 앗수르의 천하 통치는 나름대로 탄탄대
로가 될 것이기 때문이었다.

(어쨌든 니므롯은 하난 대제가 그를 이용하고 있을 정도로 중요한 인
물임에 틀림없다. 그런데 그가 낮잠을 자고 있다니….)

그들이 바벨 성에 거의 도착하였을 때 하노스는 사완과 다른 경호원
들을 돌아보며 말했다.

"오늘 저녁에 나는 바벨 성에서 좀 특별한 볼 일이 있다. 너희들도
알다시피 나는 번잡스러운 것을 싫어하는데 우리가 이런 식으로 성에
들어간다면 틀림없이 니므롯은 수하교관들을 대동하고 성문 앞까지 마
중나오게 될 것이고 나는 또 그들의 공식 행사에 끌려들어가지 않으면
안될 것이다. 내가 바벨 성에 가서 조용한 시간을 가지려면 어떻게 하

는 것이 좋겠는가?"

경호원들은 하노스의 심중을 이미 짐작하고 있었다. 사사로운 시간을 가질 수 없는 상류층의 사람들이 얼마나 불편해 하는지 그들은 이해하고 있기 때문이었다. 사완이 경호원들을 대표해서 질문을 던졌다.

"하노스님께서는 바벨 성에서 니므롯 왕을 전혀 만나지 않으실 생각이십니까?"

"… 그럴 수야 없겠지. 나는 니므롯 왕을 내일 아침 일찍이 만나려고 한다. 그러나 그 이전까지는 내가 왔다는 것을 알리고 싶지 않은 거야."

"그렇다면…"

이미 하노스의 성격을 알고 있는 경호원 중의 다른 하나가 입을 열었다.

"이렇게 하시면 어떻겠습니까?"

하노스는 그렇게 말하는 경호원을 바라보았다. 나이는 많지 않으나 영리하게 보이는 자였다.

"어떻게 말인가?"

"저희들은 경호원의 정장을 하고 있습니다만 모두들 짐 속에 경장의 사복을 가지고 있습니다. 하노스님께서 먼저 입성하신 후에 저희들은 경장으로 갈아 입고 하나씩 둘씩 갈라져서 바벨에 들어가 일정한 장소에서 만나면…."

"좋은 생각이다. 사완, 너희들은 그러면 어디서 만날 테냐?"

"저희는 성안의 이난나 신전 앞에서 만나면 되겠습니다. 하노스님은 어떻게 하시겠습니까?"

"좋다. 나는 내일 아침 해 뜰 무렵 바벨 수비대의 마방(馬坊) 앞에서 너희들과 만날 것이다."

말을 마치자마자 이미 하노스의 말은 바벨 성을 향하여 달려가고 있었다.

기스의 그림자

번쩍거리던 메소포타미아의 태양이 대지 속으로 숨어 들어가면서 갑자기 아키티 광장은 활기를 띠기 시작하고 있었다. 광장을 중심으로 사방을 향하여 뻗어나간 거리에는 여인들의 웃음소리가 터져나오기 시작하고 술잔을 든 사내들이 거리에까지 밀려나오고 있었다. 어느새 광장에는 많은 사람들이 밀려들어 그 수가 불어나는 중이었고 어떤 사람들은 술잔을 손에 든 채로 왕궁 쪽에 서있는 말둑 신전을 바라보기도 하는 것이었다.

광장 동쪽에 붉은 저녁노을을 한아름 안고 서 있는 이난나 신전의 하얀 대리석 기둥들이 발정한 여인의 다리처럼 붉게 타오르고 이난나의 정념을 태우듯 신전 앞의 화로에는 이글거리며 성화가 타오르기 시작하였다.

반역의 기수 수멜이 지어놓았던 이난나 신전은 10년 전쟁의 종식과 더불어 악갓에 의해 파괴되었으나 그 악갓이 멸망한 이후로 어느 틈엔가 슬그머니 재건되었던 것이다. 도성의 열정을 그 몸으로 불태우던 사랑의 여신 이난나는 다시 백성들의 마음속에 스며들었고 신년이 되면 아키티의 축제를 주관하였다. 이난나를 섬기는 여제관 엔투는 그 신전에서 옛날 수멜이 그러했던 것처럼 새 도성의 주인인 니므롯과 결합하였으며 니므롯과 결합한 여제관은 역시 옛날처럼 신전에서 그 자취를 감추고 있었다.

신전은 사라지는 여제관을 이난나에게로 돌아갔다고 발표하였으나 사람들은 그 여제관이 왕비의 질투로 죽었을 것이라고 추측하는 것이었다. 그런 무서운 일들이 일어나고 있는데도 불구하고 사랑의 여신 이난나는 백성들에게 인기가 있었다. 그만큼 이난나는 백성들의 넘치는 욕망을 풀어주고 피로와 불안을 달래주는 그들의 누이요 애인이었던 것이다.

"말둑 신이 내려온다!"

누군가 왕궁 쪽의 말둑 신전을 손가락으로 가리키며 외쳤다. 과연 높이 서 있는 말둑 신전의 성화대에 불길이 타오르기 시작했고 그 높은 신전 꼭대기에서 높은 모자를 쓴 계산의 신 말둑이 뒤뚱거리며 내려오기 시작한 것이었다.

우주의 신 아누와 폭풍의 신 엔릴을 제쳐버리고 이 바벨에 군림한 말둑은 본래 앗수르의 하난 대제가 바벨에 하사한 신이었다. 계산의 신 말둑은 인간의 능력을 신뢰하는 도시 사람들의 우상이었다. 사람들은 천체의 운행과 땅의 넓이를 그들의 지혜로 계산하였고 강들의 범람을 막기 위한 토목공사를 그들의 자로 재어 설계하였고 집의 기둥과 벽돌의 수를 그들의 손가락으로 산출해 내었으며 온갖 농사하는 기구와 전쟁하는 기계들을 그들의 연구로 고안해 내었다.

이로써 사람들은 자신들의 능력으로 모든 것을 할 수 있으며 그들의 계산으로 하늘과 땅을 다스리고 마침내 그들의 진보는 모든 신들을 제압할 수 있다고까지 생각하기에 이르렀다.

이렇게 되어 가는 세상에서 천하를 통치하던 하난 대제는 자칫하면 스스로의 위력을 손상당할 수도 있는 가능성이 생기게 되었다. 사람들이 자신들의 능력으로 무엇이든지 할 수 있다는 신념을 갖기 시작하면 신탁과 같은 묵시적 권력에 의하여 통제받기를 거부할지도 모르기 때문이었다.

그런 이유로 해서 하난 대제가 만들어 낸 신이 바로 계산의 신이었다. 계산의 신 말둑은 인간에게 숫자를 주고 계산을 가르친 신이며 셈 가문의 7진법에 혁명을 일으켜 원의 각도를 6개로 등분하고 모든 계산을 다시 10진법으로 돌이켜 준 기술의 신이었다. 인간은 손가락도 10

개요, 발가락도 10개인데 여호와 신의 까다로운 7진법은 틀렸다는 계산이었다.

이렇게 하여 계산의 신 말둑은 앗수르의 기술혁명을 가져다준 신이었고 마침내 숫자와 계산은 말둑의 것임을 선포함으로써 모든 천하백성들을 숫자와 계산으로 통치하리라는 하난 대제의 새로운 관리체제를 옹호해 주는 신이 된 것이었다.

그러나 어찌 된 셈인지 하난 대제는 자신의 패권을 밀어주었던 말둑 신을 다시 니므롯의 바벨 성에 하사하였고, 자신은 바벨의 새로운 신 니눈타를 앗수르로 모셔갔다. 이로써 바벨은 온 세상 기술과 발전의 중심지가 되었고 하난 대제는 앗수르의 북쪽 힛데겔 강변에 새로운 니눈타의 도성 니느웨를 건설하였던 것이다.

니눈타는 바벨 성을 다스리는 니므롯이 새로 만들어 낸 번개와 천둥의 신이었다. 바벨에는 이미 수멜 시대에 만들어졌던 우주의 신 아누와 폭풍의 신 엔릴이 있었고 물의 신 엔키와 풍요의 신 도무지가 있었다. 이들 중 풍요의 신 도무지는 사랑의 신 이난나에게 눌려서 도무지 인기가 없었다. 이미 가난을 모르게 된 바벨 사람들에게는 이난나의 풍만한 유방과 엉덩이만이 출산과 풍요의 상징이 되고 있었던 것이다.

그러므로 하난 대제로부터 바벨 성을 하사받아서 그 성을 강력하게 통치해야 했던 니므롯은 좀더 무섭고 강력한 신이 필요하게 되었다. 그래서 그가 생각해 낸 것이 바로 번개와 천둥의 신이었던 것이다. 사람들의 지혜가 발달하면서 차츰 온갖 신들에 대한 경외감이 시들어가고 있기는 했으나 아직도 하늘에 번쩍이는 번개와 천지를 무너뜨릴 듯 포효하는 천둥은 공포의 대상이었기 때문이었다. 그러므로 번개와 천둥은 신 니눈타를 고안해 낸 니므롯의 심중에는 바로 건방져가는 바벨 사람들을 공포와 위협으로 다스리겠다는 의지가 들어 있었던 것이다.

그런데 그것은 천하를 다스리는 하난 대제에게도 똑같이 필요했었다. 그래서 결국 하난 대제는 니므롯이 고안해 낸 니눈타 신을 징발함과 동시에 바벨에는 계산의 신 말둑을 하사하였던 것이다.

그 말둑 신이 바로 기술의 신답게 높다란 자기 신전의 꼭대기에서 걸어 내려오기 시작한 것이었다. 바벨의 백성들은 내려오는 말둑 신을 향하여 **환호하였고** 말둑 신은 그 환영에 답하는 듯이 의젓한 표정으로 아키티 광장의 사람들을 굽어 보고 있었다.

많은 사람들이 우러러보는 가운데 지면에 내려선 말둑 신은 다시 이난나 신전을 향하여 이동하기 시작했다. 술잔을 든 사내 하나가 곁에 있는 사람에게 물었다.

"여보게, 왜 말둑 신이 이난나 신전으로 가는 거지?"

"그것도 아직 모르나?"

"무얼?"

"닷새 후면 앗수르의 새 도성 니느웨에서 만국회의가 열리는 것도 몰라?"

"허어… 이 사람, 아직도 머리가 안돌아가는군. 만국회의가 열리게 되면 모든 나라의 신들이 다 니느웨에 모이게 된다니까 말둑 신도 니느웨로 떠나야 하는 거야."

"그러니까… 말둑 신이 출장을 떠나기 전에 이난나 여신을 만나서 작별의 인사를 하시겠다, 이런 말이로군."

"거 어째서 그리 머리가 잘 안돌아가? 그래가지고 어떻게 이 바벨에서 살아가누?"

"이 사람아, 내가 내 머리 돌려서 살아가는 줄 아나? 우리 마누라 머리가 얼마나 빨리 돌아가는 줄 모르는 모양이군."

"자네 마누라가 얼마나 계산을 잘하는지는 모르겠지만 남자 만나는 시간표 하나는 잘 짜는 모양이더군."

"우리 바벨의 여자들이 모두 영리해진 것도 다 계산의 신이신 말둑 신 덕분이지. 그러고 보니 이난나 여신께서도 모든 신들과 동침하려면 시간표를 잘 짜셔야 할 거야."

"그야 말둑 신께서 가르치신 10진법으로 계산할 테니까 틀림없을 것 아닌가?"

이난나 여신이 자기 신전에 남성 신을 맞아들이는 밤이 되면 바벨의 모든 거리는 축제로 술렁이게 되고 모든 술집들은 난교의 침실로 둔갑하는 것이 보통이었다. 바벨에 사는 사람들은 가나안 지방의 풍습을 받아들여서 남녀의 빈번한 동침이 번영과 풍요를 가져온다고 믿는 때문이

었다. 그들에게 있어서 신들의 동침은 곧 하늘과 땅의 화해로 인식되었
고 그것은 또한 풍성한 결실을 약속하는 제사의 의식으로 받아들여지고
있었다.

사람들이 점점 많아지고 있는 아키티 광장을 가로질러서 한 사내의
그림자가 걸어가고 있었다. 그는 때때로 뒤를 힐끔거리며 돌아보다가는
다시 걸음을 빨리하는 것이었다. 그는 방금 말둑 신이 내려온 그 신전
을 왼쪽으로 돌아서 니므롯의 왕궁을 향하여 걷고 있었다. 이미 모든
사람들의 시선은 이난나 신전 쪽으로 다가가고 있는 말둑 신에게 쏠려
있었기 때문에 아무도 그를 주의해서 보는 사람은 없었다. 그러나 그
사내가 곧장 니므롯의 왕궁으로 접근하지 않고 다시 왕궁의 담을 끼고
돌아갈 때쯤 그를 미행하고 있는 또 한 사내가 나타났다. 그는 앞서가
는 사내의 속도와 보조를 맞추기 위해서 이따금씩 걸음을 멈추고 딴전
을 피웠다.

앞서가던 사내는 니므롯의 왕궁을 끼고 돌더니 다시 그 오른쪽의 숲
속으로 꺾어져 들어가고 있었다. 왕궁 뒤의 오른쪽 숲 속에는 바벨 기
병대의 막사가 있었고 기병대의 말들을 돌보는 마방이 있었던 것이다.

기병대의 마방에 접근한 그 사내는 좀더 조심스럽게 좌우를 살피면서
재빨리 마방 주사의 숙소 쪽으로 다가갔다. 마방 주사 숙소의 문 앞까
지 다가간 그는 다시 한번 좌우를 살피고 나서 조심스럽게 입을 열었
다.

"아녹, 아녹… 안에 계시오?"

그러자 문 안쪽에서는 꿈지럭거리며 가래 끓는 소리가 새어나왔다.

"누구야…?"

"접니다. 하노스입니다."

"하노스? 하노스님이 웬일이신고…?"

하노스는 다시 한번 고개를 돌려서 숲 쪽에 눈을 주었다. 검은 그림
자 하나가 나무 사이로 몸을 숨기고 있었다.

삐그덕거리며 문짝이 열렸고 헝클어진 흰머리의 영감 하나가 삐죽이
고개를 내밀었다.

"그동안 안녕하셨소, 아녹?"

"아이구 이거 정말 하노스님이시구먼. 어서 안으로 들어오십시오. 이 거 원 누추해서…"

"아니오, 난 지금 한 가지 영감님께 여쭤 볼 일이 있어서 찾아왔는 데…"

"아니, 그러시더라도 좀 들어오시지 않구서…."

"오늘 밤 안으로 다시 찾아올 터이니 지금은 내 묻는 말에 대답만 해 주시오. 영감님께서는 하루하님이 여기 오시기 전부터 이 마방에서 일 하셨다고 했지요?"

"그렇습니다…. 줄곧 높은 분들의 말고삐를 잡았지요."

"수멜 황제와 기스 황후가 이 성에 있을 때에도 말을 돌보았오?"

하노스의 질문에 소스라쳐 놀라 눈을 크게 떴던 아녹은 이미 체념한 듯 고개를 끄떡였다.

"그렇습니다."

"그때… 기스 황후에게는 잇사라고 하는 유모가 있었다던데?"

"… 있었습니다."

"그녀가 살던 집이 어디쯤 되는지 알고 싶소."

하노스는 다시 뒤를 돌아보았다. 그를 따라오던 그림자는 아직도 나 무 뒤에 몸을 감추고 있었다. 그가 지금 안으로 들어가지 않고 아녹과 밖에서 이야기를 나누고 있는 이유도 사실은 미행하고 있는 자에게 엿 들을 기회를 주지 않기 위해서였던 것이다.

"여러 차례의 전쟁을 겪어서 그 집이 어떻게 되어 있을는지…."

아녹은 기억을 더듬느라 눈을 깜빡거리면서 그 집의 위치에 대해서 설명하기 시작했다. 하노스는 연신 고개를 끄떡이며 그가 말하는 것을 머리속에 집어넣고 있었다. 아녹은 설명을 끝내고 하노스를 바라보며 물었다.

"그… 기스의 유모 잇사가 지금도 살아 있습니까?"

"그런 것 같아요. 최근에 이 바벨 땅으로 다시 스며들어왔다는 소문 이 있거든."

"허어… 그 여자도 지금쯤은 꽤 늙었을 터인데… 그런데 하루하님은 안녕하시겠지요?"

"건강하시지요. 그럼… 어두워진 후에 다시 들르겠소."

하노스는 말을 마치자마자 다시 몸을 날려 숲 속을 향해 달리기 시작했다. 나무 뒤에 숨어 있던 사내의 덜미를 잡기 위해서였다. 그러나 어느 틈엔가 그의 그림자는 사라지고 보이지 않았다. 하노스가 줄곧 그의 그림자를 감시했는데도 불구하고 그는 연기처럼 사라져버렸던 것이다.

그는 다시 말둑 신전 앞을 지나 아키티 광장을 가로질러서 이난나 신전 쪽으로 향했다. 이미 말둑 신은 이난나 신전의 정문으로 들어서기 시작했고 사람들의 열광은 절정에 달하고 있었다. 하노스는 몰려드는 사람들의 틈새를 비집으며 니므롯의 왕궁과는 반대쪽을 향하여 걸음을 재촉하고 있었다.

(…어째서 기스 황후는 자기 유모의 거처를 왕궁 가까운 데 마련해주지 않고 도성의 반대쪽에 살게 했던 것일까?)

이미 많은 사람들이 아키티 광장 쪽으로 몰려갔기 때문에 하노스가 들어서고 있는 주거지역은 의외로 한적한 편이었다. 아직도 그의 걸음은 빨랐으나 그의 마음은 한가로워지고 있었다. 이상스럽게도 하노스는 사람들이 많이 모여 있는 장소에서 마음이 평온해지지 않는 것이었다. 아무리 거기 열광이 있고 환락이 있다 할지라도 하노스는 이상하게 메스꺼움을 느끼고 있었다. 그가 많은 사람들 가운데서 호흡할 때면 마치 독을 마시고 있는 것처럼 어지러워짐을 느끼는 것이었다.

그것이 꼭 다수의 사람들이 모여 있기 때문만은 아닌 것 같았다. 예를 들면 하노스는 양떼나 소떼 가운데서 그토록 어지러움을 느끼지는 않았다. 그렇다면 그것은 바로 그 떼가 사람의 떼였기 때문이었던 것이다. 사람들은 서로 모일수록 서로 독(毒)을 뿜어내는 것 같았다. 그런데도 사람들은 기를 쓰고 모여서 살았다. 서로가 독을 뿜어내고 그 독에 병들고 시들면서 그래도 자꾸만 더 크게 더 많이 모여드는 것이었다.

"……?"

몇 발짝 앞에 한 소녀가 걸어가고 있었다. 그리고 어쩐지 그 소녀의 모습은 하노스의 눈에 많이 익은 것 같았다. 어지간하면 그냥 서로 딴 길을 걸었을 터인데 그렇지 않았던 것은 그 소녀가 계속해서 하노스와 같은 길을 걷고 있었기 때문이었다.

(저 아이는 누군데 지금 이 한적한 거리를 나와 같은 방향으로 걷고 있는 것일까…?)

하노스는 조금 더 걸음의 속도를 늦추어서 소녀와의 간격을 벌어지게 했다. 만약 서로 아는 사이라면 서로의 신분을 감추는 데 그쪽이 더 유리했기 때문이었다. 그러나 그녀가 계속해서 올리브 나무의 숲을 지나 야루의 언덕 쪽으로 접어들자 하노스도 정신을 차리기 시작했다. 야루의 언덕은 바로 기스의 유모가 살고 있던 그 집이 있다는 곳이기 때문이었다.

야루는 본래 가나안 가문에서 섬기고 있던 달의 신이었다. 가나안 가문의 생업은 농경이었기 때문에 농사의 절기를 알려주는 달의 운행은 매우 중요한 것이었다. 그래서 그들은 달의 신을 섬겼고 가나안 출신의 공주였던 기스는 자기 유모의 거처를 이 언덕에 마련하면서 그 이름을 야루의 언덕이라고 불렀던 모양이었다. 그리고 그 이름에 어울리게 지금 야루의 언덕에서 바라다보이는 바벨 성의 서쪽 하늘에는 저녁 달이 떠 있었던 것이다.

(저 아이는 지금 내가 찾아가고 있는 그 집으로 가고 있다…)

기이하게도 그 소녀는 곧장 기스의 유모가 살고 있었다는 그 집으로 가고 있는 것이었다. 그러나 거의 그 집 앞으로 다 갔던 소녀는 갑자기 발을 멈추더니 담 모퉁이를 돌아서 몸을 숨기는 것이었다. 하노스는 본능적으로 주위에서 몸 숨길 만한 곳을 찾았다. 마침 근처에 야루의 신상을 올려놓은 대리석 기둥이 서 있었기 때문에 하노스는 그 돌기둥 뒤로 몸을 숨겼다.

그 집의 문이 열리더니 한 여인이 수건으로 얼굴을 반쯤 가린채 걸어 나왔다. 여인이 문을 나서자 그녀를 배웅하던 문 안의 여자가 잠시 밖을 살피더니 다시 닫혀지는 문 속으로 사라졌다. 문에서 나온 여자는 잠시 망설이는 듯하더니 하노스가 숨어 있는 쪽으로 걸어오기 시작했다. 그러자 다시 그 집 왼쪽으로부터 말 탄 사내 한 사람이 또 한 필의 빈 말을 끌고 나타나 그 여인 곁으로 다가갔다. 여인은 잠시 그 자리에 서 있다가 갑자기 말 위에 뛰어 올랐고 두 필의 말은 이내 쏜살같이 언덕을 내려가기 시작하는 것이었다.

(앗, 저 여자는…?)

날이 이미 어두워져 있었기 때문에 바람같이 스쳐 지나가는 마상의 두 사람을 정확히 식별하기는 어려운 일이었다. 그러나 날카로운 하노스의 안력에 붙잡힌 그 여인은 분명히 지금 니느웨 성에 있어야 하는 아릿다 황후인 것 같았다.

하노스의 식별이 틀리지 않았다면 아릿다 황후는 어찌하여 이 바벨에 나타난 것일까. 하노스는 다시 혼란속에 빠지기 시작하고 있었다. 아릿다 황후는 그야말로 천하를 다스리는 하난 대제의 아내요 모든 백성들의 모후였다. 그런 황후가 가마도 타지 않은 채 시종 하나만 데리고 이 야루의 언덕에 나타났다는 것은 뭔가 심상치 않은 일이 벌어지고 있다는 조짐이 아닐 수 없었다. 더군다나 그녀가 방문한 곳은 바로 지금 하노스가 찾아가고 있는 장소, 지난날 기스의 유모가 살던 그 집이었던 것이다.

"……?"

하노스는 또 한번 놀라서 눈을 크게 떴다. 그가 아릿다 황후의 일로 인하여 어리둥절하고 있는 사이에 담을 의지하여 숨어 있던 아까의 그 소녀가 날쌘 동작으로 담을 넘어 사라졌던 것이다. 대단한 솜씨였다. 가냘프게만 보였던 그 소녀가 기합소리도 하나없이 그 높은 담을 마치 문지방 하나 뛰어넘듯 가볍게 넘어 들어간 것이었다.

일이 그쯤되자 하노스도 가만히 있을 수만은 없게 되었다. 이미 이곳으로 올 때 하노스의 생각은 그 잇사라고 하는 노파의 행적을 추적하려 했던 것인데 앞서서 도착한 방해꾼이 있었기 때문에 행동이 자유롭지 못하게 된 것이었다. 그러나 어쨌든 앞서 들어간 그 소녀도 몰래 담을 넘는 것을 보니 당당한 입장은 아닌 것 같았으므로 그녀의 뒤를 밟는 것도 헛수고는 아닐 것 같아서 일단 담장 위로 몸을 날렸다. 부호나 귀족의 집처럼 유모의 집은 세 겹의 담장으로 둘러쳐져 있었다. 이미 첫째 뜰에는 아무런 사람의 기척이 없었기 때문에 하노스는 몸을 날려 두번째의 담 위에 올라섰다.

"……"

앞서서 들어간 소녀가 거기 있었다. 그녀는 세번째 담벼락에 몸을 바싹 붙이고 서서 담장 안의 동정에 귀를 기울이고 있는 것 같았다. 그때였다. 안으로부터 날카로운 여인의 목소리가 날아왔다.

"침입자가 있다. 당장 잡아서 대령해라!"

하노스가 가슴이 철렁하여 몸을 더욱 납작하게 붙이고 있는 사이에 검은 그림자 세 개가 안으로부터 바깥 뜰로 날아 나왔다. 그들은 이내 소녀를 발견했고 제각기 창을 휘두르며 소녀를 공격하기 시작했다. 창을 휘두를 때마다 허공을 가르는 바람소리가 뱀이 지나가듯 무서운 소리를 내고 있었다. 소녀의 방어 동작은 의외로 날쌘 것이었다. 마치 한 마리의 표범처럼 그녀는 몸을 날리면서 세 자루의 창 사이를 빠져나가는 것이었다. 그러나 소녀를 공격하고 있는 세 장정 역시 서투른 졸개는 아니었다. 앗산 장군에게 직접 무예를 배운 하노스의 눈으로 보아도 그들의 창 쓰는 솜씨는 범상한 것이 아니었던 것이다.

(저 소녀는 이 집 사람들의 공격을 받고 있는 것으로 보아서 이 집에 공개적으로 드나들 수 있는 입장은 아닌 모양이다. 그렇다면 저 소녀는 지금의 나와 같은 입장이 아닌가? 저 소녀가 나와 같은 입장이라면 아마도 나처럼 이 집의 내막을 캐내기 위하여 담을 넘어 들어왔는지도 모른다. 그런데 지금 저 소녀가 저들에게 잡힌다면… 바람직하지 않은 일들이 저들에게 노출될 것이 아닌가…?)

거기까지 생각이 미치자 하노스는 더 지체하지 않고 담 위에서 뛰어 내리며 단번에 세 사내를 향하여 공격해 들어갔다. 역시 그들은 만만치 않은 상대였다. 그리고 이 일은 길게 끌면 끌수록 불리해지는 입장이 되게 마련이었다. 하노스는 저 샤론의 골짜기에서 앗산과 가미엘 남매에게 세바퀴 진법으로 공격받던 것을 기억하면서 그 역순의 공격을 감행하였다.

뜻밖의 변화에 놀란 세 사내가 어리둥절하는 사이에 하노스는 번개같이 신속한 솜씨로 그들의 급소를 때려서 넘어뜨린 후 소녀의 손목을 잡으면서 속삭였다.

"빨리 피하지 않으면 불리해요!"

이상하게도 두 사람의 호흡은 잘 들어맞았다. 그들은 마치 두 마리의 새처럼 담장을 뛰어넘었다.

"……"

바깥 뜰에도 어느새 창검을 든 장정들이 대기하고 있었다.

"시간을 끌 수 없으니 급소를 때려요!"

하노스는 소녀에게 그렇게 말하여 몸을 날리기 시작했다. 여기 저기서 적들이 나무토막처럼 쓰러져갔다.

"자, 밖으로!"

상대방의 주춤거리는 틈을 타서 하노스가 그렇게 외치자 소녀는 다시 새처럼 허공으로 날아올랐다. 하노스도 곧 그 뒤를 따라 몸을 날렸다.

"앗!"

누군가 던진 단검이 왼팔을 스치고 날아갔다. 그들은 담장 밖으로 나와서 자세를 가누었다. 그러나 안에서는 아무도 뛰어나오지 않고 있었다.

"갑시다!"

하노스는 우악스럽게 소녀의 손을 움켜잡고 달리기 시작했다. 달리면서도 그는 자주 뒤를 돌아다보았으나 추격해 오는 기척은 보이지 않고 있었다. 야루의 언덕을 거의 다 내려와서야 그들은 걸음을 멈추었다. 하노스는 가쁜 숨을 몰아쉬며 소녀의 얼굴을 돌아보다가 깜짝 놀랐다.

"너는… 나메라가 아닌가?"

나메라의 갸름한 얼굴이 달빛 속에서 활짝 웃고 있었다.

"정말 멋있었어요. 하노스님의 무예가 그토록 높으신 줄은 미처 몰랐어요."

"나인 줄을 알고 있었군!"

"담장에서 뛰어내리시며 세 사람과 겨루실 때에 하노스님인 것을 알고 깜짝 놀랐어요. 오늘 저를 구해 주셔서 정말 고마워요. 정말 큰일 날 뻔했어요."

하노스는 자기의 손이 아직도 나메라의 손을 잡고 있는 것을 깨닫고 그것을 놓으려 했다. 그러나 나메라는 그 손을 놓기가 아까운 듯 오히려 마주 쥐면서 말하는 것이었다.

"하노스님과는 남다른 인연이 있는 것 같아요. 얼마전 황제궁의 복도에서 쓰러지려는 저를 잡아주시더니 오늘은 저를 위기속에서 구해 주셨네요."

어쩔 수 없이 하노스 쪽에서 오히려 손을 빼내야 하는 입장이 되었다. 그는 가만히 그녀의 보드라운 손에서 자기 손을 빼내면서 말했다.

"그런데… 지금쯤 니느웨 성의 황제궁에 있어야 할 나메라가 여긴 어쩐 일이지?"

그러나 미처 그 물음에 대답할 사이도 없이 나메라가 깜짝 놀라며 외쳤다.

"어머! 하노스님은 부상을 당하셨군요!"

나메라는 하노스의 왼팔을 붙잡으며 어쩔 줄을 몰라 했다. 그의 왼팔에서 피가 흐르고 있었던 것이디. 그 집의 남상을 넘어 탈출할 때 스쳐간 단검에 맞았던 모양이었다. 나메라는 잠깐 망설이더니 오른손을 들어 자기의 왼쪽 소매를 잡아 뜯었다. 그리고 그 뜯어낸 소매를 길게 찢어서 붕대를 만드는 것이었다.

"상처가 너무 위쪽이어서 옷을 벗으셔야겠군요."

별수없이 하노스는 윗옷을 벗었다. 하얀 하노스의 상체가 달빛 속에 드러났다. 나메라는 갑자기 노출된 사내의 체취에 당황하는 듯하더니 이내 침착한 태도로 상처를 싸매기 시작했다.

"매우… 익숙한 솜씨로군."

"고향 땅에서 워낙 말괄량이로 자랐기 때문에 다치고 싸매는 데는 익숙해져 있어요."

"마대 출신이라고 했던가?"

그녀는 방긋 웃으며 고개를 끄떡였다. 하노스는 달빛 아래 드러난 그녀의 아름다운 어깨를 내려다보며 마대의 공주였다는 메루가 왕비의 말을 생각해 내고 있었다. 그녀의 말에 의하면 노아의 막내인 야벳 집안 사람들은 벗기를 좋아하는데 마대 땅에 초청되어 갔던 수멜 황태자가 벌거벗은 마대 여자들의 선정적인 춤을 보고 넋을 잃었었다고 했던 것이다.

상처를 싸매고 있는 나메라의 표정은 매우 진지하고 의젓하여 조금도 거칠게 자라난 아이처럼 보이지 않고 있었다.

"…아프지 않으세요?"

"나메라가 알려주고 나서부터 아프기 시작하는군."

"공연히 제가 아픔을 드린 셈이 되었네요. 더구나 저를 구해 주시려다가…."

나메라가 상처를 다 싸매고 매듭을 묶자 하노스는 다시 옷을 입으며 말했다.

"…그 집에는 왜 들어갔었지?"

"……"

나메라는 아직 대답할 말을 찾지 못한 채 하노스의 얼굴만 멍하니 바라보고 있었다. 하노스가 다시 걸음을 떼어놓으면서 입을 열었다.

"말하기 곤란한 사정이 있다면 말 안해도 괜찮아."

"아…"

나메라도 따라서 걸음을 옮겨놓기 시작했다.

"아녜요. 하노스님께는 무엇이나 말씀드릴 수 있을 것 같아요. 조금 전에… 그 집에서 나온 여자가 누구인지 아셨나요?"

"…어디선가 많이 본 듯한 얼굴이더군."

나메라는 쿡 하고 웃음을 터뜨렸다.

"재미있는 표현이시군요. 저는 아릿다 황후를 모시고 이곳 바벨에 왔어요."

"그랬었군."

"이번 행차는… 아무에게도 알리지 않은 잠행이니까 하노스님께서도 모른 척 해주시는 게 좋겠어요."

"그런데… 황후를 모시고 왔다면 저 집에 함께 들어갈 것이지 어째서 담을 넘었지?"

"…그럴 만한 사정이 있었지요."

하노스는 다시 곁에서 걷고 있는 나메라의 옆얼굴을 흘낏 바라보았다. 달빛을 정면으로 받으며 걷고 있는 그녀의 옆얼굴이 섬뜩하도록 요염하게 빛나고 있었다. 그녀는 하난 대제가 석달 전 사냥에서 돌아올 때에 데려온 아이라고 했었다. 그런데 황제궁에 들어온 지 석달밖에 안 된 나메라가 어떻게 해서 의심 많은 아릿다 황후의 눈에 들게 되었는지 모를 일이었다.

"아릿다 황후를 모시고 온 시녀는 너뿐이냐?"

"네."

나메라의 대답이 너무도 쉽게 나오는 바람에 오히려 하노스 쪽에서 어리둥절하고 있었다. 단 한 명의 시녀를 데리고 이 바벨에 잠행했다면 그것은 보통 일이 아니었던 것이다.

"조금전에 보니, 아릿다 황후를 위해 밖에서 말을 가지고 대기한 사내가 있던데 그 사람은 누구지?"

"그것은 저도 모르겠어요."

"저… 집의 주인은 누구인지 알고 있나?"

나메라는 대답을 하지 않은 채로 잠시 하노스의 얼굴을 바라보고 있었다. 그녀는 방그레 웃으면서 말했다.

"… 모르고 계셨나요?"

"……"

"저 집은 수멜 황태자를 사로잡았던 기스의 유모가 살던 집이지요."

"나메라, 조금전 나메라가 둘째 뜨락에 있을 때 안쪽으로부터 침입자가 있으니 잡아서 대령하라고 외치던 여인의 목소리가 들려왔다. 그 여자가 기스의 유모였나?"

나메라가 다시 쿡 하고 웃었다.

"하노스님은 농담도 잘하시는군요. 기스의 유모라면 대충 계산해 보아도 거의 90이 가까웠을 텐데 아까의 그 목소리는 아직 카랑카랑했지요."

나메라는 그 몸매처럼 말하는 품까지도 표범처럼 민첩해서 미처 그 말꼬리를 잡아내기가 어려웠다. 하노스는 무언가 상당히 알고 있는 것 같은 이 아이에게서 더 이상 정보를 얻어내기가 어려울 것 같다는 계산을 하고 있었다. 그러나 이번에는 오히려 나메라 쪽에서 먼저 역습을 해왔다.

"그런데… 하노스님께서는 어째서 그 집에 관심을 갖게 되셨지요?"

"내 어머님인 아릿다 황후가 드나드는 곳이라면 그 아들에게도 관심의 대상이 될 만하지."

하노스는 그렇게 말해 놓고서도 자기의 대답이 너무 꼬여져 있는 것을 느끼며 달빛 속에서 얼굴이 붉어지고 있었다. 그러나 나메라는 의외로 그것을 수긍하는 것이었다.

"그렇겠군요. 그런데 어째서 그 집을 정식으로 방문하지 않고 저처럼 담을 넘으셨나요?"

"… 내게도 그럴 만한 사정이 있었지."

자기의 말투를 흉내내는 하노스의 대답을 듣고 나메라는 살며시 웃으며 말했다.

"하노스님께서는 기스의 유모에게 볼 일이 있어서 오셨나요?"

"…그 여자가 아직도 살아 있다고 이야기를 들었거든."

"기스의 유모에게 어떤 볼 일이 있으셨나요? 기스 황후의 어린 시절 이야기를 듣고 싶으셨나요?"

"어린 시절이 아니라 죽을 때의 이야기를 듣고 싶었지."

"그렇다면 만나보시지 않기를 잘했군요."

"……?"

하노스는 또 어리둥절한 표정으로 나메라를 바라보았다. 나메라는 잠시 말을 끊고 서쪽 하늘에 걸린 달을 물끄러미 바라보며 걷고 있었다. 달빛을 가득히 담은 그녀의 맑은 눈 속에 잠시 쓸쓸한 빛이 지나고 있었다. 그녀는 몇 걸음을 더 걷다가 다시 입을 열었다.

"하노스님, 오늘 여기서 저를 만난 일에 대해서 비밀로 해주신다면 제가 몇 가지를 가르쳐 드리지요."

"비밀로 해달라는 것은 내 쪽에서도 마찬가지야."

"기스 황후는 죽지 않았어요."

"라가스의 패전 때?"

"아뇨, 지금까지두요."

"……?"

"조금전 그 집의 담장 안에서 날아왔던 그 목소리의 임자는 바로 기스 황후였어요."

"뭐라구? 그게 정말이야?"

하노스는 자신의 목소리가 너무 컸기 때문에 얼른 주위를 살피며 목을 움추렸다.

"그렇다면 기스는 지금까지 그 집에 살고 있었나? 그런데 어째서 세상 사람들이 그녀가 살아 있는 것을 모르고 있었지?"

"그 집에는 기스의 늙은 유모 혼자서 살고 있었지요. 아시다시피 기스는 라가스의 패전 때 수멜 황제와 함께 죽었을 것으로 모두들 알고 있었지만 그녀는 어찌된 셈인지 그 난리 속에서 살아 남았지요. 아마도 그녀는 그때 라가스 성을 빠져나가 자기가 자라난 가나안 땅으로 갔던 것이 분명합니다."

"그렇다면… 기스는 어째서 이 바벨 성에 다시 나타난 것일까?"

모든 사람이 죽었을 것으로 여기고 있는 과거의 인물 기스가 갑자기 무덤에서 살아온 유령처럼 이 바벨에 다시 나타났다는 것은 아무래도 심상치 않은 일이었다. 수멜의 결혼과 반역 때문에 일어난 10년 전쟁이 40년 전의 일이니까 지금 기스가 살아 있다면 적어도 65세 정도가 되어 있을 것이었다. 그 늙은 여자가 지금 과거 속에서 다시 나와 이 바벨에 나타났다는 것이었다.

(그 늙은 여자는 무엇 때문에 다시 바벨에 나타났는가? 하난 대제의 앗수르 제국을 뒤엎고 옛 수멜 제국의 복수와 재건을 위하여 나타났다는 말인가?)

그런데 그 과거로부터 들어온 여자를 하노스의 어머니인 아릿다 황후가 낯선 사내와 함께 찾아와서 만나고 돌아간 것이다. 잊혀진 수멜 제국의 황후 기스와 천하를 호령하고 있는 앗수르 제국의 황후 아릿다가 이 바벨 성에서 은밀하게 만났다는 그 사실은 하노스에게 기이한 일이 아닐 수 없었다.

(그들은 만나서 무엇을 이야기했을까? 그들은 어떻게 해서 서로 연락이 되었을까?)

이미 하노스와 나메라는 이난나 신전 가까이까지 이르고 있었다. 높은 모자를 쓴 말둑 신의 모습은 이제 보이지 않았다. 이제부터 말둑 신은 이난나 여신과 하룻밤의 동침을 하게 되는 것이었다. 이난나 여신이 남자 신을 맞아들이는 밤이면 온 바벨 성은 쌓였던 욕망들을 분출시키는 광란의 침실로 바뀌게 마련이었다. 사람들은 모두 얼굴을 가리는 가

면을 썼고, 누구인지도 모르는 상대와 몸을 섞었다. 바벨 사람들은 그
것이 바로 인류의 평화에 기여하는 행위인 줄 알고 있었다. 모든 남자
들이 모든 여자들과 몸을 섞으면 비로소 모든 사람들은 서로 한몸이 된
다고 생각하였던 것이다. 또한 그런 남자들과 여자들의 교합은 신들을
기쁘게 하는 것이라는 것이 그들의 믿음이었다. 남자와 여자의 교합은
곧 하늘과 땅의 교합을 의미하는 것이며 그것이 구름과 비를 일으키는
것으로 해석되었기 때문에 바벨 사람들의 난교는 말하자면 풍요의 기원
제였던 것이다.

신전 앞에서 두다리가 잘려진 사내 하나가 가면을 팔고 있었다.

"가면을 사십시오! 이난나 여신이 선물하는 사랑의 가면을 쓰고 오늘
밤을 즐기십시오!"

나메라는 가면장수 앞으로 다가가더니 가면 두 개를 사서 하노스에게
하나를 내밀었다.

"가면을 쓴 사람들 속에서 맨 얼굴을 내놓고 있으니까 왜 그런지 발
가벗고 있는 느낌이 드는군요. 오늘 밤을 독신으로 보내면 이난나 여신
의 저주를 받는다니까 하노스님께서는 지금부터 저의 하늘이 되어 주세
요."

나메라의 요구가 너무 당돌했기 때문에 하노스는 차마 그 가면을 받지
못하고 우물쭈물했다. 그제야 나메라는 입을 가리고 웃으면서 말했다.

"하노스님은 생각보다 무척 순진하시군요. 제가 마음에 들지 않으신
다면 꼭 강요하지는 않겠어요. 그러나 어쨌든 오늘 밤 우리는 모두 얼
굴을 가리고 다니는 것이 유리할 것 같아요. 사람이 누구에게선가 감시
당하는 것은 기분 좋은 일이 아니니까요."

확실히 그녀는 마대의 여인답게 활달한 데가 있었다. 하노스는 얼핏
수멜 황태자를 신랑감으로 점찍어 놓고 그에게 의도적으로 접근했다던
아르박삿의 왕비 메루가를 기억해 내고 있었다. 그러고 보면 나메라는
저 샤론 마을의 가미엘보다 매사에 적극적인 성격을 드러내고 있었던
것이다.

어쨌든 나메라의 말은 옳은 것이었다. 하노스도 나메라도 앗수르 황
제궁의 인물들이므로 사람들로부터 주목받기 쉬운 얼굴들이었던 것이

다. 하노스가 가면을 쓰자 나메라도 가면을 쓰면서 즐거운 듯이 하노스의 오른쪽 팔장을 끼었다. 그녀의 풍만한 가슴이 팔을 통하여 하노스의 심장까지 압박을 가하고 있었다.

"하노스님, 버릇없이 팔장 끼는 것을 용서하세요. 그러나 오늘 밤처럼 요란스러운 때에 남녀가 함께 걸으면서 서로 떨어져 걷는다면 곧 사람들에게 이상한 모습으로 보일 거예요."

그것도 틀린 말은 아니었다. 모든 남녀가 서로 껴안고 돌아가는 밤에 두 사람만 서로 점잔을 빼며 떨어져 걷는다면 사람들의 주목을 받을 것이 틀림없었다. 나메라와 바싹 붙어서 걸으면서 하노스는 어쩐지 자꾸만 나메라에게 자신이 이끌려가고 있음을 깨닫고 있었다. 그만큼 나메라에게는 사람을 이끄는 재능이 있는 것 같았다.

"나메라… 나메라는 곧 아릿다 황후에게 돌아가야 하는 것 아니야?"

"내버려 두라죠, 뭐."

"……?"

"오늘 같은 날은 서로 자유롭게 지내는 것이 좋지 않겠어요? 황후께서도 이런 밤에는 가면을 쓰고 싶으실 테니까요."

그러다가 나메라는 자기의 실언을 깨닫고 손으로 자기 입을 막았다. 그녀의 말은 황후라도 이런 밤에는 연인과 정사를 즐기고 싶지 않겠느냐는 뜻이었는데 공교롭게도 그 황후는 바로 하노스의 어머니였기 때문이었다. 나메라는 얼른 말을 바꾸어 자기의 실언을 얼버무렸다.

"사실은… 오늘 하룻밤동안 휴가를 얻었어요."

"휴가…?"

"오래간만에 외출을 했으니 바벨 성 구경을 하고 싶다는 말씀을 드렸는데 허락을 하셨어요. 이왕이면 가면을 쓰고 남자 경험도 가지라며…."

하노스는 다시 가면 속에서 얼굴을 붉히고 있었다. 하노스가 바로 그 남자가 된 느낌이 들었기 때문이었다. 어쨌든 가면이란 편리한 것이었다. 하노스 자신도 무엇인가 은밀한 일을 저질러보고 싶은 충동을 느끼고 있었던 것이다.

사냥꾼 니므롯

왕궁 뒤 숲 속에 있는 바벨 기병대의 마방 앞에는 정장을 한 여섯 명의 기병들이 모여 있었다. 그들은 모두 지난 밤에 겪은 바벨의 향연으로 아직도 취해 있는 듯 서로의 경험담들을 나누며 시시덕거리고 있었다.

"…어쨌든 말일세, 이 바벨이라는 곳은 천하 제일의 도성이라고 생각하네."

"쉿, 황제 폐하께서 그 소릴 들으시면 자네는 목 없는 귀신이 될 거야."

"이 도성에는 없는 것이 없더군. 우리가 가지고 싶은 것은 무엇이든 다 있어. 먹을 것, 마실 것, 입을 것과 금은 보석이며… 술과 여자와 놀음까지… 그런데 사완, 당신은 아까부터 말이 없는데 어디서 그 좋은 밤을 보냈나?"

자기네들끼리 떠들던 군인들은 줄곧 왕궁 쪽으로부터 들어오는 길만 주시하고 있는 사완을 바라보며 물었다. 하노스를 수행하여 반 호수 쪽에 다녀온 이후로 그들은 은연 중에 사완을 자기들의 우두머리처럼 생각하고 있었다. 하노스는 언제나 사완에게 모든 일을 맡기다시피 했고 어젯밤만 해도 그들이 밤새 쓸 만한 은(銀)을 그가 나누어 주었던 것이다.

"아, 나말인가?"

"얼마나 좋았길래 그렇게 꿀먹은 벙어리가 되어 있어?"

"음… 오래간만에 느긋하게 잠을 잘 수 있어서 좋더군."

"잠을 자?"

"음, 아주 단잠을 잤지. 자네들 알다시피 경호원이란 게 늘 잠잘 시간이 부족하니까…"

"아니, 자네가 만난 여자는 그렇게 자라고 내버려 두던가? 나와 지낸 여자는 밤새 놓아주지를 않아서 한잠도 못잤거든…"

그러자 기병들이 일제히 웃음을 터뜨리며 서로 의미 있는 눈짓을 교환하고 있었다. 그 중의 하나가 밤을 새웠다는 그 경호원에게 물었다.

"아니 그 여자는 도대체 누구였는데 그래? 평소에 몹시 굶었던 모양이로군?"

"누구였는지 내가 어떻게 알아? 잠자리에서도 가면만은 쓰고 있더군."

"아니, 뭐라구? 그럼 자네는 밤새도록 얼굴 없는 여자와 놀고 왔단 말이야?"

"하지만 그 여자의 몸뚱이는 이난나 여신처럼 멋있었어! 온 몸에서 장미꽃의 향내가 풍기는 것 같았거든."

사완은 다시 동쪽 하늘을 바라보았다. 바벨 성의 동쪽 야루의 언덕 위로 이미 아침 해가 솟아오르고 있었다. 다른 경호원 하나가 졸린 듯한 목소리로 말했다.

"아니, 하노스님은 어떻게 된 거야? 해 뜰 무렵에 만나자고 해 놓고서…."

"분명히 바벨 기병대의 마방 앞이라고 했지?"

밤을 꼬박 새웠다고 하던 경호원이 하품을 했다.

"아이구… 난 어디서 잠이나 좀 잤으면 좋겠다."

그때였다. 그들의 뒤쪽 마방 앞에서 하노스의 쾌활한 음성이 들려왔다.

"잠잘 시간을 충분히 주었는데 아직도 졸린단 말이냐?"

"……"

그들은 일제히 뒤를 돌아다 보았다. 하노스가 빙그레 웃으며 거기 서 있었다.

사완이 반색을 하며 앞으로 나섰다.

"아니, 어떻게 이쪽에서 나타나십니까?"

"바벨 왕의 말들을 점검하고 나오는 길이지."

하노스는 마방 쪽에다 대고 소리쳤다.

"아녹, 내 말이 준비되었습니까?"

그러자 마방의 문이 열리더니 머리가 벗어진 영감 하나가 하노스의 말을 끌고 나왔다. 하노스는 훌쩍 말에 뛰어오르면서 마방 주사 아녹에게 작별인사를 한 다음 경호원들에게 말했다.

"자… 이제부터 바벨의 영웅 니므롯 왕을 만나러 가자. 여기까지 왔다가 그냥 가버리면 섭섭해 하실 테니까…"

하노스와 여섯 명의 경호원은 숲 속을 빠져나와 천천히 니므롯의 왕궁을 방문하기 위해 정문 쪽으로 말을 몰았다. 이미 연락을 받았는지 왕궁의 정문은 열려져 있었고 20명도 넘는 수행원을 거느린 바벨 왕 니므롯이 걸어나오고 있었다. 붉은색의 메일(겉옷)을 걸친 니므롯의 얼굴은 다소 그을은 편이었다. 하노스는 말에서 내려 바벨 왕 니므롯에 대한 예의를 표했다. 니므롯은 약간 걸음을 빨리하여 다가오더니 두손을 들어 환영의 몸짓을 보이며 말했다.

"대 앗수르 제국의 하노스 대군(大君)께서 이 어인 행차이십니까?"

하노스는 니므롯의 과장된 몸짓과 말투를 눈여겨 보면서 대꾸했다.

"바벨에 좋은 구경거리가 있다고 하길래 들렀지요."

"아… 그렇다면 대군께서는 이미 어제 저녁에 도착하셨단 말씀입니까?"

"이난나의 신전으로 들어가는 말둑 신을 보았습니다."

"저런… 그렇다면 대군께서도 바벨의 풍요를 위해 헌신하셨겠군요."

하노스는 그 말의 뜻이 무엇인지를 짐작하고 있었다. 나이도 어린 녀석이 벌써부터 바벨의 가면(假面) 유희를 경험했느냐는 뜻이었던 것이다. 하노스는 얼핏 지난 밤을 자기와 함께 지낸 마대의 소녀 나메라를 생각했다. 그녀는 짓궂게도 하노스를 유혹하고 있었다. 사내의 속셈을 환히 다 아는 듯한 나메라는 예리한 유혹의 바늘로 하노스를 찔러대었고 그의 마음을 흔들어 놓고 있었던 것이다. 그러면서도 나메라는 쉽사리 안겨오는 그런 여자가 아니었다. 어딘가 나메라에게는 그 깊이를 알수 없는 심연이 있는 것 같았다. 그러나 하노스 역시도 여자에게 만만한 남자는 아니었다. 그에게도 역시 결정적인 순간에 바늘끝을 피해 나가는 무서움이 도사리고 있었던 것이다. 그것은 아마도 그가 살아오는 동안에 겪었던 여러 종류의 여인들에 대한 두려움 때문인지도 몰랐다. 자기 어머니 아릿다의 그 알 수 없는 양면성, 누이 레셴의 연민과 외로움, 아르박삿의 왕비 메루가의 집념… 그리고 가까이는 가미엘의 이모에바의 섬뜩한 한(恨)에서부터 멀리는 천하의 장자 수멜을 파멸시켰던 가나안의 공주 기스에 이르기까지, 여자란 하노스에게 있어서 알 수 없는 존재요, 두려운 상대가 아닐 수 없었던 것이다.

그러나 어쨌든 나메라와의 하룻밤은 밀고 당기는 긴장으로 이어진 즐거운 시간들이었다. 나메라는 막내 집안인 야벳의 소녀답게 대담하면서도 천진스러웠고 거칠어보이면서도 부드러웠던 것이다.

하노스는 잠깐 나메라의 일을 더듬으면서도 넘겨짚는 니므롯의 표정속에 숨겨져 있는 당황의 실마리를 놓치지 않고 있었다. 니므롯은 지금그가 자랑스럽게 여기고 있는 자신의 정보망이 뚫린데 대해서 의아해하고 있었던 것이다. 적어도 앗수르 제국의 하노스 대군이 그의 관장하에 있는 이 바벨 성에 입성해서 하룻밤을 지냈는데도 아직 그것에 관한 정보가 입수되지 않고 있었던 것이다. 하노스는 그런 니므롯을 안심시키기 위해서 빙그레 웃었다.

"전하게 미리 알려 드리지 못한 것을 양해해 주십시오. 실은 바벨의축제가 어떤 것인지 은밀하게 경험해 보고 싶었습니다."

니므롯은 그제야 얼굴을 펴면서 마주 웃었다.

"그러셨군요 잘 하셨습니다. 하마터면 저는 밤새 대군을 수행하느라아무 짓도 못할 뻔했군요."

"전하께서도… 바벨의 풍요를 위해서 수고하셨습니까?"

하노스의 날카로운 반격이었다. 니므롯은 잠시 멈칫하며 하노스를 바라보다가 다시 태연하게 그 말을 받았다.

"아시다시피… 언제나 다스리는 위치에 있는 사람은 백성들의 즐거움을 지키기 위해서 자기의 즐거움을 희생하는 법이지요."

"그렇겠군요."

그렇게 말하면서 하노스는 내심 웃고 있었다. 이 바벨로 오는 길에서 하노스의 경호원들은 니므롯이 밤마다 연회를 열고 해가 높도록 늦잠을 잔다고 했던 것이다. 더구나 말둑 신이 이난나의 신전을 방문하는 밤이면 바벨 왕 자신은 신전의 여제관 엔투와 동침한다는 것을 하노스도 알고 있었다.

아닌게 아니라 바벨 왕 니므롯은 몹시 피곤한 듯 눈자위가 거무스름하게 그늘져 있었다.

(이 사내가 두 강의 용들을 때려잡아 하늘이 보낸 사냥꾼이라고 찬사를 들었던 영웅 니므롯이란 말인가…?)

물론 니므롯은 건장해 보이는 체격에 무사다운 분위기를 보이고 있었다. 그러나 천하를 뒤흔들던 그 명성에 비하면 지금 그가 풍기고 있는 체취 속에서 스며나와야 할 위세는 많이 퇴색된 것 같았다.

그러나 니므롯의 인품에 대해서 다소 의아했던 하노스의 느낌은 왕궁의 편전에 들어서면서 안개처럼 사라지고 있었다. 화려한 대리석으로 깎아세운 궁전 안으로 들어서자 좌우에는 이름도 모를 수많은 신상들이 도열하여 서 있었고 왕이 집무하는 내전에는 화려한 장식의 보좌 뒤로 두 마리의 붉은 용이 뒤엉켜져 있었다.

그러나 그런 것들보다도 더 하노스를 압도했던 것은 바로 내전에서 기다리고 있다가 천천히 걸어나오고 있는 여인의 품위 있는 모습이었다. 그녀는 가는 허리를 뱀처럼 꿈틀거리면서 걸어나오고 있었다. 그녀의 유방은 터질 듯 부풀어 있었고 타는 듯이 뜨거운 시선은 하노스를 금새 삼켜버릴 듯이 응시하고 있었다. 그녀는 기름을 바른 듯 윤기 흐르는 입술을 열어서 말했다.

"바벨에 오신 것을 환영합니다, 하노스님."

하노스는 이 여자가 바로 니므롯의 왕비인 세미라미스라고 생각했다. 그의 경호원들이 말했던 것처럼 이 여자의 목소리에는 약간의 쇳소리가 섞여 있었던 것이다. 니므롯이 얼른 옆에서 자기 아내를 하노스에게 소개했다.

"제 아내 세미라미스입니다."

하노스는 그제야 세미라미스를 향하여 정중하게 허리를 굽혔다.

"전에도 몇 번 먼 발치에서 뵈었습니다만 왕비께서는 과연 천하의 미인이십니다."

하노스의 어른스러운 인사를 들으며 세미라미스는 비로소 뜻 밖이라는 듯 말했다.

"하노스님 같으신 미남 총각으로부터 그런 말씀을 들으니 이 세미라미스의 가슴이 설레는군요. 오늘이야말로 제가 결혼한 것을 후회하는 첫날이 되었나 봅니다. 그렇지 않습니까, 전하?"

그렇게 말하면서 세미라미스는 비로소 하노스에게 못박혔던 시선을 남편 니므롯에게로 옮겼다. 니므롯이 다소 컴컴한 목소리로 말했다.

"나의 사랑 세미라미스, 이 니므롯도 40년 전에는 젊었었다는 것을 잊지 마시기 바라오."

"하지만 전하, 40년 전의 추억만으로 여인의 마음을 묶어두기는 어렵지 않을까요?"

하노스의 머리는 다시 그들의 나이를 계산해 가고 있었다. 니므롯이 지금 40년 전이라고 말한 것은 아마도 자신의 전성기를 가리켜 말하는 것일 테고 그렇다면 반역자 수멜이 온 천하의 동조자들을 모아 연합군을 편성할 때쯤이었을 것이다. 그렇다면 그 10년 전쟁이 시작되었을 때 니므롯은 적어도 20세쯤 되었을 것이고 그 아내 세미라미스는 그보다 몇 살쯤 아래였을 것이었다.

그러나 지금 하노스의 눈앞에 서 있는 니므롯과 세미라미스는 그보다 훨씬 젊어 보이고 있었다. 더구나 세미라미스는 아직 40이 넘어 보이지 않을 정도로 무르익은 젊음을 간직하고 있었다.

(…그렇다면 이 여자는 도대체 40년 전에 몇 살이었다는 말인가?)

그것은 니므롯의 경우에도 마찬가지였다. 40년 전에 이미 구스 가문의 장자임을 자칭했다는 그가 비록 피곤으로 인하여 눈자위에 그늘이 덮였다고는 하나 아직 그에게서 노인의 티를 발견할 수 없을 정도의 다부진 몸매를 지니고 있었던 것이다. 사람들이 니므롯의 부부를 영웅과 미녀로 일컫는 것은 바로 그들의 늙지 않는 체질을 두고 말한 것인지도 몰랐다.

하노스는 감탄하는 표정을 지으면서 말했다.

"두분께서 40년 전의 연인들이시라면 저는 두분께서 어떻게 그런 젊음을 유지하고 계시는가 비결을 배우고 싶습니다."

니므롯이 잠시 머뭇거리고 있는 사이에 세미라미스가 깔깔대고 웃으면서 말했다.

"하노스님께서 계속 이 세미라미스를 기분 좋게 하시니 그 비결을 말씀드리지요. 매일 아침 식사 때마다 갓난아기를 하나씩 삶아먹고 밤에는 끊임없이 구름과 비의 수고를 계속하는 것입니다."

"왕과 왕비께서 그토록 열심이시라니 바벨의 풍요에 이해가 가는군요. 그런데… 그렇게 열심히 밤을 보내시는 두분께서 아직 아기가 없는 것은 말씀대로 모두 아침 식사에 쓰셨기 때문인가요?"

"하노스님께서는 아직 미혼의 총각이시면서 그 방면에 관심이 많으시군요. 아침 식사 이야기가 나와서 그런지 전 배가 고픈데 곧장 식사를 시작하실까요?"

"갓난아기 삶은 것으로 말씀입니까?"

"글쎄요… 바벨의 여자들이 지난 밤 모두 구름과 비의 수고들을 하느라고 아기를 낳을 틈이 있었을까 모르겠군요. 어떠세요, 전하는? 식사하실 준비는 되셨나요?"

"사랑하는 세미라미스, 나는 언제나 당신이 원할 때에 함께 식사할 준비가 되어 있소."

"당연하시겠지요. 당신의 식사는 저를 위한 것이니까요. 그런데 하노스님, 당신의 경호원들을 위하여 따로 식사를 준비하여도 될까요?"

"물론입니다, 왕비 전하. 저는 언제나 존경하는 분들과 식사를 할 때에 한하여 경호원들을 대동하지 않습니다. 식사에 독을 넣을 염려가 없으니까요."

"어머… 하노스님이 존경하는 분들이란 어떤 분들인지 궁금하군요."

"저의 아버님 하난 대제와 어머님 아릿다 황후 같으신 분들이지요."

"정말 하노스님은 소문에 듣던 대로 효자이시군요. 그런데 하노스님께서는 니므롯 전하와 저를 그분들과 같은 경우로 대우하시겠다는 건가요?"

"두분께서 바벨을 사랑하시는 마음이 하난 대제께서 앗수르를 사랑하
는 마음과 견줄 만하기 때문입니다."

하노스는 경호원들에게 눈짓을 하여 물러가도록 지시한 다음 세미라
미스의 안내를 따라 니므롯과 나란히 식당으로 향했다. 지금까지 니므
롯의 명성에 대해서만 들어왔던 하노스는 세미라미스라는 여자에 대해
서 매우 만만치 않음을 느끼고 있었다.

하노스 자신의 모친 아릿다 황후도 그런 만만치 않은 여자 중의 하나
였지만 아직도 그녀는 남편인 하난 대제를 완전히 장악하지 못하고 있
었다. 아릿다 역시 자기 주장을 내세우고 관철시키는 데는 강력했지만
그 영향력을 행사할 수 있는 부분이 엄격하게 한정되어 있었다. 말하자
면 그녀가 건드릴 수 없는 하난 대제만의 영역이 따로 있었던 것이다.
그러나 오늘 하노스가 보고 있는 영웅 니므롯에게는 하난 대제와 같이
구별된 영역이 보이지 않고 있었다. 하노스는 그런 특징이 니므롯의 수
준에서 오는 것인가, 아니면 그 아내 세미라미스의 강력함에서 비롯되
는 것인가를 헤아려 보고 있었다. 세미라미스가 왕궁의 복도를 걸으면
서 말했다.

"갑자기 하노스님의 행차를 맞으니 이 바벨의 왕궁이 초라해 보이는
군요."

"이렇게 훌륭한 왕궁에 저를 한번도 초청 안하신 이유를 알 만합니
다. 제가 아직 욕심 많은 나이에 이 왕궁을 보았다면 폐하께 여쭈어서
이 바벨 성을 제게 달라고 떼를 썼을 테니까요!"

과연 바벨 왕궁의 구조는 옛 앗수르의 도성에 비해서 놀랍도록 규모
가 큰 것이었다. 우선 앗수르 사람들의 건축에 비해서 바벨의 건축은
그 천정의 높이부터가 달랐다. 앗수르의 천정이 나지막하고 아늑한 것
이라면 바벨의 천정은 높다랗고 시원하게 트인 구조였다. 하노스는 그
제서야 왜 하난 대제가 멀쩡한 도성을 두고 힛데겔 강변에 새 도성 니
느웨를 건설하였는지 이해할 수가 있었다. 아마도 하난 대제는 이 바벨
의 왕궁을 와서 보고 새 도성을 건설해야겠다는 계획을 시작했을 것 같
았다. 니므롯이 빙그레 웃으며 하노스의 말을 받았다.

"지금이라도 대군께서 이 성과 왕궁을 달라고 하시면 언제라도 기꺼이 내드리겠습니다."

"그렇게 걱정하지 않으셔도 괜찮습니다. 제가 어렸을 때에는 욕심이 많았는데 이제는 무엇을 갖는다는 일이 오히려 귀찮아집니다."

"저런… 대군께서는 벌써 속세의 욕망을 떠난 달관의 경지에 도달하셨군요."

그러나 왕비 세미라미스는 고개를 끄떡이며 하노스의 말을 진지하게 받아들이고 있었다.

"전하, 전하께서는 하노스님의 그 높은 기개를 본받으셔야 합니다. 아무것도 갖지 않겠다는 분에게 가질 만한 것은 오직 하나밖에 없지요."

"그게 무엇일까?"

"천하(天下)."

세미라미스는 실로 대담한 여자였다. 그녀는 아무것도 갖고 싶지 않다는 하노스의 심중을 그런 식으로 헤아렸던 것이다. 자질구레한 것의 소유욕을 버리는 사람만이 천하를 차지할 수 있다는 그녀의 통찰력이 하노스를 긴장하게 하고 있었다.

"세미라미스님, 저에게는 이미 세 분의 형님이 계신데 그렇게 말씀하시면 당장 저는 앗수르 황실의 요주의 인물로 낙인찍힐 것입니다. 그렇다면 차라리 지금이라도 아버님께 가서 바벨 성을 제게 달라고 졸라야겠군요."

"하노스님, 앗수르에 가셔서 폐하께 조르실 때 그 압수 품목에 이 세미라미스도 포함시켜 주세요. 전하, 당신은 저도 하노스님께 헌납할 용의가 있으시겠죠?"

"나야 대군을 위해서라면 모든 것을 다 드려도 좋겠지만 하난 폐하께서 늙은 며느리를 얻을 정도로 눈이 침침해지시지는 않았을 거요."

식당 역시 내전에 못지 않게 화려했다. 바닥은 역시 아름다운 대리석이었고 천정과 벽에는 화려한 무늬의 그림들이 장식되어 있었다. 그들이 탁자에 둘러앉자 아름다운 모습의 시녀들이 들어와 그릇들을 내려놓기 시작했다. 신선한 야채를 찌어서 짜낸 음료에서부터 시작하여 유브라데 강에서 잡히는 민물고기의 요리와 고운 가루로 구워낸 전병(煎餠)

이 들어왔다.

"이것은 대추야자로 찌어서 만든 것이로군요."

"잘 아시는군요. 대추야자에 메뚜기를 넣어서 찧은 것이지요. 전병에다 발라서 잡수세요."

"오늘의 멋진 식탁을 위해서 이 대추야자가 사막으로부터 들어왔군요."

"좀더 기다리시면 이 세미라미스가 하노스님의 식탁을 위해서 온 천하를 헤맸다는 사실을 알게 되실 거예요."

그러나 사실 하노스는 이 바벨식 통치 방법에 대해서 자꾸만 회의를 느끼고 있었다. 본래 노아 이후로 이어져 내려오는 장자의 가문은 가업의 계승과 신에 대한 제사권의 두 가지를 전승하고 있었디. 그 가입의 계승이란 결국 백성으로부터 거두어들이는 것이 아니라 나누어주는 것이었다. 가업은 곧 모든 형제들의 것이었고 장자의 독점물이 아니었다. 다만 장자는 형제간의 분쟁을 막기 위하여 소출을 분배하는 책임자였을 뿐이었던 것이다.

그런데도 언제부터인가 장자의 분배방법은 변질되고 있었다. 장자는 형제들보다 자기의 것을 더 많이 챙기기 시작했고 거기 대해서 아우들의 불평이 시작되자 그들을 힘으로써 다스리기 시작했던 것이다. 그래서 결국 장자의 분배하는 권한은 거두어들이는 권한으로써 바뀌어져 버린 것이었다. 물론 장자가 거두어들이는 분량은 자기의 몫을 훨씬 넘는 것이었고 마침내 그것이 사막의 대추야자에서부터 멀리는 미스라임이나 마대 지방의 진미를 수집하기에 이른 것이었다.

이런 장자권의 변질이 결국 그들의 제사권까지도 변질시키고 있었다. 공평한 분배를 하지 않고 아우들을 힘으로 다스리기 시작한 장자들은 그들을 불꽃처럼 내려다보고 있는 여호와 신에 대해서 불편함을 느끼기 시작한 것이었다. 여호와 신은 계속해서 장자들에게 공정할 것을 요구했고 장자들은 그 요구가 귀찮고 괴로워서 못견딜 지경이었다. 그래서 그들은 그들의 신을 만들어내기 시작했던 것이다. 그 신들이란 곧 자기들에게 편리한 신이었다. 아우들의 불평을 잠재워 줄 만큼 강력하고 아우들의 불만을 잊게 해줄 만큼 매혹적인 신이 필요했던 것이다. 하노스는 음식의 맛에 감탄의 표정을 지어보이면서 말했다.

"세미라미스님과 같은 미인께서 이런 성의의 식탁을 마련해 주신 것은 제 일생의 감격이 되겠습니다."

"하노스님께서 자꾸 그렇게 말씀하시면 저는 이난나 여신으로부터 질투를 받게 될 거예요."

"아, 그… 이난나 여신 말씀인데… 제가 가나안 지방에서 보았던 아스다롯 여신과 비슷하더군요. 다만 아스다롯 여신은 사랑의 신이면서 전쟁의 여신이었는데 이난나 여신은…"

가나안에 대한 이야기가 나오자 니므롯의 표정이 다소 긴장하고 있는 것을 하노스는 놓치지 않고 살폈다. 세미라미스가 다시 환하게 웃으며 말했다.

"맞았어요. 아스다롯 여신은 사랑과 전쟁의 여신이지만 이난나 여신은 사랑과 풍요의 신이지요."

"그래서 아스다롯의 사랑에는 살기(殺氣)가 있지만 이난나의 사랑은 밤새도록 애쓰는…"

세미라미스의 얼굴이 비로소 발갛게 달아오르고 있었다.

"그래요, 이난나 여신의 사랑은 언제나 열릴 준비가 되어 있지요."

"그래서… 가나안의 아스다롯은 바알 신과 관계하지만 바벨의 이난나는 모든 남자 신들과 관계하는군요."

"어떤 남자 신들과도 관계할 준비가 되어 있으니까 신들간의 싸움이 일어날 필요가 없지요. 사랑을 독점하는 데서 질투와 미움이 생기고 다툼과 전쟁이 일어나는 것이니까요."

하노스는 고개를 끄떡였다. 형태와 표현은 다르지만 어쨌든 싸움이 시기와 질투에서 비롯하는 것은 사실이기 때문이었다. 문제는 사랑의 비독점 상태가 육체적으로 이루어질 때 과연 인간의 정신이 높고 의로운 상태로 유지될 수 있는가에 있는 것이었다. 그렇다면 가나안의 사람들이나 바벨 사람들이 생각하고 있는 사랑과 메루가나 에바 같은 여자들이 생각하고 있는 사랑 사이에는 뭔가 다른 의미로 쓰여지는 거리가 있는 것 같았다. 즉 남녀가 몸을 섞는다는 것과 사랑한다는 것은 전혀 서로 관계가 없는 별개의 개념인 것 같았다. 하노스가 잠시 사랑의 혼선속에서 헤매고 있을 때, 다시 세미라미스의 음성이 들려왔다.

"하노스님의 마음은 지금 평화로운가요, 아니면 불편한가요?"

"아… 저는 아직 사랑을 알기에는 이른 나이니까요. 다만 세미라미스 님께서 이난나와 같은 사랑을 하신다면 니므롯 전하께서 좀 불편하실 것 같군요."

니므롯이 전병을 뜯어서 입에 넣다 말고 고개를 끄떡였다.

"대군의 말씀이 옳습니다. 저 사람은 자기가 사랑 쪽을 차지하고 질투의 괴로움은 이 남편에게 떠맡겨 버렸지요."

"그런데…"

하노스는 올리브 기름에 튀긴 생선을 자르면서 니므롯을 바라보았다.

"이난나 여신은… 수멜 제국에서 처음 섬기기 시작했다지요?"

니므롯과 세미라미스의 표정이 동시에 긴장하고 있었다. 그러나 세미라미스의 표정이 먼저 풀어졌다.

"수멜의 이야기는 하노스님이 태어나기도 전의 일인데 어디서 들으셨어요?"

"모처럼 이 바벨에 왔기 때문에 바벨이 어떤 곳인가에 대해서 공부를 좀 했지요. 바벨의 옛 이름은 기스였고 수멜 제국의 도성이었다…"

"과연 하노스님의 명철에는 놀랄 수밖에 없군요."

"저의 아버님 하난 폐하께서 늘 말씀하시기를 정보에 어두우면 안된다…. 네가 만나는 사람이 어떤 사람인지 알고서 만나라…그래서 제가 바벨에 왔기 때문에 바벨에 대해서 알아본 것뿐입니다. 그런데, 기스란 바로 수멜의 황후였던 가나안 공주의 이름이었다죠?"

이제 좀 면역이 되었는지 니므롯 부부는 놀란 표정을 나타내지 않고 있었다.

"기스 황후가 가나안의 공주였다면… 아스다롯 여신을 알았을 것이고 아스다롯 여신이 수멜에 와서 이난나로 바뀐 것 같군요. 그렇다면 이난나는 아스다롯의 사촌쯤 되겠죠?"

"멋진 추리입니다. 대군께선 앞으로 사랑의 대가(大家)가 되실 소질이 있으신 것 같습니다."

"그런데 어째서… 기스 황후는 이난나 여신을 만들 때 아스다롯 여신이 가졌던 전쟁의 소임을 빼버렸을까요?"

그렇게 물으면서 하노스의 뇌리에는 무서운 생각이 들기 시작하고 있었다. 어째서 기스는 아스다롯의 전쟁기능을 이난나에게서 빼버렸을까? 그것은 수멜 제국의 무력을 약화시키기 위함이 아니었던가? 사랑과 풍요의 여신 이난나에 빠져서 밤새도록 사랑의 행위에만 몰두한다면 수멜은 나중에 허약한 나라가 될 수밖에 없을 것이었다. 그렇다면 기스는 어째서 남편의 나라인 수멜을 약화시키려고 했던 것일까? 수멜을 약화시키려 했다면 그 목적은 오직 하나밖에 있을 수 없었다. 아스다롯을 사랑과 전쟁의 여신으로 섬기고 있는 나라, 즉 기스의 친정인 가나안 가문은 계속 강해지고 이난나를 사랑과 풍요의 여신으로 섬기고 있는 수멜 제국은 계속 약해진다면 결과는 분명한 것이었다. 가나안은 수멜을 삼킨다… 그것이 기스의 계획이었는지도 알 수 없었다. 그리고 그것은 어쩌면 저 명철하고 현명했던 셈 집안의 장자이며 엘람 가문의 황태자였던 수멜이 가나안 지방을 여행하다가 기스 공주를 만났을 때부터 이미 있었던 음모였는지도 몰랐다. 아니 오히려 그 음모가 먼저 있었고 그 계획에 따라서 기스 공주가 수멜을 유혹했는지도 모르는 것이었다.

(그렇다면…)

그렇다면 또 한가지의 추리가 가능해지고 있었다. 아예 처음부터 가나안이 장자의 가문인 엘람을 집어 삼키고 천하를 손아귀에 쥘 계획이었다면, 그리고 그 음모를 위해 기스가 동원되었다면 기스는 수멜이 저 라가스에서 패전할 때 거기서 죽을 필요가 없었던 것이다. 그래서 기스는 죽지 않고 도주하여 살아났다. 그리고 그 기스가 다시 이 바벨 성, 바로 옛날 자기의 이름으로 건설되었던 그곳에 다시 나타났다. 그것이 사실이라면 아직도 천하를 장악하려는 가나안 가문의 음모는 계속되고 있다는 증거였던 것이다.

도대체 무엇 때문에 가나안 가문은 천하의 패권을 장악하려는 것일까? 이유가 있다면 그것은 저 노아로부터 내려오는 저주의 예언에 대한 반발 때문이었을 것이었다.

셈의 하나님 여호와를 찬송하리로다

함의 아들은 셈의 종이 되고

여호와가 야벳을 창대케 하사 셈의 장막에 거하게 하시고

함의 아들은 그의 종이 되게 하시기를 원하노라…

이 예언에 도전하는 가나안의 집요한 노력이 마침내 기스를 동원하여 수멜을 파멸시켰고 그 기스는 라가스에서 탈출하여 고향으로 돌아갔다가 이제 또 유령처럼 옛 도성에 나타나 암약하고 있는 것인지도 몰랐다.

그런데도 정보에 강하다는 니므롯은 이런 일들을 아는지 모르는지 눈자위가 그늘지도록 풍요에 빠져 있다는 것이었다. 하노스는 이런 일들을 니므롯에게 들려줄 필요가 있는가에 대해서 생각해 보았다. 직책상으로 보면 니므롯은 바벨의 왕이었고 앗수르의 치안과 국방을 담당하는 장관이었다. 그는 당연히 이 가나안의 음모에 대해서 알고 있어야 했다. 그러나 또 한편으로 니므롯은 자신이 구스 가문의 장자임을 자칭하고 있었다. 그리고 그 구스 가문도 역시 함의 장자였던 것이다.

"아마도…"

니므롯은 전병을 질겅질겅 씹으면서 말했다.

"아마도 기스 공주는… 남편 수멜과의 생활을 보다 평화스러운 것으로 꿈꾸었을 것입니다. 그런 소망이 전쟁의 개념과 맞을 리가 없는 것이지요. 그걸 보면 기스 공주가 얼마나 수멜을 사랑했는지 짐작할 수 있습니다. 오죽하면 전쟁이 아닌 풍요의 신으로 이난나 여신을 섬겼겠습니까?"

하노스는 다시 고개를 끄떡여 보였다.

"그렇군요. 기스 황후의 사랑 이야기는 이 아침의 식탁을 한결 아름답게 장식하는 것 같습니다. 저는 어쩐지… 기스 황후의 그 아름다운 사랑과 이난나 여신의 모습, 그리고 세미라미스님의 미모를 모두 다 연결지어서 생각하게 되는군요."

니므롯은 잠시 전병 씹는 것을 그치고 하노스를 바라보고 있었다. 그는 늘 대화하면서 상대방이 말하는 것의 속뜻이 무엇인가에 대해서 헤아려 보려는 습관이 있는 것 같았다. 그러나 니므롯은 곧 입을 열었다.

"그럴 수밖에 없지요. 내 아내 세미라미스도 기스 공주와 같은 가나

안 출신이니까…"

하노스는 짐짓 놀라는 표정을 지으며 말했다.

"옛? 역시 그랬었군요. 이제야 세미라미스님의 미모가 우연이 아니란 것을 알게 되었습니다. 저도 얼마전 가나안 지방을 여행할 기회가 있었는데 정말 가나안 여인들은 예쁘더군요. 그냥 예쁜 것만이 아니라 인생을 깊이 꿰뚫어보는 듯한 시선들을 지니고 있었습니다. 대개 사내들이란 그냥 예쁘기만 한 여자보다는 어딘가 신비스럽게 여겨지는 여자를 좋아하게 마련이지요."

"저런… 대군께서는 과연 여자와 사랑문제에 대해서 연구를 많이 하신 것 같습니다. 하지만… 신비롭다는 것은 때로 까다롭거나 골치 아프다는 뜻과 같은 의미가 될 때도 있지요."

"어쨌든 가나안 지방의 여인들은 확실히 매혹적인 데가 있었습니다. 저는 가나안 지방을 여행하면서 혹시라도 기스 공주처럼 저를 유혹하는 여인이 없는가 살펴보았지만…."

세미라미스가 눈을 크게 뜨며 하노스를 바라보았다.

"수멜 황태자와 기스 공주가 가나안에서 만났다는 말을 들었지만 공주 쪽에서 먼저 유혹을 했다는 것은 금시초문이로군요."

하노스는 자기의 의도가 너무 노골적으로 표현된 것을 깨닫고 얼른 말을 바꾸었다.

"여자가 예쁘다는 것은 그 자체가 유혹이라고 볼 수 있으니까요. 제 경우로 말씀드리자면 워낙 사람이 변변치 못해서 누가 유혹이라도 해오지 않으면 제 쪽에서 먼저 나서지 못할 것 같거든요. 게다가 경호원은 늘 곁에 붙어 있고…."

"그래서… 가나안에서는 멋진 추억을 만드시지 못하셨군요?"

"그렇습니다. 가나안 여인과 이렇게 마주앉아 대화를 나눈 경험은 오늘 세미라미스님이 처음입니다."

세미라미스는 또 어쩔 수 없이 볼을 붉혔다.

"어머… 저는 오늘 벌써 두번째로 결혼한 것을 후회하게 되었군요."

니므롯도 지지 않고 그 말에 대꾸했다.

"나로서는… 헌 신발을 좋은 값으로 처분할 수 있는 두번째 기회를 잡은 셈인데… 어떻습니까, 대군. 내 신발은 좀 낡아서 헐렁하게 되어 버렸습니다만 대군의 발은…"

"어머, 전하는 신발을 잘 간수하지 못하셔서 그래요. 좋은 신발은 잘 가꾸고 아껴서 신으면 오히려 새것보다 편안하고 더군다나… 신발의 모양은 발에 따라서 달라지기 때문에… 커져버린 신발이라도 다시 물에 적셔서 신으면 꼭 맞게 될 수 있답니다."

농담의 도수가 좀 지나치는 것 같아서 하노스는 잘 못알아들은 척하고 화제를 바꾸었다.

"그런데 전하, 전하께서도 앗수르에서 소집하는 만국평화회의에 참가하시겠지요?"

"그럼요, 대군. 아시다시피 바벨은 사랑과 평화의 나라이기 때문에… 그래서 지난 밤 말둑 신이 이난나의 신전을 방문하였던 것입니다. 말둑 신은 밤새도록 작별인사를 하느라 고단할 것이므로 해가 높이 뜰 때를 기다려서 니느웨로 출발할 것입니다."

"그러면… 이난나 여신은 바벨에 남고 만국회의에는 말둑 신 혼자만 참가합니까?"

"그렇습니다. 말둑 신은 이난나 여신의 몸 냄새를 지닌 채 여행길에 오를 테니까요. 그런데… 대군께서도 이번에 열리는 무술대회에 참가하십니까?"

하노스는 고개를 가로저었다.

"저는 본래 심성이 약해서 무술 같은 것은 좋아하지 않습니다. 더군다나 이번 대회에서 하난 폐하는 제 누이인 레센 공주를 상품으로 내거신 모양인데… 우승을 하더라도 누이와 결혼할 수는 없지 않습니까?"

그렇게 말하면서도 하노스는 누이의 젖은 눈을 생각하고 있었다. 온 천하를 돌아다녀 보아도 그는 누이만한 여인을 만나보지 못했던 것이다.

"그렇다면 과연 누가 무술대회에서 우승하여 레센 공주를 얻게 되겠습니까?"

하노스가 미처 대답하기도 전에 세미라미스가 끼어들었다.

"당신 혹시…"

세미라미스는 눈을 크게 뜨며 남편을 바라보았다.

"당신 혹시 니느웨에 가서 무술대회에 출전하려는 것은 아니에요?"

"허어… 헌 신발을 좋은 값에 처분하고 새 신발을 마련할 절호의 기회가 아닌가?"

세미라미스의 눈꼬리가 새침하게 올라가고 있었다.

"사람은 자기의 분수를 알아야 하는 법이에요. 천하의 영웅 니므롯도 40년 전의 니므롯이지 지금 그 나이에 출전했다가 무슨 망신을 당할려고…."

"모르는 소리 말아요, 아직도 니므롯은 건재하다구!"

그러는 니므롯 부부의 언쟁을 바라보면서 하노스는 자꾸만 이상한 생각이 들고 있었다. 공식 행차인지 잠행인지는 모르지만 어쨌든 앗수르의 황후 아릿다가 어제 저녁 이 바벨 성에 들어왔는데도 그들의 입에서는 전혀 아릿다에 관한 이야기가 나오지 않고 있는 것이었다. 그야말로 천하에서 가장 빠른 것을 자랑하고 있는 니므롯의 정보망에 구멍이 뚫렸거나 아니면 일부러 모른 척하고 있는 것임에 틀림없었다. 그러나 그 일이야말로 하노스 쪽에서 먼저 입에 담을 수 없는 것이므로 그는 딴전을 피웠다.

"정말 바벨 왕궁의 요리 솜씨는 대단합니다. 벌써 너무 많이 먹은 것 같군요."

"어머, 좀 기다리세요. 이제 곧 진짜 요리가 나올 차렌데…"

그 말이 미처 떨어지기도 전에 두 명의 시녀가 마주 들고 나온 큰 접시를 보고 하노스는 소스라치게 놀랐다. 그의 얼굴은 창백해졌고 이마에는 진땀이 솟았다. 실로 그 커다란 접시 위에는 푹 삶겨진 어린아이가 놓여 있었던 것이다. 어린아이는 배를 갈라서 내장을 제거했을 뿐 사지를 오그린 채 눈을 꼭 감고 있는 얼굴하며 영낙없는 갓난애의 모습이었다.

"아니…?"

"바벨 왕궁의 젊어지는 비결… 통째로 찐 아기 요리입니다."

"저, 저… 는…"

당황하고 있는 하노스에게 세미라미스가 생글거리면서 말했다.

"안심하세요, 마대 지방에서 가져온 원숭이 요리예요."

신(神)들의 밤

니느웨 성 밖 넓은 들에는 각 나라의 신들이 속속 도착하고 있었다. 도착한 신들은 모두 만국회의의 개막과 더불어 입성하게 되어 있었기 때문에 힛데겔 강변의 빈 들에서 야영(野營) 준비를 하고 있었다. 잡초만 우거져 있던 강변의 넓은 들에는 여기저기 천막이 세워졌고 날이 어두워지면서부터는 각 나라의 진영마다 화톳불이 지펴져서 더욱 활기를 띠기 시작하는 것이었다.

성문 위에 올라서서 신들의 야영장을 내려다보던 하노스는 곁에 서 있던 사완에게 말했다.

"형님, 이런 밤에 경호원들을 여섯 명씩이나 끌고 다닌다는 것은 별로 재미 없을 것 같군요."

"그래서 제가 한가지 준비해 놓은 것이 있습니다. 절 따라 오시지요."

하노스와 사완이 성루에서 내려오자 아래에서 기다리고 있던 다섯 명의 경호원이 벌떡 일어서며 부동자세를 취했다. 하노스와 사완은 말에 올라타고 성 중의 번화가를 향하여 들어가기 시작했다. 나머지 경호원들도 적당한 간격을 둔 채 뒤를 따랐다.

니느웨 성은 초저녁부터 북적대기 시작하고 있었다. 천막 치기를 끝낸 각 나라의 대표사절들은 신상과 제관들만 성 밖에 둔 채 모두 성안으로 들어왔기 때문이었다. 더러는 다른 나라의 사절들과 만나 정치적인 밀담을 나누기도 하고 내일 있을 무술대회의 준비 상태를 미리 염탐

하기도 하면서 시간을 보내기 위함이었다. 나라와 나라 사이의 정치적
문제에 별로 관심이 없는 수행원들은 처음 와보는 니느웨의 밤을 즐기
며 모처럼의 여행기분을 내고 있었다.

무엇보다도 니느웨의 밤거리를 긴장시키고 있는 것은 바닷가의 변경
에서 온 야벳 집안의 사절들이었다. 그들은 험한 바다에 나가서 사는
사람들답게 그 성품이 몹시 활달하고 어떤 때는 난폭하였다. 어느 가문
의 사절이든 그들과 시비가 붙으면 그 험악함에 기가 질려서 꽁무니를
빼지 않을 수 없었던 것이다. 그들은 성 중의 여러 집을 돌아다니며 술
을 퍼마셨고 전세계에서 모여든 창기들과 떠들고 춤을 추었다.

거리마다 사내들의 떠드는 소리와 여자들의 웃음소리가 넘쳐흐르고
있었다. 내일 있을 신들의 대행진을 준비하는 전야제(前夜祭)인 셈이었
다. 새 도성 니느웨는 비로소 하난 대제가 계획했던 대로 전세계를 다
스리는 장자권자의 수도로서 그 면모를 갖추게 된 셈이었던 것이다.

사완이 하노스를 안내한 곳은 많은 사람들로 북적거리는 커다란 주점
이었다. 주점 앞에 도착했을 때 사완은 다른 경호원들을 손짓으로 불러
가까이 오게 한 다음 나지막한 소리로 일렀다.

"지금 하노스님께서는 이 주점 2층에 있는 방에서 필요한 손님을 만
나시게 된다. 너희들은 저쪽 건너편 주점에서 한잔 하면서 이쪽을 지켜
보고 있어야 한다. 하노스님께서 손님을 만나실 방은 바로 저 세번째
창문이다. 하노스님은 내내 창문을 열어놓고 계실 테니까 경호에 만전
을 기하도록."

경호원들에게 지시를 끝낸 사완은 다시 하노스를 안내하여 주점으로
들어섰다.

미리 손을 써 두었는지 주인이 달려나와 인사를 하며 그들을 2층으로
안내했다. 주인이 안내해 준 방에서 잠시 앉아 있는데 다시 문이 열리
며 한쌍의 남녀가 나타났다. 그들이 방으로 들어온 다음 문닫기를 기다
려 사완이 그들에게 말했다.

"하노스님께 인사드려라. 하노스님, 제 아들 신지와 딸 아리사입니
다."

"아…"

하노스는 언젠가 사완이 자기에게 열네살 난 아들이 있다고 했던 것을 기억하고 있었다.

"운부의 잔시에님 문하에서 공부하고 있다고 했지? 나이가 나보다 한살 아래라고 들었는데…."

"그렇습니다. 이렇게 뵙게 되어서 반갑습니다."

"나야말로 반갑군. 우리 서로 나이도 비슷하니 앞으로 형제같이 지냈으면 좋겠어."

하노스는 신지의 손을 잡아 의자에 앉히고 그의 누이동생 아리사에게도 자리를 권했다. 사완이 다시 입을 열었다.

"제가 생각해 낸 방법은 이렇습니다. 보시다시피 제 아들 신지는 하노스님과 키도 비슷한데다가 멀리서 보면 구별하기 어려울 정도로 닮았습니다. 오늘 밤 저 경호원들을 떼어놓고 싶으시다면 신지와 옷을 바꿔입고 여기를 빠져 나가시는 것입니다. 하노스님께서 돌아오실 때까지 신지는 하노스님으로 변장하고 창문을 열어 놓은 채 이 창가에 앉아서 아리사와 이야기를 하고 있을 것입니다. 그러면 저 경호원들은 하노스님께서 어떤 은밀한 시간을 갖고 계시는 줄로 알고 접근해 오지 않을 것 같습니다."

사완의 이야기를 들으면서 하노스는 신지의 얼굴을 다시 한번 바라보았다.

과연 신지의 얼굴 윤곽은 신통하게도 하노스와 많이 닮아 있었다. 하노스는 신지를 처음 보는 순간부터 오랜 친구와 같은 친근감을 가졌었는데 사완의 말을 듣고보니 그 이유를 알 만했던 것이다.

"그거 아주 좋은 생각입니다. 자, 신지. 어서 옷을 갈아 입자구나."

두 소년을 위해서 아리사는 외면하며 돌아앉았고 그들은 알몸이 되어 옷을 바꿔 입었다. 사완도 미리 방안에 준비해 두었던 보퉁이를 끄르더니 옷을 갈아 입었다. 건장한 모습의 군인이었던 사완은 어느새 텁수룩한 시골 장사꾼의 모습으로 바뀌어져 있었다. 옷을 바꿔 입은 두 소년은 서로 재미있다는 듯 키득거리며 웃었다.

"신지, 넌 평소에 어떤 버릇을 가지고 있니? 왼손잡이라든가, 콧물을 소매로 닦는다든가…"

"별로 특별한 버릇은 없습니다."

이따금씩 땅바닥에 그림을 그리는 습관이 있지요. 잔시에님의 문자 연구를 돕다 보니까…."

그건 아주 좋은 습관이로군. 나는 말이지, 이따금씩 손으로 코를 만지는 습관이 있어. 미안하지만 너는 내가 올 때까지 이 창가에 앉아서 열심히 코를 만져야 될 것 같구나."

옷을 다 갈아입은 사완이 방바닥에 내려 앉으며 하노스에게 말했다.

"자… 우리도 이제 모습을 감추어야 하니 내려 앉으십시다. 신지, 너는 이제 창문을 열어라. 아리사, 너는 좀더 창문 가까이 다가앉고…"

신지가 창문을 열자 서늘한 바람이 들어와 방안을 한바퀴 돌았다. 신지와 아리사는 창가에 마주 앉아서 다정하게 이야기하는 시늉을 하기 시작했다. 신지는 손가락으로 코를 만져 보이면서 혼자서 웃고 있었다. 사완이 하노스의 소매를 잡아당겼다.

"자… 무대장치가 끝났으니 우리는 이만 퇴장해도 될 것 같습니다."

하노스는 신지와 아리사에게 손을 흔들어 보이고 나서 그 방을 떠났다. 조금전에 그들을 안내했던 주점 주인이 스쳐 지나가면서 전혀 그들을 알아보지 못하고 있었다. 그들은 주점 밖으로 나서서 신지와 아리사가 들어 있는 2층을 올려다 보았다. 창가에 앉아서 다정하게 이야기하고 있는 그들의 모습이 보이고 있었다. 그들은 다시 길 건너 주점 쪽을 살폈다. 다섯 명의 경호원들이 아래층 창문 가까이에 자리잡고 앉아서 열심히 이쪽을 바라보고 있었다.

"이제 준비가 다 되었군요."

사완이 막 그 말을 했을 때 갑자기 한 거지가 술에 취한 듯 비틀거리며 다가오더니 하노스 앞에 고꾸라졌다. 거지는 하노스의 다리를 붙잡으며 혀꼬부라진 소리로 말했다.

"불쌍한 사람을 동정해 주십쇼…."

"……?"

"한푼만 줍쇼…."

그러자 하노스는 허리를 굽히더니 그 거지에게 소곤거렸다.

"아저씨, 분장이 아주 그럴 듯하네요."

그러자 거지가 얼굴을 들며 힛죽 웃었다. 그는 애꾸눈이었고 온 얼굴에 검댕칠을 하고 있었다.

"그토록 금방 알아보는 걸 보니 분장을 바꿔야겠군."

"아니, 좋았어요. 다만 제 다리를 잡는 손에 너무 힘이 노출되었던 거지요."

사완도 그제서야 앗산을 알아보고 허리를 굽혔다. 앗산이 그를 나무라며 말했다.

"이 사람, 누가 거지에게 절을 하던가?"

하노스와 사완은 계속해서 걸었고 앗산은 절뚝거리며 그들을 따랐다. 하노스가 다시 낮은 음성으로 말했다.

"아저씨, 저는 바벨에서 이상한 정보를 입수했습니다. 수멜의 황후였던 기스가 아직도 살아 있다는 것입니다."

앗산의 외눈이 번쩍거리며 하노스를 바라보고 있었다.

"기스가 살아 있을 뿐만 아니라 바벨 성 야루의 언덕에 있는 옛 유모의 집에 얼씬거리고 있는 듯 합니다. 그리고…"

하노스는 다시 주위를 살피며 목소리를 더 낮추었다.

"기스는 수멜을 만나기 전부터 가나안 가문의 어떤 음모에 가담하고 있었던 것이 분명합니다."

"음모…?"

"그렇습니다. 가령… 엘람을 비롯한 셈 집안의 장자권을 뒤엎어버리고 함 집안의 제국을 건설하여 천하를 통치하려는…."

"그렇다면… 기스는 결국 수멜을 파멸시키기 위하여 그에게 접근했단 말인가?"

"그럴 공산이 큽니다. 그리고… 만일 그것이 사실이라면 기스는 라가스가 함락될 때 수멜을 따라 죽었어야 할 이유가 없는 것입니다."

"음…"

앗산은 한동안 말없이 걸으며 무엇인가를 골똘히 생각하고 있었다.

"아저씨, 오늘 밤 가나안 대표들의 동정은 어떻습니까?"

"가나안 왕 시돈은 지금 니칼의 신전이 있는 거리의 사관(舍館)에서 고멜 왕 아스그나스와 그 아우 리밧을 만나고 있지."

고멜은 노아의 셋째 아들인 야벳 집안의 장자가문이었다. 야벳 집안의 후손들은 모두 바닷가에 밀려나가서 살았기 때문에 중원의 나라들에 대하여 적개심을 가지고 있었지만 10년 전쟁 때 하난 대제는 그들을 설득하여 연합군을 결성, 수멜군을 협공하는데 성공하였고 그 공로를 인정하여 야벳 집안의 장자가문인 고멜의 백성들을 아라랏의 오른쪽 겨드랑이에 해당하는 라우루스 산맥의 기슭에 정착하도록 배려했던 것이다.

메소포타미아 쪽의 나라들에 대해서 적개심을 갖고 있던 야벳의 야만인들을 설득했던 사람은 당시 신정원의 풍부를 담당하고 있던 풍백(風伯) 루악이었다. 셈과 야벳은 서로 협력할 것이며 함의 아들은 그들의 종이 될 것이라고 말한 노아의 예언을 가지고 루악은 그들을 설득했던 것이다.

그러나 이제 다시 앗수르 제국의 신은 니눈타로 바뀌었고 더 이상 여호와의 신탁같은 것을 기억하고 있는 나라는 없었다. 그리고 야벳 사람들을 설득했던 루악을 비롯하여 신정원의 당시 책임자들은 모두 다 사라지고 없었다. 만일 가나안이 처음부터 천하의 대권을 노리고 있었다면 지금이 가장 좋은 호기였고 야벳을 자기들 쪽으로 이끌어들일 수 있는 기회였던 것이다.

가나안은 메소포타미아와 미스라임 사이의 광대한 땅을 점령하고 있는 데다가 시돈 왕은 그 누이 기스와 함께 수수께끼에 싸여 있는 신비의 인물이었고 시돈의 아우 헷은 천하 제일의 역사(力士)로 가나안 북부에 거대한 세력을 구축하고 있는 거물이었다. 더구나 가나안은 이미 자기들의 나라로 제국의 조직을 구축하여 나라를 9개의 단위 조직으로 나누고 여부스, 아모리, 기르가스, 히위, 알가, 신, 아르왓, 스말, 하맛 등 9명의 제후를 거느리고 있었던 것이다.

그래서 가나안은 하난 대제에게 가장 위협적인 존재였다. 하난 대제가 함 집안의 장자인 구스 출신의 니므롯으로 국방장관을 삼고 이제 다시 그 둘째 가문인 미스라임과 사돈을 맺으려는 것도 그 속셈은 바로 가나안을 견제하기 위함이었던 것이다.

"아저씨께선… 니칼 거리의 사관으로 함께 가보시지 않겠습니까?"
"난… 우선 들러야 할 곳이 있다. 나는 롯 가문의 대표로 와 있는 루두스 왕을 만나볼 생각이다."

롯은 바로 셈의 넷째 아들이었고 앗산과 그의 부친 치우의 가문이었다. 가나안 사람들이 천하의 패권을 장악하기 위하여 암약하고 있는 것과는 달리 샤론 마을 사람들에게 우선 필요한 것은 악갓 왕국이 멸망하게 된 원인을 밝혀내는 것이었고 장자권자인 앗수르 제국의 여호와 신앙이 어떻게 변질되었는가를 알아내는 것이었다. 그들은 아직도 신앙의 정통성만이 모든 가문을 결속시키고 지도할 수 있다고 믿었던 것이다. 그러므로 지금 앗산이 롯의 지도자들을 만나겠다는 것은 우선 셈 집안을 규합하여 혼들거리는 장자권의 의미를 바로잡아 보겠다는 노력의 일환이었던 것이다.

"롯 가문의 루두스 왕에게 가신다면… 네브로데 형세와 함께 가십니까?"

네브로데는 바로 샤론 마을의 에바 집에서 만났던 사람이었다. 그는 롯 가문의 왕위를 계승할 장자였다고 했던 것이다. 앗산은 고개를 끄떡였다.

"네브로데와는… 루두스의 사관 앞에서 만나기로 되어 있다."

"알겠습니다, 아저씨. 그럼 사완 형님과 저는 가나안 대표들의 동정을 좀더 살펴보겠습니다."

앗산과 헤어져서 걸으며 하노스는 이미 산산조각이 나버린 셈 집안의 규합이 쉽지 않을 것으로 생각하고 있었다. 장자의 가문이었던 엘람은 이미 장자권 포기를 선언했고 오라비 수사를 제거하고 정권을 잡은 수시아나 여왕은 수시낙 신을 섬기고 있었다. 오직 여호와 신앙을 지키려는 두 장로 아한과 시브온만이 어린 왕자 수알을 데리고 샤론 마을에 들어와 있을 뿐이었던 것이다.

장자권을 인계 받은 앗수르의 하난 대제마저 이제 여호와 신을 버리고 니눈타를 비롯한 온갖 신들을 새 도성 니느웨로 끌어들이기 시작했고 여호와 신을 인계받은 아르박삿 가문의 가이난 왕도 자기 신을 내버린 채 점성술에만 매달려 있었다. 넷째인 롯 가문의 계승권자 네브로데도 루두스 왕에게 자리를 빼앗기고 샤론 마을에 들어와 있었고 다섯째 아랍 가문의 장자인 우스는 행방불명된 가운데 그 아우들 훌, 게델, 마스가 각기 아다드, 난나르, 아나트 신들을 섬기고 있었던 것이다.

"하노스님, 저 아이들이 누구인지 아시겠습니까?"

"……?"

하노스는 사완이 가리키는 쪽을 바라보았다. 그들보다 한 열 걸음쯤 앞에 한 소녀와 남자 아이 하나가 걸어가고 있었다. 소녀의 검은 머리카락은 뒤쪽으로 넘겨져서 하나로 묶여져 있었고 남자 아이는 뭔가 보자기에 싼 물건을 어깨에 비스듬히 둘러메고 있었다.

"형님… 저건 가미엘과 에벨 남매가 아닙니까?"

"바로 보신 것 같습니다."

"저 아이들은 어디로 가고 있을까요?"

"글쎄요… 아, 지금 저들은 오른쪽에 있는 음식점으로 들어가고 있군요."

그들은 약속이나 한 듯이 가미엘 남매가 방금 들어간 음식점 앞으로 가서 안의 동태를 살피고 있었다. 음식점 안으로 들어가려 하던 한 사내가 하노스와 사완을 노려보며 거친 목소리로 말했다.

"뭐냐, 너희들은?"

사내는 매우 우람한 체격에 험상궂은 얼굴을 하고 있었다.

"아, 저… 저희는 배가 좀 고파서…"

"그럼 들어올 일이지 왜 여기서 기웃거리고 있어?"

"네, 지금 막 들어가려는 참이거든요…."

그들은 식당 안으로 들어서서 가미엘 남매가 앉아 있는 쪽에 등을 돌리고 앉았다. 가미엘 남매와 그들 사이의 탁자에는 한떼의 젊은 사내들이 둘러앉아 술을 마시고 있었다. 하노스와 사완은 주인에게 몇 가지 음식을 주문하고 나서 사내들의 떠드는 소리에 귀를 기울였다.

"아니 야긴님, 어딜 가셨다가 이제 오십니까?"

"딴 놈들은 지금 무엇을 하고 있는가 궁금해서 좀 돌아보고 왔다."

"그깐 놈들 신경쓰실 게 뭐 있습니까? 내일 무술대회는 야긴님의 독무대가 될 텐데요."

"이번 무술대회는 그렇게 만만하지 않을 것 같다. 하난 대제가 자기 딸 레센을 상으로 내걸었기 때문에 온 천하의 무사들이 구름같이 모여

들고 있어."

"그러니까 오히려 야긴님의 솜씨를 날릴 기회가 된 것 아닙니까? 야
긴님이야말로 아람 제일의 무사이시고 천하 제일의 검객이신데 무슨 걱
정이십니까? 이번 대회야말로 셈 집안의 막내가문인 우리 아람의 실력
을 한번 보여주어야 합니다."

술을 마시고 있는 자들은 셈의 다섯째 아들 후손인 아람 가문에서 온
사람들이었다. 아람이라면 바로 홀, 게델, 마스의 세 형제가 다스리고
있는 나라였고 가미엘의 모친 에다와 그 이모 에바의 고향이기도 하였
다. 하노스와 사완은 그제서야 왜 가미엘 남매가 이 아람 사람들이 술
마시고 있는 주점에 끼어들어와 있는지 이해가 되는 것 같았다. 그들은
혹시 아람 사람들 중에서 자기들의 아버지 소식을 들을 수 있을까 해서
그들의 동정을 기웃거리고 있는 모양이었다. 야긴이라고 하는 험상궂은
사내의 목소리가 다시 들려왔다.

"이번 대회에서는 개인적인 기량도 중요하지만 훈련된 조직과 일사불
란한 체제가 필요하다. 대회의 절정은 사냥 경기인데 들판에 나가서 짐
승을 몰아 경기장 안으로 끌어들여서 잡아야 한다는 거다."

"그거야… 우리가 아람에서 늘 하고 있는 것 아닙니까?"

"그러나… 훈련된 조직으로 말하면 미스라임의 메네스 왕자를 따를
수 없을 거야."

"걱정 마십쇼, 야긴님. 그렇다면 홀 전하께 말씀드려서 이번에 수행
해 온 군인들을 동원하면 될 것 아닙니까?"

"쉿, 우리와 마찬가지로 상대방들도 우리의 동정을 엿보고 있을 테니
언행을 조심하는 게 좋겠다."

야긴이라는 사내는 다시 한번 의심스러운 눈으로 식당 안을 둘러보더
니 그 시선이 음식을 먹고 있는 하노스와 사완에게서 멈추었다. 그는
자리에서 일어나더니 사완에게로 천천히 다가왔다.

"이봐! 네 놈들은 뭘 그렇게 오래 처먹고 있는 거냐?"

사완이 그의 얼굴을 힐끗 올려다보더니 계속해서 전병을 씹으면서 말
했다.

"좋은 음식은 씹을수록 맛이 나는 법이라서…."

사내의 검은 눈썹이 치켜져 올라가고 있었다.

"내가 가만히 보니 네 놈의 고기도 씹을수록 맛이 나게 생겼다."

"…며칠째 목욕을 못해서 내 고기는 맛이 없을 거요."

야긴이란 그 사내는 참을성이 없는 편이었다. 솥뚜껑 같은 손바닥으로 탁자를 내려치자 그 위에 놓여 있던 음식의 그릇들이 모두 튀어 올라 엎어져버리는 것이었다. 사완이 손등으로 입술을 문지르며 투덜거렸다.

"…어른 식사하시는데 거 되게 버릇없이 구는군. 뉘집 자식인데 버릇이 그 모양이야?"

더 참기 어려웠는지 야긴은 사완의 멱살을 잡아서 일으켜 세웠다.

"알고 싶으냐? 난 아람 왕 홀의 동생 게델의 아들 야긴이다."

사완은 야긴의 우악스러운 손에 멱살을 잡혀서 숨이 막히는지 얼굴색이 까맣게 되면서도 계속해서 중얼거렸다.

"별볼일 없는 놈이 조상만 업고 다닌다더니… 족보 한번 복잡하구나. 난 네 아비의 형님의 손자의 아비의 조카의 친구다."

이윽고 야긴의 화가 머리끝까지 올랐다. 그의 험상궂은 얼굴이 시뻘개지더니 사완을 나무토막처럼 들어올리면서 술을 마시고 있는 사람들 가운데로 집어던지는 것이었다.

"……?"

그러나 탁자 위로 팽개쳐져서 박살이 나버릴 것 같았던 사완은 가볍게 그쪽 의자에 내려 앉으며 그 탁자 위에 있는 음식을 게걸스레 주워 먹고 있었다. 그런 사완의 모습을 신기한 듯 바라보고 있던 에벨이 누나 가미엘에게 소곤거렸다.

"누나, 저 분은 사완 아저씨야."

사완의 착좌 솜씨에 놀란 야긴은 상대방이 만만치 않음을 느끼고 앉아 있는 상대를 향해 발길질을 날렸다. 앉아 있던 사완이 날아오는 야긴의 발목을 잡아 비틀려는 순간, 그는 다시 몸을 솟구쳐 뛰어오르면서 다른 발로 사완의 턱을 돌려차는 것이었다.

"앗…"

에벨이 놀라고 있는 사이에 사완의 몸은 어느새 뒤로 벌렁 자빠지면서 공중에서 한바퀴 돌더니 이미 주점의 문 근처에 서 있는 것이었다.
사완은 빙그레 웃으면서 야긴을 놀려대었다.

"그만하면 아람 땅에서 골목대장 정도는 해먹었겠군."

야긴이 다시 씨근거리면서 달려들려고 하는데 사완은 하노스 쪽으로
눈짓을 보내면서 식당 밖으로 빠져나가는 것이었다. 하노스는 얼른 가
미엘과 에벨 쪽으로 달려가서

"이곳에서 나가자."

하는 말과 함께 그들을 이끌고 식당문을 나섰다. 아람 사람들은 일제히
밖으로 달려나왔으나 더 이상 그들을 추격하지는 않고 있었다. 보통 날
보다도 훨씬 더 많은 사람들이 밤거리를 쏘다니고 있었으므로 그들은
어렵지 않게 사람들 틈으로 몸을 숨길 수 있었다.

"이젠 그만 뛰어도 될 것 같아요, 사완님."

에벨이 그렇게 말하자 사완은 비로소 멈추며 뒤를 돌아다보았다.

"저런… 내가 아이들하고 싸움하느라 에벨에게 인사할 틈이 없었구
나. 너희들은 그 주점에서 뭘하고 있었니? 남매간에 술을 마시고 있었
느냐?"

"사완님께서 그들에게 매를 맞게 되면 도와드리려고 기다렸지요."

사완은 그렇게 농담으로 대답하는 에벨이 귀엽다는 듯 그의 머리를
쓰다듬었고, 하노스는 그의 어깨를 안았다.

"반갑다, 에벨. 너와 헤어진 지 벌써 두 달이나 되었으니 네 막대기
쓰는 솜씨도 많이 늘었겠지?"

그렇게 말하면서 하노스는 문득 가미엘에게 관심을 가져 달라던 에바
의 말이 생각나서 그녀를 향해 입을 열었다.

"가미엘, 너도 그동안 많이 예뻐진 것 같구나."

가미엘의 목소리는 의외로 명랑했다.

"오빠도 그런 인사치레를 다 하실 줄 아시네요. 가미엘은 두 달 전이
나 지금이나 똑같은 가미엘인데…."

"아니야, 아마도 내가 그동안 가미엘을 무척 보고 싶어했기 때문에
그렇게 느꼈을 거야. 그런데 에바 이모는 어떻게 하고 너희들끼리만 왔
지?"

"그것 보세요. 오빠는 저보다 에바 이모에게 더 관심이 많으시면서."

"저런…… 정말 가미엘도 이젠 처녀가 다 되었군. 그냥 활이나 쏘는 말괄량이로 알았다간 내가 큰코 다치겠는 걸?"

"에바 이모는…"

에벨이 나서면서 말했다.

"형, 에바 이모는 나만 따라다니면 만날 수 있어요."

"너만 따라다녀?"

"나하고 약속이 되어 있으니까요."

"그럼 에바 이모도 이 니느웨에 오시기로 되어 있다는 말이로구나. 그런데 가미엘…"

하노스는 좀더 가미엘에게 관심을 보이기 위하여 그녀를 돌아보았다.

"그동안 아버님의 소식은 좀 알아보았어?"

가미엘은 쓸쓸한 표정이 되며 고개를 젓고 있었다.

"아람에서 온 누구에게 물어도 게세대라는 이름은 모르고 있었어요. 본래 아람의 장자는 우스라는 사람이었다고 하는데 지금의 아람은 그 아우들인 훌과 게델과 마스가 다스리고 있답니다. 그들 세 형제는 모두가 지금 이 니느웨 성에 와 있대요. 내일의 무술대회에는 아까 사완님과 겨루었던 게델의 아들 야긴이 출전한다고 하더군요."

"그 야긴 정도라면…"

사완이 웃으면서 말했다.

"가미엘이나 에벨이 맡아도 충분할 것 같더군."

에벨이 어깨를 으쓱거리며 웃었다.

"내가 무술대회에서 우승하면 레센 공주와 결혼을 하게 될 텐데. 그렇게 되면 하노스 형님의 매부가 되는 셈이로군. 그러나 사완님…"

"왜?"

"레센 공주를 놓치는 것은 섭섭하지만 저는 아버지를 찾을 때까지 강호에 나서지 않을 생각이거든요."

사완은 에벨의 말투가 너무 의젓해서 웃음을 참고 있었다. 에벨이 말하고 있는 강호(江湖)란 바로 궁시(弓矢)를 처음 만든 반의 이름을 따서 지은 반 호수와 니므롯이 파충류의 괴물들과 싸웠다는 힛데겔과 유브라데의 두 강을 말하는 것으로 이는 무예계(武藝界)를 일컫는 명칭이 었던 것이다.

"그것은 참으로 유감이로군. 무예계의 모든 사람들은 떠오르는 새별 에벨님의 출현을 손꼽아 기다리고 있을 텐데 말이야."

그때, 가미엘이 하노스의 소매 끝을 살며시 잡아당기면서 소곤거렸다.

"오빠, 저쪽에 또 무슨 소동이 일어난 것 같아요."

하노스는 가미엘이 가리키는 쪽을 바라보았다. 많은 사람들이 모여서 떠들고 있는 소리가 그들이 있는 곳까지 들려오고 있었다. 사완이 말했다.

"저건 니칼의 신전 앞이로군요. 그렇다면 고멜 왕을 만나러 온 가나안의 대표단도 저 근처에 있을 텐데…"

그들은 사람들이 웅성거리고 있는 니칼의 신전 쪽으로 걸어갔다. 그러나 광장에 모여 있는 사람은 가나안 사람들의 복장이 아니었다.

"형님, 저들은 야벳 집안의 사람들인 것 같습니다."

"그렇군. 그렇다면 이들은 고멜 왕 아스그나스를 따라온 수행원들인가?"

"누군가 신전 앞에서 연설을 하고 있는 것 같습니다."

"그렇군, 좀더 가까이 가서 들어볼까?"

그들은 사람들 틈을 비집으며 신전 쪽으로 다가갔다. 야벳 집안 사람들뿐만 아니라 가나안에서 온 것 같은 사람들도 여기저기 섞여 있는 것 같았다. 신전 앞에는 하얀 옷을 입은 한 청년이 큰소리로 떠들어대고 있었다.

"야벳 집안의 여러분들이여! 우리는 단결해야 합니다. 셈 집안 사람들과 함 집안 사람들은 근거도 없는 장자권을 주장하면서 땅을 선점하고 우리를 바닷가로 내몰았습니다. 여러분, 우리가 무엇 때문에 중원(中原)에서 밀려나야 합니까? 우리에게 힘이 없습니까? 우리에게 능력이 없습니까? 무엇 때문에 우리는 변두리에서 살아야 합니까? 무엇 때문에 우리가 만국회의에 참석해야 합니까? 여러분, 만국회의는 천하의 패권을 재확인하고 저들의 토지선점을 영구화하려는 음모에 불과한 것입니다!"

그러자 그 주위에 둘러서 있던 술 취한 사람들이

"옳소!"

하고 외치며 박수를 치고 있었다. 박수가 터져나오자 그 청년은 더 기세를 올리기 시작했다.

"야벳 집안의 여러분들이여! 우리는 만국회의를 거부합시다! 저들에게 속지 맙시다. 저들은 언제나 우리를 속여 왔습니다. 지난날 10년 전쟁 때에도 우리는 평화를 위하여 참전하였고 수멜을 격파하는 데 결정적인 역할을 했는데도 불구하고 저들이 우리에게 베푼 것은 겨우 고멜 가문이 얻은 산기슭의 손바닥만한 땅뿐이었습니다. 이것은 아직도 저 중원의 돼지들이 우리 야벳 집안을 야만으로 취급하고 있는 증거입니다."

다시 둘러선 사람들 가운데서 커다란 박수가 터져나왔다. 그들 중에서 과격한 자들은

"저들을 때려부수자! 장자가 따로 있느냐, 빼앗는 놈이 장자지!"

하고 떠들어대는 것이었다.

"고멜 가문이여, 저들의 술수에 속지 말라! 마대여, 잠을 깨어라! 야완 가문이여, 일어나라! 두발과 메섹과 디라스 가문이여, 중원을 향하여 칼을 들라!"

청년은 모든 야벳의 가문들 이름을 불러대며 만국회의에 대적할 것을 선동하고 있었다. 청년의 연설을 듣고 있던 하노스는 문뜩 이상한 사람들을 발견하고 사완의 소매를 잡아당겼다.

"형님, 저 사람들이 누구인지 아시겠습니까?"

그들로부터 열발짝쯤 떨어진 곳에는 네 사람의 거한(巨漢)이 팔장을 낀 채 청년의 연설을 듣고 있었다. 그들은 모두 그 머리가 보통사람들의 머리 위로 올라설 만큼 키가 컸고 하체가 거의 드러난 짧은 옷에 허리에는 칼을 차고 있었다.

"저들은… 야완 가문의 엘리사 왕과 그의 세 아우들이군요."

야완 가문은 야벳의 넷째 아들 가문이었고 야벳 중에서 가장 강한 나라였다. 그들은 일찍부터 바닷가로 나가 바다에서 살았기 때문에 배 만

드는 기술이 발달하여 큰 배를 만들어 타고 먼 바다까지 나가서 고기를
잡으며 바깥의 땅들을 차지하여 산업을 일으킨 용맹한 백성들이었던 것이
다. 그들은 중원 사람들이 야만인이라고 생각하는 야벳 사람들답지
않게 많은 기술을 발전시켰고 잘 조직된 협력체제를 구축하고 있었다.
그들의 생활은 메소포타미아 사람들 못지않게 윤택하였고 그들 나름대
로 독립된 신들의 계보를 가지고 있었다.

　형들에게 쫓겨난 집안의 신들답게 그들의 시작은 아비를 죽이는 반역
에서부터 비롯되고 있었다. 하늘(우라노스)과 땅(가이아)이 결합하여
크로노스라는 아들을 낳았는데 크로노스는 가이아와 합작하여 아버지인
우라노스를 죽였고 우라노스의 피에서는 각종 악신들과 복수의 여신들
이 생겨났다. 그리고 크로노스는 누이 레아와 결혼해서 제우스라는 아
들을 낳았는데 그 제우스는 다시 크로노스를 제거하고 하늘의 주신(主
神)이 되었다는 것이었다.

　결국 야완 사람들이 만들어낸 신들의 탄생은 중원에서 그들을 쫓아낸
장자권과 제사권에 대한 반감과 도전을 그대로 표출하고 있는 것이었
다. 그들은 중원의 어떠한 정통성도 인정할 수 없었던 것이다.

　그러나 그들은 경솔하게 중원을 향하여 반기를 들지는 않았다. 그들
은 늘 관망하는 자세였다. 지금 바로 선동하는 청년의 연설을 뒷전에서
관망하고 있는 야완 왕 엘리사와 그의 세 아우처럼 그들은 매우 사려
깊게 행동하고 있었다.

　"저 친구는 어느 가문에 속하는 청년이냐?"

　네 거한 중에서 가장 눈썹이 짙고 수염이 검은 사내가 여전히 팔장을
낀 채로 그렇게 물었다.

　"저 녀석의 이름은 반누라고 하는데 언행으로 보아 야벳 줄기인 것
같기는 하나 어느 가문인지는 확실하지 않습니다…. 깃딤, 너도 못들었
니?"

　"못들었습니다, 형님."

　그들의 수군거리는 이야기를 거기까지 듣고서 하노스는 그들의 서열
을 알아낼 수 있었다. 눈썹이 짙은 사내가 맏이인 엘리사였고 거기 대
답했던 붉은 얼굴의 사내는 둘째인 달시스, 마지막에 말한 사내가 셋째

인 깃딤이었고 그렇다면 남은 한 사내는 틀림없이 막내인 도다님일 것
이었다. 이미 메소포타미아의 장자권에 불만을 가지고 있는 야완의 형
제들은 아직 중앙집권적인 통치체제를 갖추고 있지 않았다. 그들은 각
기 서로 떨어져서 제각기의 도성을 통치하는 도시국가의 형태를 지니고
있었던 것이다. 그렇기 때문에 그들 네 형제는 오히려 서로 협력하는
데 적극적이었고 발전적인 경쟁의 관계를 유지하고 있었다.

"가나안 왕 시돈은 아직도 고멜 왕 아스그나스의 숙소에 있는가?"

"그렇습니다. 뭔가 깊은 이야기가 오고 가는 것 같군요."

그러고 보면 지금 저 반누라는 청년이 이 니칼의 신전 앞에서 야벳
집안의 대동단결을 촉구하고 있는 것은 그럴 만한 것이었다. 가나안 왕
시돈이 그들 야벳의 장자가문 고멜의 왕 아스그나스를 만나고 있다는
것은 뭔가 또 야벳 집안을 이용하려는 흉계나 음모가 도사리고 있을 것
같았기 때문이었다. 지금 청년의 연설을 들으면서 맞장구를 치고 있는
사내들은 대부분이 고멜 왕의 수행원들이거나 야완 네 형제의 부하들,
그리고 아마도 마대, 두발, 메섹, 디라스 등 야벳 집안 대표단의 수행
원들일 것이었다. 청중들의 호응을 확인한 반누라는 청년은 더욱 신이
나서 목소리를 높였다.

"처음부터 장자권이란 것은 사기극입니다. 셈 집안도 사기꾼들이고
함 집안도 뱀같이 교활한 무리들입니다. 그런데 도대체 무엇 때문에 저
광야의 뱀 같은 가나안 왕 시돈이 우리 야벳 집안의 장자인 고멜 가문
의 왕을 만나고 있는 것입니까? 바닷가로 내쫓은 것만도 또 모자라서
우리를 이용하고 싶은 것입니다. 여러분, 야벳 사람들은 결코 바보가
아닙니다…."

그때였다. 누군가가 군중 속에서

"개수작 집어치워!"

하는 소리가 터져나왔다. 사람들은 깜짝 놀라서 일제히 그쪽을 돌아보
았다. 가나안 가문에 대한 욕설을 듣다 못해 분통을 터뜨린 가나안 군
복의 사내가 험상궂은 얼굴로 반누를 쏘아보고 있었다. 반누는 조금도
겁먹지 않고 그 군복의 사내를 손가락으로 가리키며 소리쳤다.

"여러분, 저 가나안의 개가 짖기 시작했습니다."

그러자 순식간에 야벳 사람들은 그 가나안 군인을 향하여 달려들기 시작했다.

"죽여라!"

"가나안의 개들을 죽여라!"

마침내 여기저기 섞여서 반누의 연설을 듣고 있던 가나안 군인들은 서로 한데 모이면서 칼을 뽑아들었다. 마침내 니칼의 신전 앞에서 가나안 사람들과 야벳 사람들 사이에 격렬한 칼 싸움이 벌어졌다. 반누는 모든 것이 자기 생각대로 되어 간다는 듯 더욱 큰소리로 떠들었다.

"야벳의 후예들이여, 궐기하십시다! 우리가 어째서 부끄럽게 살아야 합니까? 우리에게는 힘이 있습니다, 능력이 있습니다! 우리를 쫓아낸 셈과 함의 집안에 저주가 내릴 것입니다. 저 검은 바다를 건너서 사라져간 마곡 집안의 한많은 저주가 저들에게 임할 것입니다. 마곡의 원혼들이 저들을 결코 잊지 않을 것입니다."

칼 싸움의 소동 속에서 바위처럼 꼼짝도 않고 서 있던 검은 눈썹의 사내가 다시 곁의 아우에게 물었다.

"달시스, 저 청년이 마곡의 저주를 퍼붓는 것을 보니 저들은 사라져버린 야벳의 둘째 가문 마곡의 출신이 아닐까?"

"그런 것 같기도 합니다, 형님. 그러나… 마곡의 가문은 모두 다 검은 바다 저쪽으로 사라져 갔는데 어째서 저 청년만 남았을까요?"

"음…"

그러자 아까부터 말이 없던 막내 도다님이 입을 열었다.

"혹시… 마곡 가문은 검은 바다를 건너다 죽은 것이 아니고 바다 건너편 어딘가에 도착하여 나라를 이루고 있을지도 모르지요."

"그렇다면 그들도 내일 만국회의에 나타날지 모르겠군."

"충분히 가능성이 있는 예측입니다, 형님."

그 청년은 아직도 마곡의 저주를 퍼붓고 있었다.

"저주를 받을 지어다, 셈의 집안이여! 화가 있을 지어다, 가나안이여!"

그때였다. 어둑한 니칼의 신전 뒤쪽으로부터 한 사내가 그림자처럼 스며나오더니 번개와 같은 동작으로 청년 반누에게 접근했다. 그리고

어떤 방법이었는지는 모르나 반누는 그 자리에 나무토막처럼 쓰러지는
것이었다. 그러자 그 검은 그림자는 청년의 몸뚱이를 솜뭉치 다루듯 가
볍게 짊어지고 어느새 다시 니칼의 신전 뒤로 사라져버렸다.

실로 눈 깜짝할 사이에 벌어진 일이었으나 야완의 네 형제는 그 모든
것을 놓치지 않고 보았다. 그리고 사완과 하노스, 또 가미엘, 에벨의
남매도 그것을 똑똑히 볼 수 있었다.

"누굴까, 그 민첩한 사람은?"

"멀어서 그 얼굴을 볼 수가 없더군요."

그때였다. 신전 동편에 있는 사관 쪽에서 요란한 뿔고동 소리가 울려
나오고 있었다. 칼 싸움으로 소란스럽던 야벳 사람들이 갑자기 동작을
늦추며 사관 쪽을 주시하고 있었다. 사관에서는 고멜 왕 아스그나스와
그의 아우 리밧, 그리고 가나안 왕 시돈과 그의 아우 헷이 걸어나오고
있었다. 아스그나스가 큰소리로 고멜의 수행원들을 향해서 말했다.

"무슨 짓들이냐, 손님께서 와 계시는데! 고멜의 경호대장은 어디 있
느냐?"

"여기 있습니다, 전하!"

한 사내가 아직도 선혈이 흐르는 칼을 들고 아스그나스 왕 앞에 뛰어
나가더니 칼을 감추며 부동자세를 취했다.

"무슨 일이냐?"

"가나안 군인들과의 사이에 시비가 일어났습니다."

"못된 놈들!"

아스그나스는 사관의 계단을 저벅저벅 내려오더니 경호대장의 배를
발길로 걸어찼다.

"아이쿠!"

경호대장은 배를 안고 비틀거리더니 그 자리에 푹 고꾸라졌다. 아스
그나스는 군중들 쪽을 향해 소리쳤다.

"시돈 왕의 경호원들 계시면 모두 나오십시오!"

그러자 여기저기서 가나안 군복의 군인들이 걸어나왔다. 워낙 야벳
사람들의 수가 많아서 중과부적이었는지 그들은 모두 부상을 입어서 피
투성이었다. 그들의 모습을 보고 아스그나스가 이마를 찡그리더니 자기

의 경호대장이 떨어뜨린 칼을 집어들었다. 그는 땅에 고꾸라져 있는 경호대장의 목을 그것으로 내리쳤다. 순식간에 그의 목은 길바닥에 떨어져 굴렀고, 아스그나스는 그것을 집어 가나안 병사들의 발 앞에 던졌다.

"손님으로 온 제군들에게 아스그나스가 사과를 드린다. 이 경호대장의 목으로 내 부하들의 실례를 용서해 주기 바란다."

아스그나스는 다시 가나안 왕 시돈을 향해 돌아서며 말했다.

"손님에 대한 실례가 너무 컸던 것 같습니다, 시돈 전하."

그러나 시돈 왕의 얼굴에는 표정이 없었다. 그는 입을 열어 약간 쉰 목소리로 말했다.

"천만의 말씀이올시다, 아스그나스 전하. 술취한 군인들의 패싸움은 흔히 있는 일이지요. 전하, 제가 늘 말씀드리듯이 우리는 서로 손님이 아니라 형제입니다. 자… 그럼 내일 또 뵙기로 하지요."

그러나 야벳 집안 청년들의 행패를 정중한 태도로 용납하는 시돈과는 달리 그 아우 헷은 매우 불쾌한 목소리로 말했다.

"아무리 야벳 집안이라 하더라도 고멜은 그 장자가문으로서 어느 정도 법도가 있는 줄 알았는데 손님에 대한 대접이 좀 지나친 것 같소이다."

그러나 이번에는 아스그나스 곁에 서 있던 그의 아우 리밧이 싸늘한 표정으로 입을 열었다.

"워낙 우리 아이들은 거칠게 살아와서 버릇이 없으니 황제께서는 너무 섭섭하게 생각하지 마시기 바라오."

리밧이 만만치 않은 태도로 대꾸하자 헷의 얼굴에 금방 노기가 충천하면서 한걸음을 뒤로 물러서고 있었다. 본래 무사에게 있어서 한걸음 후진하는 것은 바로 격렬한 공격의 준비였던 것이다. 그러나 헷의 형 시돈이 준엄한 목소리로 아우를 꾸짖었다.

"헷, 좀더 태도를 점잖게 하지 못하겠느냐? 넌 도대체 얼마나 배워야 왕의 아우로서 지녀야 할 예의와 교양을 갖추겠느냐?"

헷은 아직도 씨근거리고 있었으나 형의 앞이어서 감히 칼을 뽑지 못하고 있었다. 그러나 시돈이 아스그나스와 정중한 작별 인사를 하고 돌아설 때에 헷은 기어코 한마디 해두는 것을 참지 못했다.

"내가 오늘 형님 때문에 그냥 돌아가지만 훗날 이 헷이 야벳의 땅을 공격한다면 그것은 오로지 오늘의 이 무례 때문이란 것을 잊지 마시기 바라오."

그러자 다시 아스그나스의 아우 리밧이 한걸음 나서며 헷의 뒤통수에다 대고 한마디를 날렸다.

"당신들이 야벳의 집에 오려면 우선 헤엄치는 법부터 배우고 와야 할 것이오."

본래 고멜의 땅은 바닷가가 아니었다. 그러나 지금 리밧은 자신들도 바닷가의 사람으로서 야벳의 집안 일을 분명히 한 것이었다. 그렇기 때문에 광장에 모여 있던 야벳 청년들은 모두 함성을 지르며 박수를 쳤다. 헷이 다시 리밧을 돌아보며 눈썹을 치켜 올렸으나 시돈은 그의 소매를 잡아 견제하고 출발을 재촉하는 것이었다.

홍수以後 I

지은이 김성일

1990. 5. 20. 초판 발행
2006. 1. 10. 22쇄 발행

펴낸이 이재철
만든이 정애주
편집 이현주 한미영 한수경 김혜수
제작·미술 홍순흥 권진숙 서재은 최정은 조은애
영업 오민택 백창석
관리 이남진 박승기
총무 정희자 김은오
쿰회원관리 국효숙 김경아

펴낸곳 주식회사 홍성사
1977. 8. 1 등록 / 제 1-499호
121-885 서울시 마포구 합정동 377-9
TEL. 333-5161 FAX. 333-5165
http://www.hsbooks.com
E-mail : hsbooks@hsbooks.com

ⓒ 김성일, 1990

ISBN 89-365-0076-7
ISBN 89-365-0508-4(전4권)
값 8,500원 ※잘못된 책은 바꾸어 드립니다.
Printed in Korea

홍성사. HONG SUNG SA, LTD.

김민자